Yury und Sonya Winterberg

Kriegskinder

Yury und Sonya Winterberg

Kriegskinder

Erinnerungen einer Generation

Rotbuch Verlag

TV-Begleitbuch zur gleichnamigen Dokumentationsreihe in der ARD,
produziert von LE Vision Film- und Fernsehproduktion GmbH, Leipzig
im Auftrag des Mitteldeutschen Rundfunks (MDR)
und des Südwestrundfunks (SWR)

KRIEGSKINDER

Teil 1 Vater muss jetzt an die Front
Teil 2 Mit den Bomben kam die Angst
Teil 3 Mit dem Teddy auf der Flucht
Teil 4 Von der Schulbank ins Gefecht

Autoren Martin Hübner (MDR), Gabriele Trost (SWR)
Recherche Deutschland und Großbritannien Carsten Opitz
Mitarbeit: Laura Streiber, Julia Korth, Sabine Albrecht,
Andrea Studte, Sabine Zimmer
Recherche Frankreich Blandine Bienfait, Valerie Theobaldt-Bauer
Recherche Polen Marta Pawlak-Himmelsbach
Recherche Russland, Ukraine, Weißrussland Dmitri Stratievski,
Andrej Blagodyrenko
Redaktionelle Mitarbeit Kathleen Raschke
Produzentin Solveigh Hardt (LE Vision)
Redaktion Dr. Katja Wildermuth (MDR), Gerolf Karwath (SWR)

ISBN 978-3-86789-071-7

1. Auflage

Umschlaggestaltung: Andreas Fack, Berlin
Umschlagabbildung: picture-alliance / akg-images / RIA Nowosti
Druck und Bindung: CPI Moravia Books GmbH

Ein Verlagsverzeichnis schicken wir Ihnen gern:
Rotbuch Verlag GmbH
Neue Grünstraße 18
10179 Berlin
Tel. 01805/30 99 99
(0,14 Euro/Min. aus dem deutschen Festnetz,
abweichende Preise für Mobilfunkteilnehmer)

www.rotbuch.de

Inhalt

Vorwort

Kriegskinder. Sie waren viel zu jung für das, was sie sahen. Für das, was sie erlitten. Und für das, was sie taten. Niemand hatte sie vorbereitet auf die Nächte im Luftschutzkeller und die Tage im Schützengraben, auf Kinderlandverschickung, Flüchtlingstrecks und Volkssturm. Auf die Angst, den Hunger, den Tod.

Nie zuvor gerieten Zivilisten – und damit auch Kinder – so massiv in den Sog des Krieges. Millionen starben, verloren ihre Angehörigen. Vater, Mutter, Geschwister, Heimat, alles, was das Leben ausmacht. Gleichzeitig wurden die Kinder aber auch in bislang ungekannter Weise zu Akteuren des kriegerischen Infernos, zu Flakhelfern, Soldaten, Partisanen.

»Wer einmal Kriegskind ist, der bleibt es sein Leben lang.« (Rosemarie Erdmann, geb. Heinze, Berlin, Jahrgang 1929)

Was passierte damals in den Köpfen der Kinder? Wie nahmen sie das Unfassbare wahr? Welche Überlebensstrategien entwickelten sie? Welche Narben haben sich eingebrannt, welche Lebenserfahrungen festgesetzt? Wie konnten jene, deren ganze Jugend von diesem Krieg geprägt war, nach 1945 ein scheinbar »neues« Leben führen?

Der Zweite Weltkrieg prägt das Gedächtnis einer ganzen Generation. Nicht nur in Deutschland, wo Millionen Kinder in unterschiedlicher Weise betroffen waren, sondern auch in den damals überfallenen und besetzten Ländern wie Polen, Frankreich, England und in der Sowjetunion. Die Gleichzeitigkeit von Jubel und Leid, von Verblendung und Verfolgung, von der zerstörerischen Gewalt des Krieges auf jeder Seite wird durch den europäischen Blick auf das Schicksal Kriegskind klarer denn je.

Viele der Kriegskinder haben bisher kaum über ihre Erlebnisse gesprochen. Weil sie nicht konnten, weil sie nicht wollten oder weil keiner ihnen zuhörte. Und nun, gegen Ende ihres Lebens, ist es ihnen mehr denn je ein tief empfundenes Bedürfnis.

Ihre Geschichten, ihr Schicksal, ihre Erfahrungen dürfen nicht in Vergessenheit geraten. Wir wollen sie bewahren und weitertragen, den Kriegskindern zu Ehren, für ihre Enkel und Urenkel.

Aus diesem Grund haben wir für das Jahr 2009, zum siebzigsten Jahrestag des Beginns des Zweiten Weltkriegs, eine Dokumentationsreihe für die ARD initiiert und als Geschichtsredaktion des MDR Fernsehens zusammen mit dem SWR redaktionell begleitet. Hunderte von Zeitzeugen in ganz Europa wurden befragt und interviewt – ein unschätzbarer Fundus an Geschichten und Berichten, der auch Basis war für dieses Begleitbuch zur TV-Serie »Kriegskinder« im Ersten Deutschen Fernsehen.

Leipzig, im Januar 2009

Dr. Claudia Schreiner,
Vorsitzende des Geschichtlichen Arbeitskreises der ARD

Dr. Katja Wildermuth,
Leiterin der MDR Geschichtsredaktion

»Warum weinen die Frauen?« – September 1939

Im Juli 1939 geht für den vierjährigen Hans Hanf-Dressler aus Frankfurt am Main ein Herzenswunsch in Erfüllung. Anlässlich ihres Geburtstages wird die Großmutter im ostpreußischen Königsberg besucht, und Hans darf das Transportmittel wählen. Selbstverständlich entscheidet er sich gegen die Bahn und für die *Tante Ju*. Nach gut zwei Flugstunden erklärt der Pilot der Ju-52 den Passagieren: »Da unten liegt Polen.« Hans beugt sich zum Fenster und ruft: »Du lügst!« Die pikierten Blicke der Erwachsenen stören Hans nicht. »Das sieht man ja gar nicht, dass es Polen ist«, erklärt er. »Das müsste doch rot sein. Die Bäume müssten rotes Laub haben.« Für Hans kann es anders nicht sein. Denn in dem großen Atlas, den die Eltern vor der Reise mit ihm angeschaut haben, ist Polen rot gezeichnet.

Die Geburtstagsfeier der Großmutter ist von Streit überschattet. Hans' Vater sagt stirnrunzelnd, es werde bald Krieg geben. Und die beiden Onkel erwidern: »Ja, das wird auch Zeit!« Immer lauter und ärgerlicher wird da der Vater. Eine Katastrophe werde über Europa hereinbrechen. Doch der Onkel widerspricht: »Das wird ein Spaziergang für uns.« Hans genießt die spannungsgeladene Atmosphäre, obwohl er kaum versteht, worüber geredet wird.

Die polnische Jüdin Ruth Wermuth verbringt zur selben Zeit ihre Schulferien im pommerschen Ostseebad Krynica. Die friedliche Urlaubsstimmung ist plötzlich vorbei, als Ende August die Zeitungen vom deutsch-sowjetischen Nichtangriffspakt berichten. Panikartig reisen die Gäste ab, die Züge sind so überfüllt, dass viele am Bahnsteig zurückbleiben. Doch Ruth ergattert gemeinsam mit Mutter und Bruder einen Platz im Zug. Für die Elfjährige ist klar, dass Deutschland und Russland beschlossen haben, Polen unter sich aufzuteilen. Die Frage ist nur: Wann?

Dass es Krieg geben wird, glauben auch die Eltern der achtjährigen Blandyna Lewińska in Warschau. Weil der Vater ein krankes Bein hat, kommt eine Einberufung zur Armee für ihn nicht infrage. Doch die patriotisch gesinnten Eltern haben bereits im Rahmen einer nationalen Sammelaktion ihre Eheringe für das polnische Vaterland gespendet.

Im Hause des zehnjährigen Günter Kunert, später ein bedeutender Schriftsteller, wird heftig politisiert. Mit dem nahenden Krieg verbinden Familie und Freunde die Hoffnung auf ein Ende der Nazidiktatur. Verfolgt und gegängelt werden sie schon seit Jahren, die einen, weil sie politisch links stehen, die anderen, weil sie Juden sind. Kunert gilt wegen seiner jüdischen Mutter und seines arischen Vaters als »Mischling ersten Grades«, weshalb ihn seine Mitschüler für eine seltsame Hunderasse halten. Der Berliner Junge lauscht, in einer Ecke sitzend, gespannt den Gesprächen der Verwandten und wundert sich. »Hitler wird im polnischen Korridor stolpern!« Wieso soll Hitler im Korridor stolpern? Und warum ausgerechnet im polnischen?

Durch diesen polnischen Korridor, der Ostpreußen und das Deutsche Reich seit dem Versailler Vertrag trennt, fährt die elfjährige Berlinerin Gisela Ott. Die Familie musste ihren Besuch in Ostpreußen vorzeitig abbrechen, um zurück nach Hause zu kommen. Der Zug ist verschlossen, sodass während der Fahrt durch das fremde Territorium niemand aus- oder zusteigen kann. An den Straßenrändern und Bahndämmen stehen Polen und drohen dem Zug mit der Faust. Erst auf deutschem Boden werden die Türen wieder geöffnet.

Am letzten Augustwochenende findet im thüringischen Hohenleuben das traditionelle Schützenfest statt. Ein Nach-

Londoner Kinder nach Bombenangriff, 1940

bar schaut aus dem Fenster, als die Familie des achtjährigen Ernst Woll zum Markt aufbricht, und ruft: »Esst bloß noch mal richtig Rostbratwürste, denn am Montag werden wir Lebensmittelkarten ausgeben.« Dieser Montag, der 28. August 1939, ist für Ernst daher der eigentliche Kriegsbeginn.

Die Mutter der siebenjährigen Jutta Schneider aus Berlin kann sich noch gut an den Ersten Weltkrieg erinnern. Gemeinsam mit der Tochter geht sie auf der Stelle Schuhe kaufen. »Hinterher gibt es das dann alles nicht mehr.« Im schulischen Handarbeitsunterricht häkelt Jutta von nun an keine Topflappen mehr, sondern sie näht Gasmasken.

Für den fünfjährigen Klaus Kammerichs im sauerländischen Iserlohn bedeutet der Kriegsbeginn vor allem, dass sich die Klangfarbe im Radio ändert. Ein erstaunliches Getöse erfüllt die Wohnstube, gänzlich neue Formen von Geräuschen. Eine Sondermeldung jagt die andere, eine Fanfare löst die vorherige ab. Mit Empörung registriert der Kleine die abfälligen Bemerkungen seiner Eltern angesichts des Krieges. »Unsere tapferen Soldaten«, so empfindet es Klaus, »machen die tollsten Sachen da draußen, und die reißen Witze darüber, das geht ja wohl nicht.« Ihm kommt das Verhalten seiner Eltern ein wenig wie Verrat vor.

Skeptisch ist auch der Vater der zehnjährigen Gisela Hielscher aus Breslau. Hitlers Brandrede »Seit 5 Uhr 45 wird zurückgeschossen!« kommentiert er lakonisch mit dem Satz: »*Zurück*geschossen ist gut.«

»Der Herr Hitler wird schon wissen, was er macht, und wenn wir so viele Feinde haben, die uns an den Kragen wollen, dann müssen die eben auch bestraft werden«, denkt die neunjährige Rosemarie Heinze und kann die Angst ihrer Eltern vor dem Krieg nicht verstehen. Ihre Berliner Wohnung liegt an einer Bahnlinie. Schwer beladen mit Panzern und Kanonen rollen die Truppentransporte über Straußberg in Richtung Osten vorbei. Rosemarie wirft den fröhlich singenden Soldaten Blumen zu. Später bindet sie kleine Sträuße schon auf Vorrat, um den blendend aussehenden jungen Männern eine Freude zu machen.

In Polen zeigt der Krieg ein ganz anderes Bild. Ende August trifft Janusz Krasiński, aus den Ferien kommend, im heimatlichen Warschau ein. Sein Vater, ein älterer Herr, holt ihn am Wilnaer Bahnhof ab. Er ist der einzige Mann inmitten einer Traube von Frauen. Alle anderen Männer sind bereits »mobilisiert«. Es ist das erste Mal, dass der Elfjährige das Wort »Mobilisierung« hört. Zwei Tage nach Kriegsbeginn wird der Pfadfinder Janusz durch seinen Gruppenführer zum Güterbahnhof beordert. Gemeinsam mit seinen Kameraden soll er die Gleise bewachen, um zu verhindern, dass deutsche Saboteure Sprengstoff unter Schienen oder Waggons legen. Die Jungen werden mit Brötchen und Orangeade versorgt und sind stolz, etwas für die Heimat tun zu dürfen. Doch der Einsatz findet bereits am darauffolgenden Mittag ein jähes Ende. Der Bahnhof wird von Stukas angegriffen. Eine Ju-87 stürzt mit dem ohrenbetäubenden Geheul der »Jericho-Trompete«

genannten Fahrtwindsirene direkt auf die Jungen herab. Janusz kann sich gerade noch hinter einen mit Pflastersteinen beladenen Güterzug werfen, als die Bombe einschlägt. Als er aus dem Bahnhof flieht, sieht er Schreckliches – die erste Kriegsleiche. Der Junge ist überrascht, dass ein »toter Neger« vor ihm liegt. Dabei gibt es »Neger« doch so gut wie gar nicht in Polen. In einem Restaurant hat er einmal einen gesehen. Erst sehr viel später begreift Janusz, dass der Tote durch Hitze und Rauch versengt worden ist. Die Fußwege sind mit Glassplittern übersät. In der Panik verliert der Junge einen Schuh, am anderen reißt der Riemen. Barfuß rennt er durch die halbe Stadt bis nach Hause, ohne auf die Scherben achtzugeben.

Jan Karpiński erlebt die Bombardierung von Krakau zunächst noch als ein abenteuerliches Spiel. Es wird geschossen, Flugzeuge und Rauchwolken sind am Himmel zu sehen. Menschen rennen umher. Es ist für den jüdischen Jungen wie im Wilden Westen, er ist Indianer, die anderen sind die Cowboys. Am ersten September ist in Polen Schulbeginn. Doch 1939 fällt an diesem Tag die Schule aus, und das ist das Beste für den Neunjährigen.

Anderthalb Stunden nachdem der Onkel des elfjährigen Zenon Malec im Radio gehört hat, dass es Krieg gibt, fallen in Posen bereits die ersten Bomben. Die Familie flüchtet in einen Schutzraum, der unter einem Kino eingerichtet ist. Hunderte Menschen warten dort schon, als sie eintreffen. Nicht alle schaffen es rechtzeitig. Eine Bombe zerreißt eine Frau direkt vor dem Schutzraum, eine zweite Bombe fällt auf die Treppen. Trümmer verschütten den Eingang. Die Männer schlagen eine Bresche nach draußen. Während seine Familie nach Hause rennt, ist Zenon durch den Anblick eines bis zur Unkenntlichkeit verbrannten Jungen wie gelähmt. Der Tote trägt die gleiche Hose und das gleiche Hemd wie Zenon, der sich daraufhin stundenlang verängstigt in einer Toreinfahrt versteckt. Erst gegen Abend wagt er sich zurück in die Wohnung, froh zu Hause zu sein. Weder vorher noch nachher hat ihn seine Mutter jemals geschlagen. Doch diesmal prügelt sie ihn bis zur Besinnungslosigkeit. Weshalb, versteht Zenon nicht. Die Mutter hatte auf ihrer Suche nach dem Sohn ebenfalls das verbrannte Kind erblickt und die Leiche für Zenon gehalten.

Wie schnell wird das verbündete Ausland dem bedrängten Land zu Hilfe kommen?, fragen sich die polnischen Familien. Der neunjährige Jean-Louis Cholet aus Paris erfährt in der Schule von der Kriegserklärung Frankreichs an Deutschland. Die Schüler erhalten Gasmasken. Sie stammen aus tschechischer Produktion, sind aus Gummi, und für Jean-Louis ist es ein großer Jux, sie auszuprobieren.

Am 3. September ist die Familie des 1931 geborenen Alan Rushton in Coventry in der Küche versammelt. Dort hören sie im Radio, wie Premierminister Chamberlain seinem Volk mitteilt, dass sich Großbritannien im Krieg mit Deutschland befindet. Sperrballons werden nach Coventry gebracht. Alan will wissen, wozu diese Ballons dienen. »Um Seile in der Höhe zu halten, damit die feindlichen Flugzeuge nicht tieffliegen können«, ist die Antwort. Die Erwachsenen wollen sich einen Spaß mit ihm erlauben, denkt der Junge und glaubt ihnen nicht.

Im September 1939 beginnt für den fünfjährigen Kenneth Lester aus London das erste Schuljahr statt mit Lesen und Schreiben mit einer anderen Lektion: Gasmaske tragen. Die Maske ist staubig und juckt. Eine halbe Stunde lang sollen die Kinder unter den schweißnassen Gasmasken ausharren. Kenneth schiebt einen Finger unter die Maske, um frische Luft zu bekommen, und wird sofort ausgeschimpft. Auch die Londonerin Louise Griffiths ängstigt sich vor den Gasmasken, obwohl sie schon elf Jahre alt ist, und beneidet die kleineren Kinder, die Gasmasken mit dem Gesicht von Micky Maus aufsetzen dürfen.

Während Kinder in halb Europa auf den Krieg vorbereitet werden, ist er für andere bereits vorbei. »Das wird ein Spaziergang«, hatte der Onkel von Hans Hanf-Dressler noch im

August erklärt. Im September sieht Hans seine Mutter bitterlich weinen. Es ist ihr Geburtstag. An so einem Tag weint man doch nicht! Eben hat die Mutter die Nachricht erhalten, dass ihr Bruder bereits am dritten Tag des Polenfeldzugs als Offizier gefallen ist.

Der Vater der elfjährigen Elfriede Wilhelm aus Stettin ist am 26. August eingezogen worden. Der SA-Offizier hat schon im Ersten Weltkrieg kämpfen müssen. Elfriede sitzt auf der Teppichstange im Hof, als weinende Frauen aus dem Haus kommen. »Warum weinen die Frauen denn?«, fragt sie ihre Mutter. – »Sie haben Angst um ihre Männer.« – »Warum denn?« – »Na ja, die könnten doch fallen.« Für Elfriede ist das kein Grund, zu weinen. »Dann sind sie doch Helden?« – »Aber Kind«, erklärt die Mutter, »ein Held, ein toter Held, ist auch ein toter Papa oder ein toter Ehemann.«

Erst da wird Elfriede bewusst, wie schrecklich ein Krieg ist. Vorher hatte sie nicht darüber nachgedacht. Dennoch ängstigt sie sich nicht allzu sehr um den abwesenden Vater. Die Ehe der Eltern verläuft nicht glücklich, und sie findet es schön, allein mit ihrer Mutter und den Brüdern im Haus zu sein.

Wenige Tage nach Kriegsbeginn bekommen die Stettiner Bauern schon die ersten polnischen Kriegsgefangenen zugeteilt. Mit vier anderen Kindern marschiert Elfriede auf den Nachbarhof, um die Sensation zu bestaunen – ein echter Kriegsgefangener namens Leon. Die Kinder starren den jungen Mann fasziniert an, der nicht wie jemand aussieht, der schießen oder etwas Böses tun könnte. Dann lächeln die Kinder, und Leon lächelt zurück. Sie werden Freunde.

Frankreich hat versprochen, im Kriegsfall innerhalb von zehn Tagen einzugreifen und eine zweite Front gegen Deutschland zu errichten. Doch nichts geschieht. Auch Großbritannien greift zugunsten Polens nicht ein. So kann nun auch die Sowjetunion jene territorialen Begehrlichkeiten stillen, die im geheimen Zusatzprotokoll des Hitler-Stalin-Paktes zugesichert wurden.

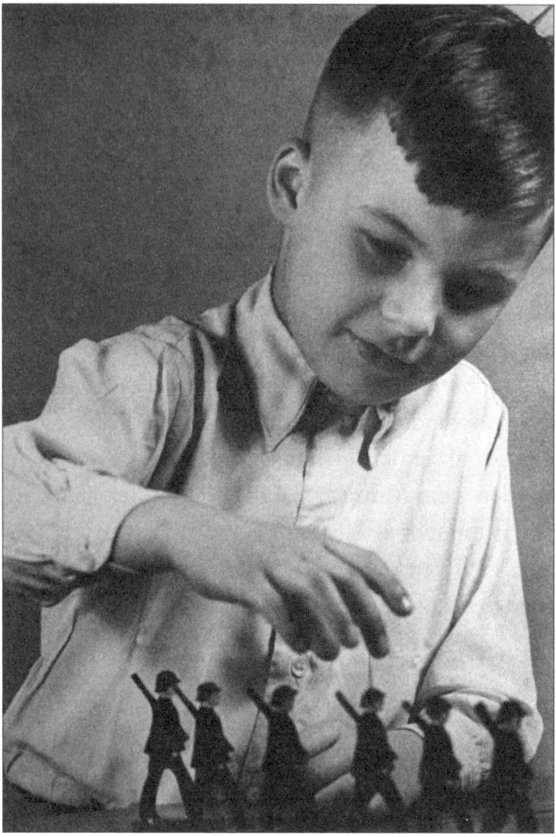

Hans Hanf-Dressler: Kriegsbeginn aus Kindersicht

Mitte September wälzt sich eine endlose Autokolonne durch das galizische Städtchen Kolomyja in Ostpolen. Staunend beobachtet Ruth Wermuth vom Balkon der Wohnung aus die Flucht der polnischen Regierung in Richtung Rumänien. Nach Tagen der Ungewissheit ist ihnen inzwischen klar, dass nicht die Wehrmacht, sondern die Rote Armee Kolomyja besetzen wird. »Vati, was werden diese Kommunisten machen, wenn sie zu uns kommen?«, fragt Ruth. Die Antwort, so erinnert sie sich heute, sei in ihrer Art ebenso einfach wie typisch jüdisch gewesen. »Kind, jetzt haben wir den Kapitalismus.

Das heißt, es gibt Arme und es gibt Reiche, es herrscht Vielfalt. Wenn die Russen, die Kommunisten, kommen, werden sie den Reichen alles wegnehmen, es den Armen aber nicht geben. Und so werden alle arm sein.«

Als die Sowjets einmarschieren, halten diese auch die Familie Wermuth für reich. Sie werden aus ihrer Wohnung geworfen, das Geschäft und damit ihre einzige Erwerbsquelle wird ihnen weggenommen. Der fünfköpfigen Familie bleibt nur ein kleines Zimmer und die Küche.

Am 6. Oktober kapitulieren die letzten polnischen Truppen. Die Nachricht von dem unerwartet schnellen Sieg der Wehrmacht verbreitet sich auch im thüringischen Dörfchen Großensee unweit der Wartburg. Der neunjährige Artur Führer nimmt erfreut zur Kenntnis, dass Polen »niedergerungen« sei. »Krieg«, so erinnert er sich, »war eine Veränderung zunächst einmal zum Guten. Denn wir hatten ja die Bösen besiegt, die waren jetzt weg. Es war wie in einem Spiel.«

FEINDBILDER

— Wie sieht ein Jude aus? Im Jungvolk wurde uns das so erklärt: Er hat eine Hakennase, riecht nach Knoblauch, hat Handschweiß und einen Watschelgang, wobei die Füße nach links und rechts weit ausgestellt sind.

Gerhard Krone, Jahrgang 1934

— Uns wurde immer gesagt, wir kämpfen gegen die Russen, denn wenn die Russen Deutschland überfallen, schneiden sie den Kindern die Zunge raus.

Renate Doufexis, geb. Lang, Jahrgang 1930

— Wir waren bei der 8,8-Flak. Und russische Kriegsgefangene waren die Ladekanoniere. Das waren keine »Untermenschen«, sondern ganz liebe Kerle. Das hätte auch mein Vetter oder Onkel sein können. Da wurde das etwas zurechtgerückt.

Peter Hartmann, Jahrgang 1928

— Ein französischer Kriegsgefangener war bei unserem Nachbarn. Das war ein Lehrer, der sehr gut Deutsch sprach. Der hat mir von seiner Heimat erzählt. Es war sehr nett. Aber wenn ich als Hitlerjunge meine Pimpfuniform anhatte, hat er mich ignoriert. Ich konnte ihn ansprechen oder machen, was ich wollte, er hat weggeguckt. Da habe ich mir ausgemalt: Er ist zwar ein guter Mensch, ein intelligenter Mensch, aber er ist unser Feind.

Ernst Woll, Jahrgang 1931

— Ich hatte Bilder gesehen von dem Massaker an Volksdeutschen in Bromberg und dachte: Die Polen, das müssen ja alles furchtbare Menschen sein. Verbrecher. Und eines Tags kam ich nach Hause, da stand bei uns ein polnischer Kriegsgefangener und hat Holz gehackt. Ich hatte Angst. Und eine Axt in der Hand hatte der auch noch. Dann blickte er auf und lachte mich an. Und dann ging ich näher hin. Und dann stellten wir uns vor. Da war klar: Das ist ja ein Mensch wie jeder andere auch.

Maria Pohlmann, Jahrgang 1927

— Einmal sind russische Kriegsgefangene durch Neckarau marschiert, und die waren alle kahl geschoren. Jeder hatte eine Glatze. Da haben wir unter uns Jungvolkleuten gesagt: »Die sehen ja aus wie Verbrecher.« Wie ich dann später selbst in Gefangenschaft war und meine Glatze hatte, habe ich gedacht, jetzt glauben die anderen, du bist ein Verbrecher.

Karl Heinz Mehler, Jahrgang 1929

— Die Deutschen, das waren Feinde, das waren Mörder. Ich war gierig nach Blut und Gerechtigkeit. Der Hass hat in einem bestimmten Moment eine solche Größe erreicht, dass er mich überragte. Bis heute kann ich mir nicht verzeihen, dass ich mich von zwei deutschen Soldaten erweichen ließ, dass ich sie nicht einfach abgeknallt, sondern nur gefangen genommen habe ... dass ich weich geworden bin, dass ich meiner Aufgabe als Mann nicht gewachsen war.

Zenon Malec, Jahrgang 1928

Krieg ist nur ein Spiel

Der 1935 in Dessau geborene spätere Kabarettist Dieter Hallervorden stellt als Kind eine ganze Kompanie von Wehrmachtssoldaten zu Pferde und in Panzern in seiner Spielecke auf. Dort kämpfen sie gegen eine gleiche Anzahl britischer Soldaten, »Tommys«. Es wird auch mit Kugeln geschossen, und natürlich gewinnen immer die deutschen Soldaten. Angst, dass aus dem Spiel Ernst werden könnte, muss der Junge nicht haben. Der Vater ist Flugzeugkonstrukteur bei den Dessauer Junkers-Werken. Hier werden die legendäre alte *Tante Ju* und der berühmteste Sturzkampfflieger des Zweiten Weltkriegs, die Ju-87, hergestellt. Keine Frage, Vater Hallervorden ist »UK-gestellt«. Das steht für »unabkömmlich«. Zudem muss er wegen einer schweren Gehbehinderung ohnehin nicht mit einer Einberufung rechnen.

Die Flugzeuge, die Vater Hallervorden in der Realität konstruiert, finden in Artur Führer aus Großensee einen leidenschaftlichen Bewunderer. Neben den Junkers-Flugzeugen baut Artur die Messerschmitt Bf-109, den Heinkel-Bomber He-111, später auch den britischen Lancaster-Bomber und den Lightning-Abfangjäger als Modell akribisch nach. Bevor es überhaupt einen für ihn wahrnehmbaren Luftkrieg gibt, kennt Artur schon alle Flugzeugtypen und die Bombenlasten, die sie tragen. Den Krieg spürt er nur daran, dass der UHU-Kleber für seine Basteleien nicht mehr zu bekommen ist. Er muss sich mit Mehlkleister behelfen. Dass er alle Flugzeugtypen sofort anhand ihres Geräuschs erkennt, erweist sich später als nützlich, wenn es nicht mehr um ein Spiel, sondern um Leben oder Tod geht.

Die deutsche Kriegsspielproduktion ist überaus fantasievoll in ihrem Bemühen, Kinder auf ihre künftige Soldatenrolle vorzubereiten. Es gibt hopsende Reiter, rollende Panzer, bollernde Kanonen und Maschinengewehre, die nach dem Drehen einer Kurbel Holzplättchen verschießen. Es gibt kleine Soldaten in sämtlichen Offiziersrängen zum Sammeln, die man tauschen kann. Ein General ist mit einfachen Landsern fast nicht aufzuwiegen. Pappmaschee-Bunker sind mit Stacheldraht umzäunt und fliegen auf Knopfdruck in die Luft. Es gibt auch Adolf Hitler und Rudolf Hess als Spielzeugfiguren.

Einem Panzer, der, mit Feuerstein betrieben, Funken sprüht, kann Artur Führer, der eigentlich lieber mit kleinen Pferdefuhrwerken Bauernhof spielt, nicht widerstehen. Er stiehlt fünf Reichsmark aus der Haushaltskasse, um das Objekt der Begierde zu erstehen. Der Betrug fliegt auf, der Junge bezieht mächtig Prügel – und der Panzer wird weggeschlossen. Als er ihn schließlich zurückerhält, hat Artur bereits das Interesse an solchem Spielzeug verloren.

Klaus Kammerichs spielt auf selbstgebauter Gefechtsstellung, 1943

Wie diese Waffen in Wirklichkeit aussehen und funktionieren, können die Kinder am »Tag der Wehrmacht« herausfinden. Ganz freiwillig strömen sie in Scharen herbei, wenn sich einmal im Jahr die Tore der Kasernen für Schaulustige öffnen. Auf dem Kasernenhof kann man den Soldaten beim Exerzieren zusehen, in den Stuben einen Eindruck vom kasernierten Leben bekommen, und es gibt Erbsensuppe aus der Gulaschkanone. Gemeinsam mit den Landsern springen sie bei einem simulierten Alarm in Schützengräben und lugen durch Scherenfernrohre vorsichtig über eine Schanze hinweg ins Gelände.

Auch Klaus Kammerichs ist mit Begeisterung dabei. In Iserlohn gibt es mehrere Kasernen. Schon Vier- und Fünfjährige dürfen sich an eine Vierlingsflak setzen, durch das Visier schauen, die Scheinwerfer in den Himmel ausrichten und am Geschütz kurbeln. Es ist ein gutes Gefühl für Klaus, das monströse Flakgeschütz zu drehen. Mit dem Maschinengewehr dürfen die Kinder nicht selbst schießen, es wird ihnen mit Platzpatronen vorgeführt. Der Höhepunkt ist jedoch die Demonstration der riesigen Panzer. Die drehen sich rasend schnell mit ohrenbetäubendem Getöse auf der Stelle. Gezeigt wird auch, wie sie durch Betonmauern hindurchbrechen. Die Schau wird mit launigem Spott über die Rückschrittlichkeit der französischen Panzer garniert, die zum Großteil noch aus dem Ersten Weltkrieg stammen. »Das war also für uns sehr lächerlich, was die bösen Feinde hatten«, erinnert sich Klaus Kammerichs, »diese alten Panzer, wo das Kettenrad oben übers Dach lief. Da hatte man natürlich als stolzer deutscher Jungkrieger das Gefühl: Das ist doch was ganz anderes, was wir haben. Und auch da sind wir wieder einmal die Besten.« Schließlich darf der ungeduldige Junge tatsächlich ins Innere des Panzers steigen, das Getöse des Motors hautnah erleben, Hebel umlegen – und den Panzer selbst fahren. Klaus ist selig.

Wieder zu Hause, setzen sich die Kriegsspiele im Freien fort. Besonders beliebt ist bei Klaus und seinen Freunden das

»England-Spiel«. Dabei werden in die Erde Umrisse der im Krieg befindlichen Staaten geritzt. Dann geht es darum, aus entsprechender Entfernung das gegnerische Land möglichst mittig mit dem Wurfmesser zu treffen, woraufhin man sich ein entsprechendes Stück des Landes aneignen darf. Bevor das Messer geworfen wird, muss allerdings der Krieg erklärt werden. »Deutschland erklärt den Krieg gegen Engeland.« Oder gegen Frankreich. Später verliert für Klaus Kammerichs das Spiel seinen Reiz, als die Wehrmacht gegen Russland marschiert: »Das ging nur so lange, wie der Eroberungskrieg in Europa überschaubar blieb. Das dann einigermaßen maßstabsgetreu mit Russland zu machen war nicht mehr möglich. So groß waren die Straßen bei uns nicht.«

So kommen die Wurfmesser aus der Mode und werden durch andere Waffen abgelöst. Bogenschießen ist zeitweise beliebt, wird aber bald durch das Schießen mit Zwillen ersetzt, wobei mittels eines zwischen zwei Holzenden gespannten Gummis Steine abgefeuert werden. Hemmungslos zielen die Kinder auch auf Köpfe. Klaus Kammerichs hat noch heute eine Narbe, zwischen Schläfe und Lid, wo ihn ein Geschoss beinahe das Augenlicht gekostet hätte. Die Eltern kontrollieren solche Spiele kaum, sie haben genug mit sich selbst zu tun.

Ausdrücklich erlaubt ist es, mit Luftgewehren zu schießen. Meist wird mit Streichhölzern oder Weizenkörnern geschossen, gelegentlich auch mit Eisenbolzen. Klaus und seine Freunde verlieren bald die Lust, nur auf Zielscheiben zu schießen, und setzen das Luftgewehr gegeneinander ein. Da spritzt dann schon mal Blut, wenn ein Junge am Bein getroffen wird.

Günter Kunert darf mit seinem Luftdruckgewehr sogar in der Berliner Wohnung spielen. Die Nachbarjungen teilen sich in Trapper und Indianer auf und beschießen einander. An einem heißen Sommertag bemerkt Günter, dass der Asphalt auf der Straße aufgeweicht ist. Er kratzt etwas Teer

Klaus Kammerichs: Das erste Weihnachten im Krieg

von der Straße, formt daraus Kügelchen und lädt damit das Gewehr. Es gibt einen sieben Meter langen Korridor in der Wohnung. Günter verbarrikadiert sich auf der einen Seite, einer der Nachbarjungen auf der anderen. Dann feuern sie die Teerkugeln aufeinander ab. Oft wird nur die Tapete getroffen. Die Eltern wundern sich über die schwarzen Flecken, doch sie nehmen die wilden Spiele des Sohnes geduldig hin. »Im Grunde bin ich überhaupt nicht erzogen worden«, erinnert sich Günter Kunert. »Ich konnte machen, was ich wollte.«

Der Vater des 1936 in Kiel geborenen Manfred Schmidt ist als Sozialdemokrat ein Gegner des Systems. Er weigert sich, zu Feiertagen die Hakenkreuzfahne aus dem Fenster zu hängen. Allerdings ist er Feinmechaniker und Waffentechniker. Und so bekommt der kleine Manfred neben einer Burg und einem

»Tag der Wehrmacht«: Kinder an einem Maschinengewehr

ganzen Regiment von Spielzeugsoldaten den eigenhändig hergestellten originalgetreuen Nachbau eines Flakgeschützes vom Vater geschenkt. Die Flak besteht aus Aluminium, ist auf einen Lkw montiert und verfügt über batteriebetriebene Scheinwerfer, mit denen sich der Pappkartonhimmel im Kinderzimmer absuchen lässt. Nur Geschosse kann sie nicht abfeuern. Neben diesem kriegerischen Spielzeug fertigt der verständnisvolle Vater auch Rollschuhe sowie Spielzeugkräne und Autos für seinen Sohn an.

Ein Onkel von Manfred ist bereits als Stuka-Flieger über England abgestürzt. Der andere ist U-Boot-Kommandant. Als das U-Boot in Kiel im Hafen liegt, verstaut Manfred nach einigem Betteln seine Lieblingsspielsachen im Spind des Onkels. Hier werden sie sicher den Krieg überstehen, während man in Kiel bei den Bombenangriffen im Bunker zwar vielleicht das nackte Leben, nicht aber die kindlichen Schätze retten kann, die in der Wohnung zurückbleiben müssen. Mit klingendem Spiel läuft das U-Boot bald wieder aus. Manfred sieht seinen Onkel nie wieder. Das U-Boot wird getroffen, geht unter. Die selbstgebaute Flak des Vaters ruht jetzt, vom Meerwasser zerfressen, in einigen Hundert Metern Tiefe auf dem Grund des Atlantiks.

Weihnachten ist der Tag des Jahres, an dem überall in Deutschland neue Panzer und Regimenter auf den Gabentischen landen. Für den 1934 geborenen Gerhard Krone gibt es alljährlich zu Weihnachten eine Bescherung der besonderen Art. Sie findet im Erfurter Kaisersaal statt, wo unzählige Kinder neben ihren Müttern sitzen, aufgerufen werden und auf der Bühne ein Geschenk bekommen. Neben Gerhard sitzt ein kleiner Junge, der mit einem Riesenpaket bedacht wird. Darin ist eine Burg mit raffinierten Federmechanismen, die Gerhards Herz höher schlagen lässt. Mein Gott noch mal, was es hier für Geschenke gibt!, denkt der Junge. Er selbst erhält kurz darauf nur ein schmales Päckchen mit einer eher kleinen Gabe. Enttäuscht wendet er sich an seine Mutter. Der Junge rechts neben ihm hätte doch ein so großes, schönes Spielzeug bekommen. Das sei ungerecht! Die Mutter beugt sich zu ihm herunter und flüstert ihm ins Ohr: »Bei dem ist der Vater gefallen, deshalb kriegt er etwas Größeres.«

»Ich starb in den Armen meiner Mutter« – Frankreich 1940

Frankreich ist nach den Schrecken des Ersten Weltkriegs, der weitgehend auf seinem Territorium tobte, des Schlachtens müde. Der am 3. September erklärte Krieg gegen Deutschland löst, ganz anders als der Kriegsausbruch von 1914, keinen Jubel aus, sondern Bestürzung und Resignation. Der Vater von Jean-Louis Cholet ist altgedienter Artillerist und wird sofort zu den Waffen gerufen. Den kleinen Jean-Louis schicken die Eltern schnell in ein abgelegenes Dorf in der Haute-Savoie, nahe dem Genfer See. Doch dann lässt der Krieg auf sich warten. Nichts geschieht. »La drôle de guerre«, komischer Krieg, nennen es die Franzosen, »Sitzkrieg« die Deutschen. Weihnachten besucht der Vater den Sohn. Der darf dessen Feldmütze aufsetzen und mit ihm Schlitten fahren. Im Frühjahr 1940 holt die Mutter Jean-Louis nach Paris zurück. Alles ist friedlich.

Die Familie der achtjährigen Rosemarie Stamer spürt zur gleichen Zeit, dass wichtige Veränderungen in der Luft liegen. In ihrer Wohnung in Duisburg wird ein Soldat einquartiert. Er stammt aus Hildesheim, spricht einen für das Kind schauerlichen Akzent und verliebt sich in die gefüllten Bratkartoffeln mit Gürkchen, die ihm abends von der Großmutter als willkommene Ergänzung zum Feldküchenessen vorgesetzt werden. Er verliebt sich auch in Rosemaries Tante. Eine Woche bleibt er, und Rosemarie ist überzeugt, dass Heiratsabsichten der eigentliche Grund seines Hierseins sind. Doch dann zieht das Regiment über den Rhein, und die Familie hört nie wieder etwas von ihm. Auch ein frisch verheirateter

Onkel von Rosemarie wird einberufen, eine Katastrophe für das Ehepaar und eine Überraschung dazu, denn der Onkel arbeitet bei Mannesmann in der kriegswichtigen Produktion. Der eigentliche Krieg – gegen Frankreich – scheint jetzt noch wichtiger zu sein. Er beginnt am 10. Mai 1940.

Unerwartet für Freund und Feind überrennen deutsche Panzerarmeen innerhalb weniger Tage die französischen Verteidigungslinien und dringen ins Landesinnere vor. Die beschauliche Hafenstadt Abbeville in der Picardie wird zu einem der am heftigsten umkämpften Orte während des Feldzugs. An dieser Stelle stoßen die Deutschen zum Ärmelkanal vor und schließen am 21. Mai die britischen und belgischen Truppen ein, die Frankreich zu Hilfe geeilt sind. Das Schicksal der *Grande Nation* ist damit besiegelt. Den Vormarsch der Deutschen begleiten mörderische Bombenangriffe auf die Altstadt von Abbeville.

Stéphanie Santamaria ist zu diesem Zeitpunkt dreieinhalb Jahre alt. Ihre Eltern sind polnische Immigranten, die ihre Arbeitssuche nach Frankreich geführt hat. Sie sind als Hausdiener und Putzfrau bei einer reichen Notarsfamilie beschäftigt. Die einzige Erinnerung der Kleinen an die Zeit vor dem Krieg: Sie spielt gemeinsam mit ihrer älteren Schwester eine Engelsschar. Die nächste Erinnerung ist eine völlig andere: Flucht, Angst, Bomben. Sie läuft von Keller zu Keller, auf der Suche nach einem sicheren Versteck, ihre dichten lockigen Haare brennen. Manchmal wird sie getragen, manchmal fühlt sie sich vergessen und zurückgelassen.

Am Tag des großen Angriffs fallen die Bomben so dicht, dass Stéphanies Eltern fürchten, der Keller ihres Hauses könnte den Detonationen nicht standhalten. Sie versuchen, in eine Schutzzone zu flüchten, die sicherer scheint. Kaum sind sie auf der Straße, gibt es eine schreckliche Explosion. Die Mutter stirbt, während sie Stéphanie im Arm hält, ebenso die sechsjährige Schwester neben ihnen. Der Vater kommt einen Augenblick später aus dem Haus, weil er den Gashahn abdrehen musste. Das rettet sein Leben. Er wird allerdings schwer an beiden Beinen getroffen. Dennoch versucht er in einer letzten Kraftanstrengung, Stéphanie vom Boden aufzuheben und fortzutragen. Dann sieht er die zerfetzten Körperteile seiner älteren Tochter und wird ohnmächtig.

Stéphanie hat nur eine einzige Erinnerung an diesen Tag: »Ich starb in den Armen meiner Mutter.« Was noch geschah, kennt sie allein aus Erzählungen. So erfährt sie später, dass die Stadt noch tagelang brennt und dass neben aller Zerstörung ausgerechnet ihr Haus, aus dem sie in den Tod geflohen sind, bis zum Ende heil bleibt. Ihr Vater wird schnell von Sanitätern geborgen und auf einem Lkw nach Paris transportiert. Sie selbst bleibt für endlose Stunden inmitten der Leichen liegen. Ein sechzehnjähriger Pfadfinder, der mit einer Schubkarre die Toten wegkarrt, erkennt, dass in dem verstümmelten und blutüberströmten Kind noch ein Funken Leben ist. So kommt sie in das Pariser Krankenhaus Hôtel-Dieu und erlangt ihr Bewusstsein wieder.

»Man schreit nicht in solchen Momenten«, erinnert sie sich. »Man merkt, auch wenn man sehr klein ist, dass es nichts bringt, zu weinen.« Andere tun es doch. Die Schreie von entbindenden Frauen und von Verletzten im Saal haben sich ihr eingebrannt. Es fehlt an Ärzten. Stéphanie muss eine ganze Reihe von Operationen über sich ergehen lassen; sie werden von einer Krankenschwester ausgeführt. Ihr linker Arm hängt nur noch an einem Nerv, er muss amputiert werden. Schmerzmittel gibt es nicht. Mit dem Schmerz muss jeder selbst fertig werden. Vor den Operationen wird sie mit Chloroform betäubt. Im künstlichen Schlaf kämpft sie mit Monstern. Ein freundlicher Krankenpfleger schiebt sie jedes Mal in den OP-Saal. Er versucht sie mit Geschichten zu beruhigen, erreicht aber das Gegenteil. Je netter er wird, desto größer wird die Angst des Mädchens. »Wenn man so nett zu mir ist«, glaubt sie, »wird man mir dieses Mal wohl besonders wehtun.«

Niemand kümmert sich um sie, als sie wieder aus der Narkose erwacht, außer einem zehnjährigen Jungen mit verletzten Beinen, der sie dazu bringt, wieder zu essen, und sie füttert. Weil sie sich wegen des scharfen Äthers oft ins Bett erbricht, bekommt sie Ohrfeigen. Niemand sagt zu ihr: »Mein kleiner Schatz, ich bringe das alles in Ordnung.« Ihre Mutter hätte das getan. Doch wo ist ihre Mutter? Vage Fetzen der Erinnerung steigen in ihr auf. »Warum ist meine Mama so schwarz? Warum ist sie voller Rauch?«, fragt sie die Krankenschwestern. Ihre Mutter sei in den Himmel gegangen, heißt es. Und weil Stéphanie in einem christlichen Krankenhaus untergebracht ist, zeigt man ihr eine große Statue der Heiligen Jungfrau. Die sei jetzt ihre neue Mutter. Diese Aussicht befriedigt Stéphanie keineswegs. Das würde ja bedeuten, dass sie von nun an zwei Mütter im Himmel und keine einzige auf Erden hätte. Ihr kleines Stahlbett im Krankensaal, den sie mit zwanzig Kindern und Erwachsenen teilt, liegt ganz in der Nähe der Statue der Jungfrau Maria. Immer wieder versucht sie mit ihrer angeblichen neuen Mutter zu sprechen. Doch die schweigt.

Stéphanie begreift trotz ihrer dreieinhalb Jahre, dass es zwecklos ist, den Krankenschwestern weiter Fragen zu stellen, wenn sie keine Ohrfeigen riskieren will. So muss sie, ob sie will oder nicht, ihre eigenen Antworten finden und sich mit ihren Gefühlen allein auseinandersetzen. Vor allem muss sie einen Weg finden, zu akzeptieren, dass sie einen Arm für immer verloren hat.

»Ich war sehr wütend. Ich fand es sehr böse, dass man mir den Arm mit Absicht kaputt gemacht hat, wie man eine Puppe kaputt macht. Obwohl man eine Puppe ja nicht mit Absicht kaputt macht. Ich habe mich wie ein Spielzeug gefühlt, das kaputtgeht. Sie hatten meine Haare verbrannt. Ich wusste nicht, wer mir das angetan hatte. Aber ich fand diese Leute sehr dumm und sehr böse, die solche Dinge machten. Ich hatte das Gefühl, in einem Albtraum zu leben. Und es ist so schwer, wieder wach zu werden.«

Selbst Strom und Wasser fehlen bald im Krankenhaus.

Spielsachen für die Kinder gibt es ohnehin nicht. So findet Stéphanie aus der Not heraus einen ganz besonderen Spielgefährten: ihren Armstumpf. Sie spielt mit ihm wie mit einer Puppe, küsst und streichelt ihn, erzählt ihm Geschichten, bespricht mit ihm ihren Kummer.

Drei Monate lebt sie so im Krankenhaus. Eines Tages öffnet sich die Tür, und ein hinkender Mann sieht sich suchend im Saal um. Es ist ihr Vater. »Da habe ich mich wie ein Welpe hingelegt: die zwei Beine nach hinten, im Bett, gegen die Bettstangen, und habe angefangen zu schreien: ›Mein Papa! Mein Papa!‹ Und da, o Schreck, habe ich gemerkt, dass er stehen geblieben war und mich anstarrte. Ich habe mir dabei gedacht: Mein Gott, ich bin tatsächlich wie eine kaputte Puppe, die man wegwirft, und vielleicht will mein Papa kein kleines, kaputtes Mädchen mehr, mit nur einem Arm. Und da habe ich angefangen meinen Stumpf zu streicheln, der noch voller Pflaster war, und habe zu Papa gesagt: ›Weißt du, der ist sehr lieb, mein kleiner Arm!‹«

Gemeinsam fahren sie zurück nach Abbeville und irren durch die von Trümmern übersäte Stadt. Es ist ein elendes Leben. Ihr Vater spricht kaum Französisch, ist Analphabet, hat keine Arbeit, keine Frau, ein behindertes Kind. Auf der Straße werden sie von Passanten angespuckt: »Ihr dreckigen Polen! Das ist alles nur eure Schuld, dass jetzt Krieg ist!« In einem halb zerstörten Haus finden sie bei zwei Schwestern eine Bleibe. Der Vater nennt sie »Soldatenfrauen«, weil sie immer wieder von deutschen Soldaten besucht werden. Erst viel später begreift das Mädchen, dass sie im Rotlichtbezirk von Abbeville untergekommen sind. Wenn die Frauen wieder einmal Besuch haben, wird die Kleine einfach mitten in den Dreck auf die Straße gesetzt. Sie bekommt Krätze.

Ihr Leben nimmt eine wunderbare Wende zum Besseren, als sie der Notarsfamilie wiederbegegnen, bei der Stéphanies Eltern vor dem Bombenangriff gearbeitet haben. Ihr Haus ist zerstört worden, doch der Notar hat ein großes altes Anwesen mit einem Park gemietet. Hier dürfen sie bleiben. Der Vater arbeitet im Park als Gärtner, pflanzt Tabak an, der an Kriegsgefangene geschickt wird. Sie haben Hühner und Kaninchen. Stéphanies Vater findet in den Trümmern einen herrenlosen Kater und schenkt ihn seiner Tochter. Er ist sehr wild und wird zunächst in einen Vogelkäfig eingesperrt, um ihn zu zähmen. Stundenlang sitzt das Mädchen vor dem Käfig, streichelt den Kater mit der Fingerspitze. Später werden sie unzertrennlich. Der Kater folgt ihr überallhin und lässt es sich sogar gefallen, mit Puppenkleidern angezogen zu werden. »Du bist noch ärmer dran als ich«, sagt sie zu ihm, »weil du weder Mama noch Papa hast! Ich habe wenigstens noch meinen Papa und meine Mamam.«

»Mamam«, eine Wortschöpfung aus den französischen Begriffen *Maman* und *Madame*, nennt Stéphanie zärtlich die Frau des Notars, die sich rührend um die Kleine kümmert und bald die Stelle der Mutter einnimmt. Das Mädchen verehrt seine Mamam wegen ihres Einsatzes für die Armen und die Kriegsgefangenen und teilt mit ihr eine tiefe, streng katholische Religiosität. Gemeinsam besuchen sie die heilige Messe. Manchmal schaut der Bischof von Amiens bei der Notarsfamilie vorbei. Es wird musiziert. »Mir hatte man ein Lied über ein Schaf beigebracht, das immer ›Mäh!‹ machte, denn es hatte seinen Papa und seine Mama verloren. Ich liebte dieses Lied, denn ich war auf alle Fälle das kleine Schaf. Und wenn der Bischof kam, sang ich es immer.«

Schnell lernt Stéphanie, mit ihrem Handicap umzugehen. Sie kann sich allein an- und ausziehen und sogar ihre Schnürsenkel zubinden. Die eine Schleife hält sie mit den Zähnen fest, die andere knotet sie mit der Hand zu. Und sie hilft ihrer Mamam beim Gemüseschälen. Mamam strickt und näht Babykleidung und bringt sie in die Krankenhäuser. Stéphanie selbst bekommt im Winter Fäustlinge aus Kaninchenfell. Jeden Samstag gehen sie in ein Mönchskloster, wo Stéphanie Lebensmittelmarken durch eine kleine Luke in

Triumphzug der Wehrmacht am Arc de Triomphe in Paris, 1940

der Tür schieben darf. Einmal in der Woche besuchen sie ein Armenasyl und geben auch hier Bezugsscheine für Brot ab. Die Armen bedanken sich mit den Worten: »Gott segne dich, kleines Fräulein!« Sie liebt ihre Mamam dafür, dass sie ihr diese Glücksmomente bereitet. Sie fühlt sich geborgen, eingesponnen wie in einem Kokon, und sagt sich immer wieder: »Meine Mamam ist ein Wunder! Sie ist eine echte Heilige!«

Nicht ganz so barmherzig gestaltet das Mädchen seinen kindlichen Alltag. Gemeinsam mit einem kleinen Jungen verbringt sie viel Zeit damit, Schnecken zu sammeln. Mit einem Puppengeschirrmesser schneidet sie die Fühler der dicksten Schnecke, die sie gefunden haben, ab. Für sie entspricht das der eigenen Einarmigkeit. Dann gibt sie die Fühler dem Jungen und sagt zu ihm: »Wirf sie in die Luft, dann sind sie die Mama, die in den Himmel geht!« Manchmal sagt der Junge: »Ich will nicht mehr mit dir spielen, du bist böse!« Und sie erwidert: »Nein, ich bin nicht böse, das ist die Wahrheit! Wir spielen die Wahrheit!«

Zu dieser Wahrheit gehören auch Kriegsspiele. Krieg ist die einzige Realität, die das Mädchen kennt. Mit einem anderen Jungen, der weniger zimperlich ist, spielt sie Krankenschwester und Soldat. Bevor er in den Krieg zieht, bekommt er rote Bänder und muss alle ihre Puppen küssen, um sich zu verabschieden. Aus dem Felde muss er an Stéphanie und jede einzelne Puppe Briefe schreiben, während sie aus klein gehäckselten Blättern Pakete für die Front bastelt. Am Ende kommt er verletzt aus der Schlacht zurück und wird von ihr gesund gepflegt. In diesem Spiel stirbt der Junge nicht. Ihre Porzellanpuppen dagegen werden, wenn sie kaputtgegangen sind, in einer feierlichen Zeremonie begraben. Blumen schmücken das Puppengrab.

Mit den kleinen Nachbarskindern spielt Stéphanie Bombenalarm. Wenn ein Kind die Sirene imitiert und das Licht ausschaltet, müssen die anderen in den Keller rennen und sich verstecken. Dabei fallen die ungeleerten Nachttöpfe, die unter den Betten stehen, regelmäßig um, was für nicht enden wollendes Gelächter sorgt. Bei diesem Spiel gehen Wirklichkeit und kindliche Fantasie nahtlos ineinander über. Der Keller, in dem sich die Kinder verstecken, dient auch bei tatsächlichen Bombenangriffen als Schutzraum.

Der Einmarsch der Deutschen bedeutet kein Ende der Bombardements. Jetzt sind es die Briten, die den strategisch wichtigen Ort ins Visier nehmen. Bis zu drei Mal pro Nacht müssen Stéphanie, ihr Vater und die Notarsfamilie im Keller Zuflucht suchen. Dort steht auch ein Bettchen für sie, aber sie findet selten Schlaf. Noch schlimmer sind die Angriffe, die das Mädchen in der Schule erlebt, die sie mittlerweile besucht. Die Kinder müssen im Gleichschritt in den Keller gehen, die Lehrerin trägt eine Kerze, ansonsten ist es stockdunkel. Ohne die Sicherheit, die ihr der Vater und die Mamam geben, fühlt sich die Kleine völlig verlassen. Bei einem besonders heftigen Angriff vermag sie ihre Panik nicht mehr zu beherrschen und schreit durchdringend. Nicht so sehr aus Angst um sich, sondern aus Angst um Vater und Mamam, denen zu Hause etwas passieren könnte. Die Reaktion auf ihren Gefühlsausbruch ähnelt der, die sie im Krankenhaus in Paris erfahren musste. »Man sagt nicht: ›Mein kleiner Schatz, bitte beruhige dich!‹ Sondern es gibt Ohrfeigen. Danach schreist du nie wieder, du behältst deine Angst für dich.« Immerhin verhalten sich die Kinder untereinander solidarisch. Auch wegen ihres Armstumpfes wird sie in der Schule kein einziges Mal gehänselt. Fast jeder hat jemanden mit einer Kriegsverletzung in der Familie. Und wer heute noch gesund ist, kann morgen schon ein Krüppel sein.

Wenn sie aus der Schule heimkommt, spielen die Erwachsenen ein komisches Spiel, das sie nicht versteht. Sie versammeln sich im einzig geheizten Raum des Hauses um einen Radioempfänger, dessen Besitz eigentlich verboten ist und der deshalb versteckt gehalten wird. Dann werden Nachrichten gehört. Eine Sondermeldung wird durch seltsame Geräusche angekündigt, die wie eine Eule klingen. Stéphanie findet es sehr unhöflich, die Leute so zu unterbrechen. Sie selbst darf keinen Mucks von sich geben. Ist die Sendung zu Ende, befestigt der Notar auf einer Landkarte blaue und rote Reißzwecken, die jeden Tag verschoben werden.

Das Verhältnis zwischen dem Notar und der Kleinen ist etwas frostig. Im Gegensatz zu seiner Frau achtet er darauf, dass die Standesunterschiede zwischen Herrschaft und Gesinde beachtet werden. Stéphanie und ihr Vater schlagen sich mit dem durch, was ihre Lebensmittelkarten hergeben: 100 Gramm Zucker, 100 Gramm Butter, 180 Gramm Fleisch – pro Woche. In der Schule gibt es zusätzlich rosafarbene Vitamintabletten. Sie essen in ihrer kalten Kammer, getrennt von der Notarsfamilie.

Eines Tages kommt es zu einem dramatischen Ereignis. Als die Notarsfamilie beim Essen sitzt, wagt das Mädchen, sich über die Ungerechtigkeit zu beschweren. »Ihr esst Schinken, und wir, wir haben keinen. Warum ist das so?« Der Notar wird wütend. »Du kleines ungezogenes Mädchen! Komm mal näher …« Stéphanie tut es. »Bitte um Entschuldigung!« Sie ist der Meinung, nichts Böses getan zu haben, und verweigert sich der Aufforderung. Während der Notar hartnäckig auf einer Entschuldigung besteht, ertönen die Alarmsirenen. Plötzlich fliegt eine Granate durch das Küchenfenster und landet als Blindgänger direkt auf dem mit Schinken gefüllten Teller des Notars. Was folgt, ist ein langes, tiefes Schweigen. Vorsichtig werden Stühle beiseitegeschoben. Stéphanie behält für sich, was sie in diesem Moment denkt: »Du warst nicht sehr nett zu mir, und dafür hat dich jetzt der liebe Gott bestraft!« Möglicherweise ist sie nicht die Einzige, die einen solchen Gedanken hegt, denn seit diesem Vorfall wird das Essen im Notarshaushalt deutlich gerechter verteilt.

Den deutschen Soldaten, denen die Angriffe eigentlich gelten, begegnet das Mädchen oft, wenn sie mit ihrer Mamam unterwegs ist. Sie hört viel Schlechtes über die Deutschen, denen die Fliegerangriffe gelten und die ausschließlich mit dem Schimpfwort *Boches* tituliert werden. Dass jene als »böse« gelten, löst bci ihr Skepsis aus. Denn ihr selbst, die auf der Straße oft von Franzosen als »Scheißpolin« beschimpft wird, wird auch häufig nachgesagt, sie sei böse oder schmutzig. Dabei ist sie doch weder das eine noch das andere! Ebenso scheint es sich mit den Deutschen zu verhalten, glaubt Stéphanie, die sie immer nur fröhlich und freundlich erlebt. »Ich habe es geliebt, die Deutschen langgehen zu sehen, denn damals gab es nirgendwo Musik. Die einzige Musik, die es gab, waren die Gesänge der Deutschen. Also versuchte ich, so gut es ging, mit ihnen zu singen. Meine Mamam wurde ganz rot und sagte immer: ›Sing das nicht!‹ Aber ich fand den Gesang sehr schön, und er klang für mich wie die Kirchenlieder. Es war eine Harmonie aus schönen Stimmen, wie ein Chor eben.« Von dem Lied, das sie ungeniert mitkräht, versteht sie nur den Refrain »Halli, hallo«. Es handelt sich dabei keineswegs um einen Choral, sondern um das in Burschenschaften beliebte Trinklied »Auf, lasst die Gläser klingen!«, das nach der Melodie »Im Wald und auf der Heide« gesungen wird. Manchmal nehmen die deutschen Soldaten sie auf die Schulter oder werfen sie in die Luft und fangen sie wieder auf. Ihre Mamam bleibt dann jedes Mal stehen, ohne eine Miene zu verziehen, wartet und nimmt sie wieder mit. Die Kleine ist überzeugt, dass auch die Mamam über diese Szenen tief in ihrem Innersten sehr gerührt ist.

Dass es die gleichen Deutschen sind, die ihre Mutter und Schwester umgebracht haben, ist ihr nicht klar. Es gibt für das kleine Mädchen keine Verbindung zwischen der tödlichen Bombe und den hübschen Deutschen, die durch das Städtchen marschieren. Ohnehin fühlt sie sich als Polin in Frankreich innerlich zerrissen. Sie fragt ihre Mamam: »Wenn zu mir ein Engel kommt und mich fragt, ob ich lieber Frankreich oder Polen befreien möchte, was mach ich dann?«

So ist es nicht verwunderlich, dass auch die deutschen Kinder keine Verbindung herstellen zwischen dem Schrecken des Krieges, der für sie zudem noch in weiter Ferne stattfindet, und ihren Vätern und Onkeln, die in Frankreich als Besatzungssoldaten Dienst tun.

Für den elfjährigen Karl Heinz Mehler aus Mannheim sind Polen und Franzosen kaum zu unterscheiden. Faulenzer sind sie, ohne Moral. Ein deutscher Soldat nimmt es mit zehn von ihnen auf. Eines Tages stürmt der Klassenlehrer in die Schule: »Schulfrei! Paris ist eingenommen!« Was für ein Jubel! Niemand hatte sich vorstellen können, dass das so schnell geht. Von nun an ist Karl Heinz überzeugt: »Wir sind unbesiegbar. Hitler, der große Feldherr, der Führer, wird's schon machen.« Wenig später kommt es angesichts der ersten Bomben auf Mannheim zur Evakuierung der Mittelschule. Die Klasse landet in einer Klosterschule im Elsass. Die französischen Schüler sind bereits vor den Deutschen geflohen, nur einige hiesige Mönche teilen sich noch die Gemäuer mit den Hitlerjungen.

»Als wir dann durch den *Arc de Triomphe* marschiert sind«, erinnert sich Artur Führer, »das war etwas Großartiges. Wir haben es nur über das Radio gehört. Die Wochenschaubilder kamen dann später. Uns hatte man ja diesen Spruch eingeimpft: ›Jeder Schuss ein Russ', jeder Stoß ein Franzos'.‹«

Rosemarie Stamer aus Duisburg ist nicht mehr so traurig über die Einberufung ihres Onkels, als sie die Nachricht vom Sieg hört. Dass Paris praktisch kampflos in die Hände der Deutschen fällt, geht für sie auf das Konto des nicht nur großen, sondern auch überaus humanen Feldherrn Adolf Hitler. Die schönen Gebäude und alten Kirchen – unversehrt in deutscher Hand! Natürlich weiß sie nicht, dass die Franzosen die Stadt absichtlich geräumt haben, um dem Wüten der Nazitruppen zuvorzukommen. Und auch Rosemaries Tante kann die überraschende Einberufung ihres frischgebackenen Ehemanns besser verwinden, als sie feine Strümpfe und edles Parfüm aus Frankreich bekommt, während in Deutschland inzwischen selbst die einfachsten Dinge nur noch über Bezugsschein zu bekommen sind. Auch Rosemarie geht nicht leer aus. Sie erhält Schuhe – das vielleicht kostbarste Gut in Kriegszeiten.

Karlheinz Kuba aus Grünberg in Schlesien hatte eigentlich gehofft, seinen Vater nach dem siegreichen Polenfeldzug wieder zu Hause bei der Familie zu haben. Als es dann nach Frankreich geht, ist er beunruhigt. Doch die Feldpostbriefe des Vaters klingen wie zu Friedenszeiten geschrieben. Seine Aufgabe ist es, einen Leuchtturm an der Kanalküste zu bewachen, nicht sehr weit entfernt von Abbeville. Für den Jungen klingt das sehr romantisch. Aus Frankreich bringt der Vater schließlich eine Konservendose mit eingelegten Schnecken mit. Zum ersten Mal in seinem Leben isst Karlheinz Schnecken. Er ist begeistert von dieser exotischen Erfahrung.

Die siebenjährige Heidi Hoss aus Heilbronn hat die Siegeseuphorie und die leidenschaftlichen Briefe ihrer jungen Onkel aus Frankreich lebhaft in Erinnerung. Die Päckchen aus Frankreich enthalten Dinge, die sie überhaupt nicht kennt, merkwürdigen Käse, seltsame Schokolade und ein völlig fremdes Genussmittel namens Lakritze. Der zehnjährige Klaus-Dieter Schmidt-Rudloff aus Berlin hat zwar ebenfalls einen Onkel, der in Frankreich Soldat ist und der auch wahre Wunderdinge in die Heimat schickt. Nur leider sind die allesamt nichts für Kinder. Bei dem edlen Cognac grunzen die Männer zu Hause vor Behagen. Angesichts der ebenso edlen Lederhandschuhe brechen die Frauen in Schreie des Entzückens aus. Für die Kinder ist nichts dabei.

Kaum jemand fragt sich in Deutschland, woher die wunderbaren Bescherungen aus Frankreich genau stammen. Sind sie »Beute«? Anders ist das im Haus von Gerhard Krone aus Erfurt. Der Vater ist nicht irgendein Zahnarzt, er stopft Kariеslöcher und zieht Weisheitszähne ausgerechnet bei den unerschrockenen Helden der SS-Leibstandarte »Adolf Hitler«. Der Beruf bringt den Vater auf diesem Weg nach Frankreich, macht ihm aber das Prekäre am Siegerleben deutlich. Wenn ganze Kisten feinen Weins in Thüringen ankommen, ist immer eine Quittung des Geschäfts beigelegt. Gekauft, nicht gestohlen, heißt das. Eine offenbar alles andere als selbstverständliche Feststellung. Von heimgekehrten Landsern hört Gerhard unmoralische Dinge, die ihm unvorstellbar scheinen: In Frankreich haben die Frauen rot geschminkte Lippen, sie rauchen, tragen Hosen und küssen sich mit ihren Liebhabern ungeniert in der Öffentlichkeit. Das ist der Untergang des Abendlandes.

Mit den Launen der Besatzer muss sich Jean-Louis Cholet in Paris herumschlagen. Vis-à-vis seiner Wohnung befindet sich eine deutsche Garnison. Auch die dortigen Soldaten singen bei ihren Ausmärschen jenes »Halli, hallo«, das Stéphanie Santamaria so viel Freude, Jean-Louis dagegen viel Pein bereitet. In der Schule wird die Marseillaise verboten und durch einen peinlichen Lobgesang auf den greisen Marschall Pétain ersetzt. Hakenkreuzflaggen haben die stolze Trikolore verdrängt. Im Kino gibt es fast nur noch deutsche Filme zu sehen. Manchmal verdreht der Kinovorführer die Rolle. Dann läuft die Wochenschau rückwärts, und die deutschen Panzer flüchten in ihre Kasernen, anstatt neue Siege zu erringen. Weil die Filmvorführungen von viel Lärm und heftigen Kommentaren begleitet werden, finden sie schließlich nur noch bei Licht und unter Gestapo-Überwachung statt. Zwar zieht es Jean-Louis ins Kino, doch die nicht abbrechenden Siegesmeldungen der deutschen Truppen machen ihn wütend. »Les Fritz« nennt er die Deutschen oder auch »Kartoffelkäfer«, weil sie den Franzosen die Kartoffeln wegnehmen. Zu seinem großen Entsetzen rät ihm die Mutter nicht zum Widerstand, sondern zur Kollaboration. Er ahnt nicht, dass seine Mutter auf diese Weise den Vater schützt, der ein wichtiges Glied in der Résistance bildet.

Die Schule der Herrenmenschen

Jedes Jahr zum Geburtstag des Führers im April kommt es im ganzen Land zu einer pompös-schauerlichen Zeremonie. Der mehr oder weniger vollständige Jahrgang der zehnjährigen Jungen und Mädchen wird als Jungvolk und Jungmädel in die Reihen von Hitlerjugend und BDM aufgenommen. Zelebriert wird das als eine Art Geburtstagsgeschenk des deutschen Volkes an Adolf Hitler. Spätestens mit dem Kriegsbeginn wird deutlich, welche Verwendung dem Führer für dieses großzügige Geschenk vorschwebt.

Gisela Ott ahnt noch nichts davon, als sie 1938 im Berliner Olympiastadion als eine von Zehntausenden Gleichaltrigen stolz darauf sein darf, Jungmädel zu werden. Die Aufnahmewilligen sitzen auf den Zuschauerrängen, noch ungewiss über das, was gleich geschehen wird. Die BDM-Uniform tragen sie bereits: dunkelblauer Rock, weiße Bluse, schwarzes Halstuch mit Lederknoten, darüber eine braune Kletterweste.

Vor Giselas Platz ist ein weißer Strich gezogen. Aus Lautsprechern kommt die Durchsage, wer diesen Strich habe, müsse auf Kommando die Jacke ausziehen. Gisela hat keine Ahnung, wozu das dienen soll, bis das Signal »Jacken aus« ertönt. Als sie die dunklen Westen ausziehen, bilden ihre hellen BDM-Blusen das Wort »Großdeutschland« vor dem dunklen Hintergrund der übrigen Mädchen. Gisela sitzt neben dem Haupteingang, und so hat sie aus nächster Nähe einen erstklassigen Blick auf die offene Limousine, die ins Stadion einfährt. Das Führerauto mitsamt dem Führer selbst. Auf ein weiteres Kommando erhebt sich das ganze Stadion binnen einer Sekunde, und eine Flugzeugstaffel braust über die Köpfe der ergriffenen Kinder hinweg. Der Führer steht aufrecht im Wagen, die rechte Hand zum deutschen Gruß erhoben. Und wie aus einer Kehle tönt es im Stadion: »Heil!« und »Heil!« und »Heil!«. Als Gisela anderntags in den *Völkischen Beobachter* schaut, kann sie erstmals die akkurate Schrift des Wortes »Großdeutschland« bewundern, die sie mitgebildet hat. Nun erkennt sie auch, wo sie saß, als der Führer erschien: am unteren Ende des G. An den Inhalt der auf den spektakulären Einzug Hitlers folgenden Reden kann sie sich schon einen Tag später kaum noch erinnern.

Wenn das Vorschulkind Dieter Hallervorden im Radio Reden von Adolf Hitler oder Benito Mussolini hört, erinnern ihn die Stimmen an gefährlich böse, kläffende Hunde. Wovon ihre Reden handeln, versteht er nicht im Mindesten. Es ist ausschließlich eine lautmalerische Anmutung. Als er diese Assoziation seinen Eltern mitteilt, empfehlen sie ihm, so etwas künftig lieber für sich zu behalten. Das tut er, obwohl ihn die Vorstellung von bellenden Hunden, wenn die großen Führer zu den Volksgenossen sprechen, auch später nicht mehr verlässt. Bei jeder Gelegenheit den rechten Arm heben und »Heil Hitler!« schreien zu müssen, nimmt Dieter andererseits als normal und selbstverständlich hin.

Als Dieter Hallervorden eingeschult wird, quellen die Schulbücher über mit Porträts und Geschichten vom größten lebenden Deutschen. Die zur *Legenda aurea* geschönte Biografie Hitlers ist wesentlicher Paukstoff, und überhaupt unternimmt das nationalsozialistische Bildungssystem die allergrößten Anstrengungen, um jegliches Missverständnis und jede abweichende Ansicht bei der Bewertung des geliebten Führers aus dem Weg zu räumen. Bereits gegen Ende der ersten Klasse hat Dieter gelernt, wie der kleine Adolf aus Braunau am Inn immer nur gesenkten Hauptes zur Schule marschierte, tief in bedeutende Gedanken versunken, das heroische Schicksal des künftigen Deutschlands bereits klar vor

Augen. Dieter versteht, wie wichtig es ist, heroisch zu denken, um sein Volk zu retten, und beschließt, das ohnehin ganz allgemein zur Nachahmung empfohlene Beispiel Hitlers originalgetreu zu kopieren. Daher läuft er stundenlang durch die Parks des Dessau-Wörlitzer Gartenreichs, den Blick starr auf den Boden gerichtet, und denkt: »Mensch, seht her, hier geht doch der neue Staatsführer! Merkt das denn keiner?«

Dieters Großvater Hans Hallervorden ist langjähriger Gartendirektor des Wörlitzer Parks gewesen. 1938 hat der Antifaschist seine Stelle verloren, weil er sich der Zerstörung der klassizistischen Synagoge des Parks durch eine SA-Horde im Zuge der Reichskristallnacht widersetzt hatte. Zu der Zeit ist Dieter drei Jahre alt, zu jung, um das Geschehen zu begreifen. Doch als er älter wird, bildet der Großvater für den heranwachsenden Enkel einen wichtigen Gegenpol zur schulischen Gehirnwäsche und bewahrt ihn schon früh davor, der Ideologie der Nazis auf den Leim zu gehen. Besonders beeindruckt ihn der unerschrockene Mut des Großvaters. Dieser war nicht davor zurückgeschreckt, die zündelnden SA-Männer in der Synagoge einzuschließen, und zwar mit den Worten: »So, jetzt könnt ihr Feuer legen!«

Die Schulklasse von Manfred Stiering gegen Kriegsende

Die wenigsten Erwachsenen wagen es, ihre Kinder mit den eigenen kritischen Überzeugungen zu konfrontieren und damit Gefahr durch unvorsichtige Äußerungen und Denunziation heraufzubeschwören. So haben Schule und Jugendverbände im Dritten Reich freie Hand bei der Erziehung der Kinder. Dabei spielt auch eine Rolle, dass viele Familien sehr beengt leben und die häufig unter ihren autoritären Vätern leidenden Kinder froh sind, dem häuslichen Mief zu entfliehen.

»Dieser Hitler hat das ganz schlau gemacht«, erinnert sich Rosemarie Erdmann, geb. Heinze, aus Berlin. »Zu der Zeit wurden die Kinder von den Eltern viel strenger erzogen. Alles musste da klappen, und Gefühle waren für die Kinder nicht groß übrig. Aber Hitler hat ein Getöse um die deutsche Jugend gemacht, und wir fanden das großartig. In seinen Augen waren wir wer. Wir waren nicht nur die Kinder der Lehmanns und Schulzes, sondern wir gehörten zu dieser deutschen Jugend, auf die unser Führer so stolz war. Und wir haben uns die allergrößte Mühe gegeben, dann auch so zu sein: ehrlich und tapfer und nicht weinerlich. Auf die Idee, dass wir als Kanonenfutter gezüchtet werden, sind wir ja nicht gekommen.«

Folglich wartet Rosemarie ungeduldig auf ihren zehnten Geburtstag, um endlich Jungmädel werden zu dürfen. 1939 ist es so weit. Das Gymnasium in Berlin-Lichtenberg, auf dessen Hof die Mädchen in ihren neuen Uniformen marschieren lernen, trägt ausgerechnet den Namen »Immanuel Kant«. Dieser große Philosoph der Aufklärung hatte in seiner berühmten Abhandlung *Zum ewigen Frieden* Prinzipien zur Abrüstung und dauerhaften Vermeidung von Kriegen entwickelt. Während ihrer Schulzeit hört Rosemarie wenig von diesem humanistischen Erbe. Sie ist eine leidenschaftliche Marschiererin und kann gar nicht genug davon bekommen, mit flatterndem Wimpel im Gleichschritt durch die Berliner Straßen zu ziehen und Lieder zu singen wie das folgende:

Ein junges Volk steht auf, zum Sturm bereit!
Reißt die Fahnen höher, Kameraden!
Wir fühlen nahen unsere Zeit,
Die Zeit der jungen Soldaten.

Vor uns marschieren mit sturmzerfetzten Fahnen
Die toten Helden der jungen Nation
Und über uns die Heldenahnen.
Deutschland, Vaterland, wir kommen schon!

Einmal stehen Rosemaries Eltern auf dem Bürgersteig, wie vom Blitz getroffen, als sie ihr Töchterchen in der BDM-Schar entdecken, die gerade »Bomben! Bomben auf Engeland!« brüllt. Hinterher reden sie ihr ins Gewissen, zunächst vergeblich. Einen ersten Schub zum selbstständigen Denken erhält Rosemarie dann ausgerechnet im berüchtigtsten Schulfach des Dritten Reiches: Rassenkunde.

Rosemarie muss dabei in der Aula der Schule die »germanische Rasse« darstellen. »Dann wurde der Kopf vermessen, von der Seite«, erinnert sie sich, »und ob die Nase gerade ist und wie die Haltung und der ganze Körperbau ist und wie man läuft. Ich war die Germanin. Hinterher hat sich das dann ein bisschen verwachsen. Ich hätte in der Aula in den Bretterboden sinken können. Ich hatte eine rote Birne, da als Germania zu stehen. Und es hieß immer: ›Also die ostische Rasse, mit der ist nicht viel los. Das sind die ganzen Russen und die Polen. Die ostische Rasse ist nicht so das Richtige.‹«

Doch in Rosemarie kommen Zweifel auf. Denn ihre beste Freundin ist ihrer Beobachtung nach »total ostische Rasse: rundes Gesicht, dicke Backen, leicht asiatische Augen«. Und sie kann viel besser rechnen als Rosemarie. Von da ab wird das Mädchen nachdenklich.

Auch Heidi Hoss aus Heilbronn wird im Rassenkundeunterricht vor die Klasse gestellt, um die idealtypische Germanin zu verkörpern: blond, blauäugig und schlank. Die anderen, die Untermenschen, die Deutschland Böses wollen, sind primitiv, haben keine Kultur und waschen sich nicht, lernt sie. Und da sie ja ganz offensichtlich zur Herrenrasse gehört, wäscht sich Heidi von nun an besonders gründlich.

Als Jungmädel marschiert sie mit der gleichen Begeisterung wie die ebenso blonde Berlinerin Rosemarie. Wenn Soldaten durch Heilbronn ziehen, stellen sich die Mädchen am Straßenrand auf und marschieren im Gleichschritt nebenher. Mit dem nationalsozialistischen Liedgut hat sie allerdings so ihre Verständnisprobleme. Da heißt es etwa »Es zittern die morschen Knochen«. Wie können morsche Knochen denn zittern? In ihrer kindlichen Fantasie versucht sie, sich das bildlich vorzustellen. Das Lied geht so: »Es zittern die morschen Knochen / Der Welt vor dem roten Krieg, / Wir haben den Schrecken gebrochen, / Für uns war's ein großer Sieg.« Im Refrain verhört sich Heidi wieder, doch diesmal ist dieses Verhören allseits gewollt und vollzieht sich millionenfach. »Heute gehört uns Deutschland und morgen die ganze Welt«, singt Heidi. Der Nazikomponist Hans Baumann hat eigentlich getextet: »Wir werden weiter marschieren / Wenn alles in Scherben fällt, / Denn heute, da hört uns Deutschland / Und morgen die ganze Welt.«

Heidis Mutter hat sich eigentlich einen Jungen gewünscht. Die BDM-Schar gibt dem Mädchen das Gefühl, sich wie ein Junge benehmen zu dürfen. Neben dem Marschieren liebt sie besonders das Gemeinschaftserlebnis am Lagerfeuer. Und sie nimmt sich sogar die Freiheit, auf Bäume zu klettern. Von einer alten Frau wird sie deshalb mit den Worten getadelt: »Mädle, mach das net!« Stolz denkt Heidi: »Doch, ein deutsches Mädchen macht das!«

Onkel Konrad ist in der Waffen-SS. Wenn er seine Nichte besucht, ist er nicht der stramme Nazi, sondern der geliebte Erbauer von Puppenschränkchen. 1941 erfährt die Familie, dass der Onkel gefallen sei. Diesmal verhört sich Heidis kleine Schwester: »Ich bin auch schon hingefallen, das ist doch nichts Schlimmes.« Bei Heidi löst die Nachricht dagegen schwermütige Grübeleien aus. War er gleich tot, oder hat er noch eine Weile gelebt? Wie kann das sein, dass der Onkel jetzt so weit weg ist?

Im Jahr darauf landet der Stellungsbefehl für Heidis Vater im Briefkasten. Für ihn ist es ein Gefühl der Erleichterung. Schon seit Kriegsbeginn fragt der Vater an jedem Abend, wenn er von der Arbeit kommt, ob der Einberufungsbescheid da sei. Drei Jahre lang hat er sich minderwertig gefühlt: An der Front sind die Helden, im Hinterland jene, die man im Stahlgewitter nicht brauchen kann. Der Vater fühlt sich tief in Hitlers Schuld. Jahrelang war er arbeitslos ohne Hoffnung auf Besserung. Dass er nach der Machtübernahme schließlich wieder Arbeit bekam, geht für ihn einzig auf das Konto des »geliebten Führers«. Der Vater nennt ihn regelmäßig wirklich so, voller Überzeugung, ohne jede Ironie. Jetzt kann er endlich etwas von seiner Dankbarkeit zurückgeben.

Doch kaum hat der Vater den Stellungsbefehl geöffnet, wird er bleich. Er ist ein Waisenkind, seine Eltern sind nicht bekannt. Bevor er zur kämpfenden Truppe darf, muss sich der Vater erst den Schädel vermessen lassen, nach derselben Methode, die Heidi schon aus der Schule kennt. Ohne den erbrachten Nachweis der arischen Herkunft wäre er »nicht wehrwürdig«. Doch Tage später kommt der Vater strahlend nach Hause: »Bei mir ist alles in Ordnung!« Heidi hält den Gefühlsausbruch für überflüssig: »Das wusste ich doch! Ich bin eine reinrassige Germanin. Wieso soll mein Papa dann nicht reinrassig sein?« Beim Abschied gibt es keine Tränen. Die Fragen, die sich Heidi nach dem Tod des Onkels gestellt hat, sind plötzlich wie weggeblasen. Papa darf jetzt Soldat werden, darf unser Vaterland verteidigen … und ein Held werden!

Was mit Mädchen geschieht, die das Idealbild der von Leben strotzenden Germanin nicht erfüllen, erfährt die 1935 geborene Cäcilia Verheyden aus Duisburg. Cäcilia ist mit Dysmelie auf die Welt gekommen, ihre beiden Arme sind von Geburt an verkrüppelt. Der Vater ist Bergmann und reagiert auf die

Behinderung seiner Tochter für die damalige Zeit überaus ungewöhnlich: »Das Kind wird nie mit seinen Händen arbeiten können. Sie soll studieren, wenn sie intelligent ist. Und dafür brauche ich mehr Geld.« Also qualifiziert sich der Vater, besucht, nicht mehr ganz jung, noch einmal die Schule, um in der Bergwerkshierarchie aufsteigen zu können.

Über das Weltgeschehen lassen sich Cäcilias politisch interessierte Eltern nicht durch den »Großdeutschen Rundfunk« informieren, sondern über »Feindsender« wie das deutschsprachige Programm der BBC und den Schweizer Sender in Beromünster. Eines Nachts will die Sechsjährige, die noch nicht zur Schule geht, herausfinden, welche geheimnisvollen Dinge ihre Eltern eigentlich mittels des großen schwarzen AEG-Empfängers heimlich hören. Sie stellt sich vor die Wohnzimmertür und lauscht. Der Zufall will es, dass die BBC gerade in diesem Moment in deutscher Sprache vor dem Euthanasieprogramm der Nazis warnt. Eltern sollten ihre behinderten Kinder keinesfalls in Heime geben, heißt es da, obwohl ihnen dort das Blaue vom Himmel versprochen werde. Es häuften sich Nachrichten, dass diese Kinder nach wenigen Wochen tot seien, dass die Eltern Briefe erhielten, ihr Kind sei leider an einer Lungenentzündung gestorben, obwohl es in Wahrheit nicht auf natürliche Weise ums Leben gekommen sei.

Cäcilia wird von Angst überwältigt, wagt es aber nicht, mit ihren Eltern zu sprechen, weil sie ein Verbot übertreten hat, indem sie heimlich gelauscht hatte. Sie erkrankt schwer, leidet unter unerklärlichen Schmerzen. Erst einem verständnisvollen Arzt in einem katholischen Klosterhospital wagt sie sich anzuvertrauen. Der erklärt ihren Eltern, das Kind wisse nun mal, dass es die BBC gebe und dass die Eltern den Sender hörten. »Je mehr Sie sie aber ausschließen, desto größere Angst bekommt sie. Also lassen Sie sie mithören!« Und Cäcilia schärft er ein, nur mit ihren Eltern über das Radiohören zu sprechen. Cäcilia hat jedoch ihren eigenen Kopf. Auch mit dem Nachbarn Hannes würde sie darüber sprechen. Denn dessen bester Freund habe in Spanien bei den Internationalen Brigaden gegen Mussolini gekämpft. Kein Wunder, dass die Sechsjährige von ihren Eltern als frühreif und hochbegabt angesehen wird.

Dass sie wegen ihrer Behinderung von vielen Menschen im Dritten Reich abgelehnt wird, ist ihr von früh an bewusst. Immer wenn sie das Haus verlässt, streift man ihr ein Cape über, damit ihre Arme nicht sichtbar sind. Am 3. August 1941 wird sie Zeuge einer später berühmt gewordenen Predigt von Clemens August Graf von Galen in der Lambertikirche in Münster. Mit Tränen in den Augen und erstickter Stimme predigt der Bischof von Münster gegen die Euthanasie. Cäcilia sitzt am Rand des Mittelgangs, und als der Bischof den Altarraum verlässt, nimmt ihr der Großvater das Cape ab. Von Galen bleibt vor ihr stehen, segnet das Kind und sagt: »Der liebe Gott braucht dich so, wie du bist.«

Helfried Israel schenkte dieses Hitlerbild seiner Mutter zum Geburtstag

Im September 1941 wird Cäcilia schulpflichtig. Um ihre Schuleignung zu prüfen, erscheint eine staatliche Fürsorgerin im Elternhaus. Das Mädchen könne auf keinen Fall eingeschult werden, weil sie niemals schreiben lernen würde. Cäcilias Mutter bittet ihre Tochter, ein Heft und einen Stift zu holen und der Fürsorgerin zu zeigen, dass sie bereits schreiben kann. Die gibt sich damit aber nicht zufrieden: Das Kind könne ja auch nicht ohne fremde Hilfe auf Toilette gehen. Cäcilia wird wütend: »Das kann ich wohl, aber Ihnen zeige ich das nicht!« Eine Woche später erscheint die Fürsorgerin wieder, mit der Nachricht, dass Schule für Cäcilia nicht infrage käme, stattdessen aber ein Heim, wo es ihr gut gehen würde. Die Mutter wird so wütend, dass sie die Fürsorgerin links und rechts ohrfeigt. »Ehe ich mein Kind in eure Heime gebe, schmeiße ich es lieber in den Rhein und springe hinterher. Das können Sie Ihrem Scheißführer sagen!« Erstaunlicherweise lässt sich die so Beschimpfte von diesem Ausbruch einschüchtern. Cäcilia darf in die reguläre Schule gehen, gemeinsam mit ihrer gleichaltrigen Sandkastenfreundin.

Schon der erste Schultag ist reiner Horror. Der Lehrer stolziert in der Uniform eines hohen Tiers der NSDAP herein. Wegen der goldbraunen Farbe und der goldfarbenen Knöpfe werden die Träger dieser Uniform hinter vorgehaltener Hand im Dritten Reich als »Goldfasane« verspottet. Cäcilia hat sich neben ihre Sandkastenfreundin gesetzt, doch sofort fällt der Blick des Lehrers auf sie: »Du setzt dich hinten in die letzte Bank, allein!« Später weist er die anderen Kinder an, nicht mit diesem Mädchen zu spielen. So sitzt Cäcilia unbeachtet in der letzten Bank. Die einzige Aufmerksamkeit, die ihr zuteilwird, ist der angeekelte Blick, der gelegentlich auf ihr ruht. Sie kennt diesen Blick von ihrem Vater: So reagiert der allerdings, wenn er im Keller eine Ratte sieht. Cäcilia erträgt diese Zeit nur, weil der Großvater sie jeden Tag zur Schule bringt und auf dem Schulhof bleibt, sodass sie in der Pause zu ihm gehen kann.

Aber auch für Kinder ohne besondere Auffälligkeit ist der Schulalltag im Nationalsozialismus nicht immer leicht zu ertragen. Der 1930 geborene Helfried Israel durchläuft verschiedenste Schulen in der sächsischen Provinz. Wenige Monate nach Kriegsbeginn – er ist gerade aufs Gymnasium gekommen – erhalten die Schüler die Aufgabe, ein »Kriegstagebuch« anzulegen. In ein leeres Heft sollen Zeitungsausschnitte und Bilder vom Siegeszug der Wehrmacht eingeklebt und mit Kommentaren versehen werden. Das Interesse seiner Eltern an dieser Aufgabe ist nicht sehr groß. Helfrieds Vater ist Tierarzt und achtet weit mehr auf die Deutsch- und Mathematikleistungen seines Sprösslings. Mangels Kontrolle vernachlässigt Helfried das Tagebuchführen. Als das Heft in der Schule kontrolliert werden soll, hat Helfried es vergessen. Das wiederholt sich noch einmal, bis der Junge nach Hause geschickt wird, um es zu holen. Der Lehrer schlägt die erste Seite auf: ein einziges eingeklebtes Bild, auf der zweiten verhält es sich ebenso. Der Rest des Heftes ist leer. Der Lehrer blättert weiter, Seite um Seite, für jede verpasst er seinem Schüler eine heftige Ohrfeige, wieder und wieder. Helfried Israel wird vor versammelter Klasse regelrecht zusammengeschlagen. Am Ende kommt er mit einer leichten Gehirnerschütterung davon. Wie er auf seinen Platz zurückgekommen ist – und irgendwann auch nach Hause – weiß er nicht mehr.

Im Jahr darauf hat er seine Lektion gelernt. Er muss einen Aufsatz zum Thema »Unsere Luftflotte greift an« verfassen und wählt die emotional packende Form eines fiktiven Ich-Berichts. Er schreibt:

> *Schon seit dem Weltkriege besitzt Deutschland Flugzeuge, auch in diesem Kriege werden wieder welche gebaut. Wir hören im Rundfunk folgenden Frontbericht: Die Propeller surren an, bald ist unsere Ju-88 hoch am Himmel. Der Start gegen England, den Erzfeind, beginnt, schon fliegen wir 3000 Meter über dem Land. Jetzt sehen wir unter uns das blaue Band*

des Rheins. Bald erreichen wir Dünkirchen, und nun sind wir über dem Kanal. Ebenfalls fliegt uns ein englisches Geschwader in die Quere, es will sich wehren. Schon sitzt mir eine Hurricane im Nacken, sie will mich angreifen. Aber durch eine geschickte Wendung komme ich hinter den Feind. Es knattert das MG, und der Gegner stürzt brennend in die Tiefe. Die anderen englischen Flugzeuge sind vor Schreck und Angst davongeflogen. Wir fliegen getrost weiter. Jetzt stürzen wir auf London hinunter. Ich bin 100 Meter über dem Land, unter uns ist ein Flugplatz. Hier steigt der Feind auf, um uns zu vernichten. Bald fallen die Bomben, und das MG knattert. Wieder will mich ein Gegner herunterholen, aber auch er muss fallen. Hiermit errang ich meinen sechsunddreißigsten Luftsieg. Die Flugzeughallen sind zerstört und liegen in Trümmern. Jetzt geht es mit aller Wucht auf die Schiffe in der Themse, jede Bombe ein Treffer. Jetzt steigt eine hohe Wassersäule auf, ein Zeichen, dass wir getroffen haben. Nun sind unsere Bomben zu Ende, und wir müssen nach Hause fliegen. Als ich im Heimathafen landete, kam mir gleich mein Major entgegen und überreichte mir das Eiserne Kreuz. So können wir stolz auf unsere Luftflotte sein.

Für so einen Aufsatz kann es natürlich nur eine Note geben, die Eins. Dabei hat der Junge gar nicht das Gefühl, gelogen zu haben. So ist damals die Stimmung. Der Russlandfeldzug hat noch nicht begonnen. Polen und Frankreich sind besiegt, die Niederlande und Norwegen besetzt. Und nun ist England einfach fällig.

Im Jahr seines Gymnasialeintritts wird Helfried Israel auch Mitglied des Jungvolks. Wesentlicher Bestandteil der dortigen Betätigung sind Geländespiele, die zwar der Wehrertüchtigung dienen, aber fantasievoll verpackt sind. Mal geht es darum, einen bewachten Schatz zu rauben, mal um Cowboys und Indianer. Für die kräftigen Haudegen unter den Pimpfen ist es das Beste an der HJ. Sie langweilen sich furchtbar, wenn sie auf verregneten Heimabenden heroische Geschichten über den pummeligen HJ-Führer Baldur von Schirach über sich ergehen lassen müssen, dem heimlich nachgesagt wird, homosexuell zu sein und ein Schlafzimmer ganz in Rosa zu besitzen.

Dem Arztsohn Helfried ergeht es anders. Er ist klein, dazu der Jüngste in der Schar, ein Spätzünder, und bei den Geländespielen bezieht er Prügel. Die Jungen gehen in Gruppen aufeinander los, die einen tragen blaue, die anderen rote Bändchen. Wessen Bändchen zerrissen ist, der gilt als tot und scheidet aus. Helfried versucht nach Möglichkeit, sich frühzeitig gefangen nehmen zu lassen. Dann kommt er ins Gefängnis des Feindes, wird bewacht, damit er nicht wegläuft, und hat darüber hinaus für den Rest des Nachmittags seine Ruhe. Aber oft kann man sich nicht so einfach davonstehlen, vor allem dann nicht, wenn das Anschleichen geübt wird. Die Pimpfe müssen durch ein unwegsames Gelände robben, in dem rostiger Stacheldraht liegt. Wer am nächsten an den Beobachtungsposten herankommt, ist der Held des Tages. Reißt jemand dabei die Hacken hoch, gibt es einen Anpfiff: »Wenn du so robbst, schießen dir die Feinde die Hacken weg!« Der Schwächling wird herausgerufen und bestraft. Helfried will keinen Ärger, bleibt unten und schlitzt sich deshalb am Stacheldraht das ganze Bein der Länge nach auf. Noch heute erinnert ihn eine lange Narbe an dieses Erlebnis. So etwas muss ein Hitlerjunge ertragen können. Hat sich einer den Arm gebrochen, dann ist auch das keine große Sache. Es wird nicht darüber gesprochen, kein Arzt wird geholt. Helfried geht mit der Verletzung nach Hause, das muss von selbst heilen. »Hart wie Kruppstahl, flink wie Windhunde und zäh wie Leder.« Dieses Hitler-Motto ist allgegenwärtig, sobald man lesen kann. Es steht über den Schulen, in den Klassenräumen, in der Aula.

Schlimmer noch als blutende Gliedmaßen sind für Helfried Israel Schul- und Hitlerjugend-Veranstaltungen. Dort werden am Schluss unvermeidlich das Deutschland- und das Horst-

Wessel-Lied gesungen. Während dieser Zeremonie muss der rechte Arm steif und regungslos nach oben gerichtet sein. Ein deutscher Junge muss das durchhalten. Erschlafft der Arm, gibt es bestenfalls einen Anschnauzer. Es wird aber auch auf den Arm geschlagen, damit er wieder aufwärtsschnellt.

Manfred Stiering aus Bremen, Pimpf seit 1941, ist einer, dem es beim Geländespiel gar nicht ruppig genug zugehen kann. Das wilde Gelände der Weser, voller Schilf und Buschwerk, bietet reichlich Gelegenheit für Erkundungen mit Karte und für Überraschungsangriffe. Ein besonderer Höhepunkt des Pimpflebens ist eine Schlacht, die zwischen drei »Stämmen« des Jungvolks organisiert wird. Diese repräsentieren jeweils einen Vorort von Bremen und bestehen aus etwa tausend Hitlerjungen. Zwischen ihnen entspinnt sich eine gewaltige Schlacht. Ein Jungstamm verteidigt die Schule, die beiden anderen greifen an. Es geht nur darum, einen Karton zu erbeuten, dennoch wird erbittert gekämpft. Die Jungen schlagen, ringen, drücken einander die Daumen in die Augenhöhlen. Die HJ-Führer geben jedoch strikt acht, dass die Kampfregeln eingehalten werden. Es gibt keine Verletzungen. Solche Regeln existieren dagegen nicht bei den spontanen Straßenkämpfen der wilden Bremer Kinder. Es wird mit Steinen geworfen. Der fiktive Kriegsschauplatz variiert. Mal geht es um Piraten, mal um den aktuellen Krieg. Dann werden Schützengräben gezogen, Offiziere ernannt, Orden an die besonders Tapferen verteilt. Auch die Mädchen werden eingebunden. Sie sind Krankenschwestern und kümmern sich um die Blessuren der gleichaltrigen Kriegshelden.

Im selben Jahr wie Manfred tritt auch der Thüringer Ernst Woll dem Jungvolk bei. Es ist für ihn die Erfüllung. Das Marschieren vorneweg mit der Fahne gibt ihm ein erhabenes Gefühl. Besser noch sind die Zeltlager, eine willkommene Flucht aus der Enge des Elternhauses. Jungvolkführer erlauben ihren Pimpfen eine ganze Menge. Unbeliebten Jungen wird Zahnpasta in die Nasenlöcher geschmiert, während sie schlafen, und anschließend ihr Hintern mit schwarzer Schuhcreme eingerieben. Ebenso liebt Ernst die Geländespiele. Das Prinzip, dass sich der Stärkere durchsetzt, erscheint ihm vernünftig, auch deshalb, weil er bald zu den Stärkeren gehört. Einmal wird ein Pimpf als Gefangener genommen, an einen Baum gebunden und nach Ende des Spiels vergessen. Um Hilfe rufen kann er nicht, weil er auch geknebelt ist. Seine Mutter hat viele Kinder zu versorgen, daher fällt erst am Abend sein Verschwinden auf. Als er gefunden wird, sind die Blutgefäße gefährlich abgeschnürt, ein Arzt muss geholt werden.

Wenn die Aufgabe beim Geländespiel darin besteht, einen Hügel zu verteidigen, werden auch große Steine vom Berg gerollt, um die Stellung zu halten. Ernst ist das noch nicht genug. Aus zehn Kilogramm Schwarzpulver, die er gefunden hat, werden Sprengkörper gebaut. Das Pulver wird mit Lehm vermischt, in Büchsen gestopft, mit Zündschnüren verbunden und eingegraben. Als beim nächsten Geländespiel der feindliche Trupp anrückt, zündet er die Ladungen, die tatsächlich wie Geschosse in die Luft fliegen. Zum Glück wird niemand verletzt. Konsequenzen hat dieser lebensgefährliche Leichtsinn nicht – jedenfalls keine negativen. Selbst eine Pistole mit scharfer Munition besitzt der schwer unter Kontrolle zu haltende Junge. Die Jungvolkführer wissen davon, im Gegensatz zu den Eltern, und unternehmen nichts. Gelegentlich werden die Wälder auf der Suche nach abgesprungenen amerikanischen Piloten durchstreift, da mag die Waffe nützlich sein. Jungen wie Ernst Woll – genau solche sind es, die die Hitlerjugend braucht. Auf ideale Weise erfüllt er die Vorstellungen des Führers bezüglich der deutschen Jugend. Und so wird Ernst 1944 im Alter von noch nicht einmal vierzehn Jahren Fähnleinführer. Eine Rolle spielt dabei, dass zu dieser Zeit die älteren Jahrgänge bereits direkt in die Verlängerung des eigentlich schon verlorenen Krieges einbezogen sind.

Fähnleinführer – das bedeutet im Fall von Ernst Woll die Befehlsgewalt über neunzig Pimpfe, die teilweise sogar älter sind als er selbst. Zu den Dienstzeiten an jedem Mittwoch und Sonnabend steht der Junge nun mit einer Trillerpfeife auf dem Schulhof vor dem Fähnlein, das vor ihm in Reih und Glied stehen, bedingungslos gehorchen muss. Auch die Geländespiele, bei denen Ernst eben noch außer Kontrolle geriet, werden jetzt von ihm angeleitet. Für die Heimabende ist er ebenfalls zuständig, wo nach vorgegebenen Materialien über die »Reinhaltung der deutschen Rasse« und dergleichen doziert wird. Dem frischgebackenen Fähnleinführer scheinen die Inhalte dabei austauschbar. Wichtig allein ist die stramme Haltung.

Es kommt kaum vor, dass sich jemand aus dem Fähnlein dem Anführer widersetzt. Zu stark wirkt die ihm verliehene Autorität. Und geschieht es einmal doch, wird »Massenkeile« angeordnet, was den Ungehorsamen schnell wieder zur Räson bringt.

Zu Gewalttätigkeiten kommt es hingegen häufiger gegenüber Erwachsenen. Marschiert ein Fähnlein durch den Ort, müssen alle Passanten die Fahne grüßen. Tun sie es nicht, werden sie mit Ohrfeigen bestraft. Dies verstärkt das Gefühl, in Wahrheit über den Erwachsenen zu stehen, einer neuen

Aufmarsch der Hitlerjugend

Elite anzugehören, die die Generation der Eltern, sofern sie nicht im prestigeträchtigen Fronteinsatz mit Töten beschäftigt ist, bereits überflügelt hat.

Es fällt Ernst umso leichter, nationalsozialistischen Lebensmaximen zu verfallen, als die unmittelbaren Kriegsfolgen erst 1944 die thüringische Provinz erreichen und auch da nur als erste Vorboten. Jahrelang sind die Bomberverbände in Richtung Berlin vorbeigeflogen. Dann schlägt einmal doch eine Luftmine im Nachbarort ein und tötet zehn Bewohner. Sogleich wird die alliierte Schandtat propagandistisch ausgeschlachtet. Die Särge der Toten werden auf dem Gutshof aufgestellt, mit Hakenkreuzfahnen geschmückt. SA und Hitlerjugend marschieren auf. Die Rache- und Trauerrede muss der dreizehnjährige Fähnleinführer Ernst Woll halten. Er trägt sie auswendig vor, ohne vom Blatt abzulesen, und verwendet möglichst viele Hitler-Zitate, um nicht auf Glatteis zu geraten. Was man konkret sagt, darauf kommt es nicht an. Denn wichtig ist – die stramme Haltung.

Auch als am 20. Juli 1944 das Attentat auf Hitler scheitert, ist das ein Fall für das »Fähnlein 96« aus Hohenleuben. Weil am Folgetag trotz aller Beteuerungen aus dem Radio wilde, der Propaganda zuwiderlaufende Gerüchte kursieren, wird Wolls Fähnlein auf die Straße geschickt. Sie ziehen durch die Kleinstadt und skandieren im Chor: »Der Führer lebt! Der Führer lebt!« Wieder fühlt sich der Junge den zweifelnden Erwachsenen weit überlegen, die einen Dreizehnjährigen brauchen, um die Wahrheit zu erkennen.

Es sind solche charismatischen Gestalten wie Ernst, die Jüngere magisch in ihren Bann ziehen, denen sie nacheifern wollen. Gerhard Krone, ebenfalls Thüringer, ist schon früh von einem Vers beseelt: »Bist du groß und nicht mehr klein, wirst du Soldat des Führers sein.« Der Weg dahin führt über das Jungvolk. Es gelingt dem 1934 geborenen Gerhard durch sein Drängen, schon vorzeitig mit neun Jahren Pimpf zu werden. Als er die schicke Uniform bekommt, ist er außer sich vor Glück: »Ich kann mich noch daran erinnern, wie ich vor dem Spiegel stand wie ein Mädchen und mich als Pimpf betrachtet habe.« Das Fahrtenmesser der Hitlerjugend wird eigentlich nur nach bestandener Tapferkeitsprobe verliehen. Es hat die Form eines Bajonetts, eine Blutrinne, und das Hakenkreuz prangt auf dem schwarzen Griff. Gerhard gelingt es, auch diesen Dolch von Beginn an tragen zu dürfen. Das ist etwas Besonders. Die Gleichaltrigen schauen sich nach ihm um. Und in einer Zeit, da Schläge mit dem Rohrstock selbstverständlicher Bestandteil der Erziehung sind, hat das Tragen der HJ-Uniform in der Schule einen angenehmen Nebeneffekt: Sie wirkt wie ein Schutzpanzer. Die Lehrer überlegen es sich dreimal, ob sie einen Pimpf in Uniform verprügeln, weil er die Hausaufgaben vergessen hat. Es könnte ihnen ja politisch ausgelegt werden.

Die Kriegsbegeisterung, die Gerhard vorzeitig in die Hitlerjugend führt, hat einige Jahre zuvor eingesetzt. Zu Hause läuft der Volksempfänger den ganzen Tag über heiß. Der Junge ist fixiert auf die kurze Melodie, die Sondermeldungen ankündigt. Dann weiß er schon: Wir haben mal wieder gesiegt. Die durch die U-Boote versenkten Bruttoregistertonnen werden akribisch vermerkt. U-Boot-Kapitän Prien versenkt im Alleingang die halbe Flotte der Feinde in Scapa Flow! Mölders – der hundertste Luftsieg! London? Schwer getroffen! Coventry? Gibt es nicht mehr! Und dann wird gekräht: »Hört ihr die Motoren singen: / Ran an den Feind! / Hört ihr's in den Ohren klingen: / Ran an den Feind! / Bomben! Bomben! / Bomben auf Engeland!«

»Das haben wir als Jungen damals gesungen«, erinnert sich Gerhard Krone, »und wir wussten, dass dort Bomben gefallen sind. Und was die Verluste anbetraf, ob da Kinder wie wir nun unter den Trümmern lagen – das hat uns damals wenig interessiert.«

Bomben auf Engeland

Ende der Zwanzigerjahre gilt Coventry als die besterhaltene mittelalterliche Stadt Englands. Erstaunte Besucher glauben sich angesichts der engen Gassen, der imposanten Altbauten und der ehrwürdigen Kathedrale in eine längst vergangene Epoche zurückversetzt. In den Dreißigerjahren ändert sich das Bild allmählich, Coventry wird zum Herzstück der britischen Automobilindustrie, allen voran Rover und Jaguar. Der Vater des neunjährigen Alan Rushton arbeitet bei Armstrong Whitworth. Nach Kriegsbeginn wird die Produktion von Autos auf Flugzeuge umgestellt. Auch Alans Vater ist nun mit dem Bau von Whitley-Bombern beschäftigt, die bereits in der ersten Kriegsnacht eingesetzt werden. Ihre Last besteht damals nur aus Propagandamaterial; ab 1940 sind sie an den frühen Nachtbomberangriffen auf deutsche Städte beteiligt. Neben der Fabrikarbeit übt Alans Vater eine weitere wichtige Funktion aus. Er muss im Angriffsfall das Löschen der Brandbomben im Wohnviertel organisieren und ist für an die hundert Häuser zuständig.

Am 14. November 1940 gegen sieben Uhr abends wundern sich Alan und sein Zwillingsbruder über das besonders helle Mondlicht in dieser Nacht. Dann beugen sie sich wieder über ihre Comichefte, die auf dem Küchentisch ausgebreitet sind. Plötzlich sagt Alan zu seiner Mutter: »Es kommen Flugzeuge, und es sind nicht unsere. Es sind deutsche Flugzeuge.« – »Woher willst du das wissen?«, fragt die Mutter. Alan kann die Antwort nicht mehr geben, denn die Sirenen beginnen zu heulen. Und fast gleichzeitig fallen die ersten

Bomben. Der Familie bleibt keine Zeit mehr, in den Bunker zu rennen, der eine halbe Meile vom Haus entfernt ist. Der Vater setzt seinen Stahlhelm auf und läuft auf die Straße. Die ersten Häuser stehen schon in Flammen, und immer neue Brände kommen dazu. Doch seinen Posten zu verlassen und den Kampf gegen das Feuer aufzugeben kommt für ihn nicht infrage.

Alans Mutter und die ältere Schwester schieben den hölzernen Küchentisch gegen die Kommode, ziehen die Schubladen heraus. Die Zwillingsbrüder müssen in die Kommode klettern, während Mutter und Schwester unter den Tisch kriechen. Ein sehr unvollkommener Schutz, doch einen besseren haben sie nicht. Stunden über Stunden harren sie so aus. Gegen zwei Uhr morgens kommt der Vater zurück. Es sind gerade keine Flugzeuge über dem Viertel. Und neben dem Feuer, das überall lodert, ist wieder das unsäglich helle Mondlicht zu sehen, das den Jungen zugleich fasziniert und erschreckt. Er kann nicht wissen, dass der Bombenangriff den geheimen Codenamen »Mondscheinsonate« trägt. Immer wieder feuern die Flakgeschütze, sie treffen kein einziges Flugzeug. Auch die Sperrballons scheinen wirkungslos zu sein. Alan sieht, wie in der Ferne Fallschirme mit einer tödlichen Last abwärtssegeln – es sind Luftminen, die Häuserdächer glatt durchschlagen und riesige Krater in den Boden reißen. Dann kommen die Bomber wieder näher und näher, die Kinder flüchten sich zurück in die Küchenkommode. Erst nach elf Stunden ist der Angriff vorbei.

Am anderen Tag will Alan mit den Geschwistern nachschauen, ob die Schule getroffen wurde. Der Weg dorthin ist grauenvoll. Wo einst ein großer Platz mit vielen Läden war, ist nur noch ein einziger gewaltiger Krater. Die Luft ist von einem durchdringenden Gasgeruch erfüllt, der aus den zerfetzten Leitungen strömt. Tote Menschen liegen auf Bahren. Dass darunter auch enge Freunde sind, erfahren sie erst später. Der Bunker, in den sie hätten fliehen sollen, hat dem

Die zerstörte Kathedrale von Coventry im November 1940

Angriff nicht standgehalten. Ein Teil des Zementdaches ist eingestürzt und hat etliche Schutzsuchende unter sich begraben. Ihre Schule gibt es nicht mehr. Nicht nur die Kathedrale ist zerstört, auch die Pfarrkirche ihrer Gemeinde. Es gibt keine Fabriken mehr, keine Geschäfte, keine Kinos, keine Schwimmbäder. Wie soll das Leben jetzt weitergehen?

Den ohrenbetäubenden Lärm der Motoren und Geschütze, die Sirenen und das Pfeifen der Bomben erträgt die siebenjährige Doris Pails in jener Nacht nur, indem sie sich die Finger in die Ohren steckt. Sie werden steif, schmerzen, doch immer wenn sie die verkrampfte Haltung lockert, sind die unerträglichen Geräusche der Zerstörung wieder da. Elf Stunden hockt sie so. Ihre Familie hat das Glück, am Stadtrand von Coventry zu wohnen, ihr Haus wird nicht beschädigt. Anderntags fährt der pflichtbewusste Vater mit dem Fahrrad zu seiner Arbeit im Stadtzentrum. Doch da ist nichts mehr, wo er arbeiten könnte. Als er zurückkommt, erwartet ihn Doris am Tor. Es ist das einzige Mal, dass sie den Vater weinen sieht. »Alles ist weg«, sagt er immer wieder. »Alles ist weg.«

Während Alan wie viele andere Kinder aus Coventry nach diesem Angriff in ländliche Gegenden evakuiert wird, weigert sich Doris, von den Eltern getrennt zu werden. Würde ihnen etwas passieren, erklärt sie, möchte sie auch nicht mehr leben.

Bis Ende 1940 kostet die Luftschlacht um England 23 000 Menschenleben. Davon entfallen mindestens 568 auf jenen Angriff, den die Engländer bald »Coventry Blitz« nennen. Trotz dieser eher geringen Opferzahl ist Coventry ein Fanal. Nie zuvor ist eine Stadt durch Bomben so gründlich zerstört worden. Es wird ein Leitmotiv der folgenden Kriegsjahre werden.

Hunderttausende Kinder werden in England während des Luftkrieges in Gegenden evakuiert, wo keine Angriffe zu erwarten sind. Ihre Erfahrungen in unbekannter Umgebung und mit fremden Pflegeeltern könnten unterschiedlicher nicht sein. Viele schwärmen später von dieser Zeit. Für andere bedeutet es Entwurzelung und Verunsicherung.

Die 1928 geborene Louise Griffiths wird schon im September 1939 aus London in Sicherheit gebracht. Die Mutter ist tot, und für die Großmutter bedeutet es eine Sorge weniger, ihren Zögling in andere Hände zu geben. Eine Papiertüte mit Unterwäsche und wenigen Habseligkeiten ist alles, was sie mit auf den Weg bekommt. Als sie sich verabschieden, glaubt Louise, dass sie nur für ein paar Wochen aufs Land fahren wird.

Das Großstadtkind landet bei einer Bauernfamilie im ländlichen Cornwall. Die Pflegeeltern lassen Louise schnell spüren, dass man sie nur aufgenommen hat, weil sie ihnen amtlich zugewiesen wurde. Louise wird nicht mit ihrem Namen, sondern mit »Evakuierte« angesprochen. Nach ein paar Tagen nimmt Louise ihren ganzen Mut zusammen und bittet darum, nicht mehr so genannt zu werden. Die Familie entspricht dem Wunsch, doch wenn sie unter sich ist und glaubt, dass Louise sie nicht hört, heißt sie weiter »die Evakuierte«. Das Bild der Evakuierten bei der Landbevölkerung ist voller Vorurteile. Es wird gemunkelt, dass die Kinder allesamt aus den Londoner Slums kämen, dass sie Flöhe und Wanzen hätten und mit Ratten aufgewachsen wären. Louise hat in ihrem Leben noch keine Ratte gesehen. Doch trotz ihrer guten Manieren und offensichtlichen Sauberkeit begegnet man ihr mit Argwohn. Zwar geht die Elfjährige auch in Cornwall zur Schule, doch ihr wird nichts beigebracht, vielmehr soll sie den sechs- und siebenjährigen Kindern beim Lesenlernen helfen. Was in der Welt vor sich geht, wie es um England und den Krieg steht, darüber erfährt Louise nur noch selten etwas. Kaum jemand besitzt hier ein Radio.

Besonders schlimm ist das erste Weihnachtsfest. Als für das große Festessen gedeckt wird, stellt die Bäuerin fest, dass 13 Personen am Tisch sitzen werden. Da die 13 aber als Unglückszahl gilt, wird eine einfache Lösung gefunden: Louise isst in der Küche, allein. Auch Louise hat nach alter englischer Tradition einen Strumpf am Kamin aufgehängt, in der Hoffnung auf ein kleines Geschenk, eine Orange vielleicht, ein paar Nüsse. Stattdessen wird sie als »Dummerchen« verspottet, das wohl noch an den Weihnachtsmann glaube. Eines Tages erhält Louise einen Brief von ihrer Tante, deren Sohn als Pilot der Royal Air Force eine hohe Auszeichnung erhalten hat. Dieser Brief verbessert ihren Status über Nacht grundlegend. Auf einmal wird sie mit Respekt behandelt. »Plötzlich war ich kein Abschaum mehr aus dem Slum. Ich war ein kleines Mädchen aus einer guten Familie, dessen Cousin sich bravourös im Krieg für Großbritannien geschlagen hatte.«

Im Frühling 1944 kehrt Louise nach fünf Jahren auf dem Land in die Großstadt zurück. Nichts ist mehr, wie es war, im Süden Londons steht kein Stein mehr auf dem anderen. Der Abschied ist ihr inzwischen sogar schwergefallen, und sie spielt mit dem Gedanken, schon bald wieder nach Cornwall zurückzukehren. Mit ihren Gummistiefeln und der Latzhose fühlt sie sich in London reichlich deplatziert. Dort ist der Krieg keineswegs vorbei. Es ist die Zeit der ersten Marschflugkörper, der V1-Rakete, wobei das V für Vergeltung steht. Louise, die ihre erste Anstellung als Sekretärin in einer Stahlfabrik gefunden hat, erschreckt sich immer wieder bei dem unerträglichen Lärm der kleinen Maschinen, die ins Herz der Stadt geflogen kommen. Sobald der Lärm vorbei ist, werfen sich alle auf den Boden und warten die Explosion ab. Auch die Stahlfabrik gerät ins Visier der deutschen Luftwaffe und wird ausgebombt. Viele ihrer Kolleginnen, die sie eben erst kennengelernt hat, kommen ums Leben – Louise überlebt, wie durch ein Wunder, unverletzt unter einem Schreibtisch.

Für den 1934 geborenen Ken Lester aus London ist der Krieg lange ein aufregendes Abenteuer. Hitler, Göring und Goebbels wirken auf den Kleinen kaum wie wirklich existierende Feinde, sondern vielmehr wie lächerliche Comicfiguren. Die Zeiten im öffentlichen Luftschutzkeller sind erträglich. Neben Doppelstockbetten, Schwesternstation und Kantine gibt es auch eine Leseecke, und gelegentlich sorgen Akkordeonspieler und Unterhaltungskünstler für gute Stimmung. Am 8. September 1940 erleidet London einen schweren Angriff. Über vierhundert Menschen werden getötet. Ken sieht eine Woche lang den leuchtend roten Himmel. Abends kann er im Westen das Farbspiel des Abendrots beobachten, während im Osten noch die Londoner Hafenanlage brennt. Ein Spiel aber ist das nicht mehr.

Im Februar 1941 wird Ken daher zu einer Tante in ihr kleines Landhaus in der Grafschaft Somerset geschickt. Kriegsängste kennt Ken bald nur noch vom Hörensagen. Die Dorfjugend warnt den Siebenjährigen allerdings, er müsse sich ganz besonders vor Nonnen in Acht nehmen. Deutsche Fallschirmjäger würden als Nonnen verkleidet in England landen. Ken entwickelt jedoch eine untrügliche Methode, um die verkleideten Soldaten zu erkennen: Haben die Nonnen behaarte Beine, kann es sich nur um deutsche Saboteure handeln!

Zwei Jahre später kommt er nach London zurück. Zunächst scheint sich das Leben in der Großstadt normalisiert zu haben, doch dann beginnen die Angriffe mit Hitlers Wunderwaffe, der V1. Eine der Raketen schlägt in unmittelbarer Nähe ihres Hauses ein. Obwohl sie rechtzeitig im Luftschutzbunker Zuflucht gesucht haben, spüren sie die verheerende Wirkung der Detonation. Es scheint, als würde der gesamte Bunker durch die Druckwelle aus dem Boden gestemmt. Auf der Straße liegen tote Kinder. Sie wurden beim Spielen überrascht.

Rechte Seite Leben, linke Seite Tod

Am 3. Juli 1941, keine zwei Jahre nachdem die Familie der dreizehnjährigen Ruth Wermuth im galizischen Städtchen Kolomyja in Ostpolen ihre Wohnung den russischen Besatzern übergeben musste, wird die Stadt erneut besetzt. Diesmal von der deutschen Wehrmacht, vor der die Sowjettruppen ohne großen Widerstand geflohen sind.

Seit geraumer Zeit sind in den besetzten Gebieten Gerüchte über die Deutschen im Umlauf, die die Familie kaum glauben kann. Unaussprechliche Dinge sollen die Deutschen mit den Juden machen, so unaussprechlich, dass der Vater sie als völlig übertrieben abtut. Als Ruths älterer Bruder versucht, den Vater zur Flucht gen Osten, den Russen folgend, zu überreden, schüttelt dieser nur den Kopf. Für ihn kommt das nicht infrage. Er will warten, ausharren bis zu dem Tage, an dem ihm sein Lebenswerk und seine Errungenschaften wieder zurückgegeben werden. Diktatoren kommen und gehen, aber das Volk der Juden bleibt – das ist seine feste Überzeugung.

Seit September 1939 ist im besetzten Polen das Tragen des gelben Judensterns Gesetz. Es markiert den Höhepunkt der 1933 begonnenen, nun öffentlich sichtbaren sozialen Ausgrenzung, Diskriminierung und Demütigung der jüdischen Bevölkerung. Gleichzeitig dient die Kennzeichnung dem Auffinden für die beginnenden Deportationen. Ruth, die inzwischen auch den Judenstern trägt, spürt intuitiv, dass sich die Stimmung auf der Straße verändert. Angst schleicht sich nun auch bei ihr ein, es wird ernst.

Die Plakate, mal an Häuserwänden, mal an Litfaßsäulen angeschlagen, drohen mit dem Schlimmsten. »Tod den Juden!« – »Tod den Kommunisten!« Lange Listen mit neuen Verboten stehen darunter. Ruth beschleicht das unheimliche Gefühl, dass das Einzige, was ihnen erlaubt sein wird, das Sterben ist.

Ruths älterer Bruder wird von der SS zur Arbeit in einer Brigade gezwungen, die Straßen ausbessert. Eines Tages kehrt er nicht von der Arbeit zurück. Seine Brigade wird in ein Waldstück vor der Stadt gebracht, wo man ihnen befiehlt, einen Graben auszuheben. Die Männer müssen sich dann am Rand der Grube in einer Reihe aufstellen und werden mit Maschinengewehrsalven hingerichtet. Um Ruth zu schützen, erzählt ihr die Mutter, dass er für einige Zeit weggefahren ist.

In einem abseits gelegenen Quartier, wo bislang die ärmsten Juden der Stadt lebten, wird ein Ghetto eingerichtet. Sümpfe und Stacheldraht umgeben das Viertel, das von nun an bewacht wird.

Ankunft an der Rampe von Auschwitz: Fraun und Kinder verlassen einen Viehwaggon, 1944

Nach Monaten der Verfolgung und Ermordung Tausender Juden müssen alle verbliebenen Juden, darunter auch Familie Wermuth, am 23. März 1942 in das neue Ghetto ziehen. Mitgenommen werden darf nur, was jeder selbst tragen kann. Es gilt, so viel wie möglich zu retten, doch um nicht auch noch das Eigengewicht der Koffer und Kisten schleppen zu müssen, packt die Familie schließlich ihr Hab und Gut in große Bettlaken und verschnürt diese zu Bündeln. Die ganze Nacht wird ein- und wieder ausgepackt. Als die Familie fast fertig ist, muss Ruth schließlich mehrere Lagen Kleidung anziehen, damit auch wirklich jede Möglichkeit der Mitnahme ausgeschöpft ist. Ruth mag sich nicht von ihrem Lieblingsbuch trennen und schmuggelt es heimlich immer wieder in ihren kleinen Rucksack – jedes Mal wird es nur Minuten später von der Mutter entdeckt und herausgenommen. Aber am Ende siegt Ruth. Für sie ist das Buch im Ghetto die einzige Quelle des Glücks, wie sich später herausstellen wird.

Niemand hat eine Vorstellung davon, wie lange sie im Ghetto bleiben werden und was danach kommt. Das einzige Ziel: noch eine Weile leben zu dürfen. An die 18 000 Menschen versuchen in diesen Tagen verzweifelt in den 520 Häusern des Ghettos einen Platz zu finden.

Eines Tages Anfang September ändert sich Ruths Leben dramatisch. Morgens früh um fünf sollen die Ghettobewohner zu einem Appell antreten. Ruth und ihre Eltern gehorchen, dann geht alles sehr schnell. Der Chef der örtlichen Gestapo hat sich inmitten des Platzes postiert und lässt die versammelten Menschen an sich vorbeilaufen. Mit seiner Hand macht er eine kurze Geste und deutet nach rechts oder links. Die Mehrheit der etwa 5000 Menschen auf dem Platz versammelt sich auf der rechten Seite. Nur etwa 500 sind am Schluss auf der linken übrig. Was mit ihnen geschieht, wird Ruth niemals erfahren. Ruths Familie findet sich in einer Kolonne wieder, die zum Bahnhof getrieben wird. Niemand redet, es ist gespenstisch still, nur die müden Schritte der Tausenden sind zu hören.

Am Bahnhof endet das Schweigen mit einem Mal, und ein ohrenbetäubendes Geschrei setzt ein. Mit Chlor besprühte Viehwaggons warten auf die Verladung des menschlichen Guts. »Vorwärts, los, los, schnell, schnell!« – »Geht weiter, ihr verdammten Judenschweine!« Die barschen Kommandos der SS-Männer vereinen sich zu einem einzigen Gebrüll. Immer wenn ein Waggon voll zu sein scheint, kommt ein Aufpasser mit Knute in der einen und Pistole in der anderen Hand. Damit prügelt und schießt er blindlings in die Menge, um weiter Platz zu schaffen. In den Waggons, die vielleicht sechzig Menschen Platz bieten, drängen sich jetzt um die zweihundert. Die Türen werden zugezogen und verriegelt, während im Innern die Ersten bereits in Ohnmacht fallen und andere einfach nur schreien, schreien, schreien …

Es ist ein heißer Spätsommertag. Die Hitze im Waggon, in dem sich Ruth mit ihren Eltern befindet, ist unerträglich. Nur durch eine kleine, mit Stacheldraht gesicherte Luke dringt etwas schwülwarme Luft – es ist nicht genug. Mangelnder Sauerstoff, vermischt mit Chlor, führt bei vielen zu Erstickungsanfällen. Immer noch schreien andere in Todesangst. Doch der Zug fährt nicht los. Bis zum Abend bleibt er am Bahnhof stehen. Die ersten Menschen sterben, auch in Ruths Waggon. Und obwohl sie nicht mehr leben, stehen sie immer noch aufrecht. Es ist so eng, dass sie einfach nicht zu Boden fallen können.

»Wir warteten in diesem Waggon, in dem geschrien wurde. Wir hörten Schüsse, wir hörten das Husten der Menschen, die wegen des Chlors keine Luft bekamen, und ich habe immer wieder das Bewusstsein verloren.« Ihre Eltern ziehen ihr irgendwann die Kleider aus, weil sie völlig überhitzt ist. Sie haben einen Platz an der Wand. Durch die Ritzen dringt, so jedenfalls ihr Gefühl, wenigstens etwas Frischluft zu ihnen. Am Abend setzt sich der Zug in Bewegung. Das Ziel ist ihnen nicht bekannt: Belzec, ein Konzentrationslager, das allein zur physischen Vernichtung von Menschen bestimmt ist. Die Leute im Zug wissen es nicht – und sie wissen es doch.

»Meine Mutter flüsterte mir ins Ohr: ›Hörst du, meine Liebe? Wenn du verstehst, was ich sage, dann nicke nur. Einige junge Leute konnten ein Loch in die Wand machen. Sie springen ab, einer nach dem anderen. Wir haben beschlossen, das auch zu tun. Zuerst wird Papa springen, dann du, zum Schluss ich. Der Zug fährt jetzt durch den Wald. Es ist Nacht. Wenn du es schaffst, versteck dich im Wald. Hab keine Angst. Wir werden dich hinterher finden …‹ Ich nickte, denn ich hatte verstanden. Bevor ich merkte, was geschah, griffen mich starke Hände und hoben mich durch ein kleines Loch aus dem Waggon. Für einen Moment hing ich einfach da, unter den Achseln noch festgehalten, geschockt von dem Schwall Frischluft. Ich kam wieder zu Bewusstsein, aber nicht für lange. Die Hände, die mich hielten, öffneten sich, und ich fiel in einen dunklen Abgrund …«

Als Ruth erwacht, liegt sie auf dem Waldboden, allein, nackt, blutüberströmt. Offensichtlich hat sie sich beim Sprung aus dem Zug an der Schläfe verletzt. Ruth wartet Stunde um Stunde, stets in der Hoffnung, dass das eben gehörte Knacken im Unterholz die Eltern sind, die kommen, um sie zu retten. Irgendwann macht sie sich auf den Weg. Langsam, von Baum zu Baum, voller Angst. Am Waldrand kommt sie an eine ärmliche Hütte. Zögernd und voller Scham klopft das nackte Mädchen an. Eine alte Frau öffnet die Tür. Beim Anblick des Kindes beginnt sie sich vor Schreck zu bekreuzigen. Es sind Ukrainer, die hier leben, ein altes Ehepaar. Sie geben dem Kind ein Glas warme Milch. »Und diese gute Frau brachte mir so ein altes, zerrissenes Hemd, das ich voller Dankbarkeit annahm, als wäre der Lumpen ein königliches Kleidungsstück.«

Doch Ruth darf nicht bleiben. Die Alte zeigt ihr den Weg in die nächste Stadt. Schon von Weitem kommen ihr Helfer entgegen. Ruth wird in ein provisorisch eingerichtetes Krankenlager gebracht. Immer noch hofft sie, ihre Eltern wiederzufinden. »… und plötzlich höre ich eine Stimme: ›Ruthka, bist du es?! Ich erkannte die Stimme, aber nicht die Person. In dieser einen Nacht ist meine Mutter ergraut und hat sich so verändert, dass ich sie kaum wiedererkennen konnte. Aber es war meine Mutter. Und da hat mir Mama gesagt, dass Papa nicht mehr lebt, weil sie ihn erschossen haben, weil sie aus dem Zug auf die Flüchtenden gezielt haben. Sie haben ihn vor ihren Augen erschossen. Und von nun an waren wir nur noch zu zweit, an einem fremden Ort, in einer fremden Stadt, natürlich ohne irgendwelchen Besitz, vom Verlust unserer Familie ganz zu schweigen.«

Hella Wertheim kommt im März 1928 als Hella Traute Sass im ostpreußischen Insterburg zur Welt. Das jüdische Mädchen ist fünf Jahre alt, als die Nationalsozialisten an die Macht kommen, und gerade vierzehn, als sie mit ihren Eltern ins Konzentrationslager Theresienstadt deportiert wird. Unter der jüdischen Bevölkerung gilt die Deportation nach Theresienstadt als Glücksfall. Es ist das Vorzeigelager der Nazis, die Überlebenschancen sind hier größer als in den meisten anderen Lagern. Da Vater Sass im Ersten Weltkrieg Frontkämpfer war, kommt seine Familie in den Genuss dieses zweifelhaften Privilegs. Doch schon auf dem Bahnhof spielen sich dramatische Szenen ab. Hellas Mutter, die noch fünfzig Reichsmark bei sich trägt, wird kurzerhand das Geld abgenommen. Einem alten Mann, der sich über die Behandlung erregt zeigt, wird von einem jungen SS-Soldaten ein Kinnhaken verpasst. Er fällt rücklings aufs Pflaster und bleibt reglos am Boden liegen. Hella ist schockiert und wagt nur noch mit gesenktem Kopf und aus den Augenwinkeln, zu beobachten, was um sie herum vor sich geht.

Die Fahrt in einem regulären Personenzug beginnt in der folgenden Nacht. Bei Vollmond geht es durch Masuren. Hella ist fasziniert vom Mondlicht, das sich in den unendlich vielen

Seen spiegelt. Weiter geht es entlang der Elbe, wo anderntags bei Dresden weiße Ausflugsdampfer ein letztes Mal der jungen Hella den Anschein einer heilen Welt vermitteln. Doch sie selbst ist erfüllt von Trauer. Dies ist keine Urlaubsreise, kein Vergnügen. Was kommen wird, ist ungewiss.

Die letzten Kilometer nach Theresienstadt werden zu Fuß zurückgelegt. Die Stadt, die Ende des 18. Jahrhunderts als eine Festungsanlage von Kaiser Joseph II. erbaut wurde, gliedert sich in zwei Teile: die »Garnisonsstadt« und die »Kleine Festung«. Nach der Besetzung Böhmens und Mährens haben die Nationalsozialisten aus Theresienstadt ein Konzentrationslager gemacht. 1940 wurde in der »Kleinen Festung« ein Gestapo-Gefängnis eingerichtet, im November 1941 entstand in der »Garnisonsstadt« ein Sammel- und Durchgangslager vor allem für die jüdische Bevölkerung Böhmens und Mährens. Seit 1942 werden nun auch alte oder als prominent geltende Juden aus Deutschland und anderen europäischen Ländern hierher deportiert.

Hellas erster Eindruck ist verheerend. In den Fenstern liegen Berge von Dosen mit verdorbener Leberwurst und verschimmeltem Brot. Nach einer letzten gemeinsamen Nacht wird Hella von den Eltern getrennt und in einen Lagerabschnitt für Kinder gebracht. Doch auch die Kinder werden zur Arbeit herangezogen. Hella arbeitet in der Landwirtschaft, wo sie gelegentlich etwas Gemüse einstecken kann. Allerdings nicht ohne Risiko. Wird der Mundraub entdeckt, drohen Prügel.

Im August 1944 stirbt Hellas Vater Arthur. Mutter und Tochter begleiten den Sarg mit den sterblichen Überresten bis an den Schlagbaum des Lagers, wo sie sich von ihm verabschieden. Kurz darauf müssen sich Hella und ihre Mutter Ida für den Abtransport in ein neues Lager bereithalten. Der Transport in Viehwaggons dauert drei Tage. Es sind die schlimmsten Tage in Hellas Erinnerung. Dicht zusammengedrängt verbringen sie die Deportation ohne Essen, ohne Wasser und ohne eine Möglichkeit zur Verrichtung der Notdurft. Einige Menschen sterben unterwegs und werden umstandslos »ausgeladen«.

Am Ziel angekommen, stehen sie auf einer Rampe – sie befinden sich im größten deutschen Vernichtungslager: Auschwitz. Hier begegnet Hella jungen Häftlingen, die in blau gestreifter KZ-Kleidung den »Rampendienst« mitversehen. Als sie einen von ihnen fragt, wie es im Lager ist, antwortet dieser nur knapp: »Rechte Seite Leben, linke Seite Tod.«

Hella erkennt eine Freundin aus Theresienstadt, die geschwächt aus einem der Waggons torkelt. Sie hakt sich unter, während Mutter Ida einer alten Bekannten aus Tilsit unter die Arme greift. Sie wissen: Wer jetzt zu schwach ist, wird gleich erschossen. Ehe sie sich's versehen, sind Mutter und Tochter getrennt. Hella und ihre Freundin stehen rechts, die Mutter mit ihrer Bekannten links. Obwohl Hella noch versucht, ihre Mutter zurückzuholen, gelingt es ihr nicht. Sie selbst wird in letzter Sekunde davon zurückgehalten, die Seite zu wechseln.

Die Mutter von Janusz Krasiński aus Warschau ist Hutmacherin. Viele ihrer Kundinnen sind jüdische Frauen, die bei ihr Hüte mit nach unten hängender Krempe und dichtem Schleier bestellen, um in der Öffentlichkeit das Gesicht zu verbergen. Obwohl selbst keine Jüdin, weiß sie schon früh von den Zuständen im Warschauer Ghetto und davon, was in Auschwitz geschieht. Ihrem Sohn erzählt sie nichts. Seit 1941 gehört der damals dreizehnjährige Janusz den *Szare Szeregi*, den »Grauen Reihen«, an, einer polnischen Pfadfindergruppe, die als Teil der polnischen Heimatarmee im Widerstand kämpft. Die Szare Szeregi verüben Attentate auf hochrangige SS-Offiziere, die sich besonderer Verbrechen schuldig gemacht haben, und befreien Gefangene aus Gestapo-Transporten. Janusz Krasiński beteiligt sich am Ausspähen von Wehrmachtsfahrzeugen sowie an Strafaktionen gegen die sogenannten *Szmalcowniks*, polnische Denunzianten, die versteckte Juden an die deutsche Besatzungsmacht verraten haben.

1944 kommt es zum Warschauer Aufstand, der nach 63 Tagen von den Deutschen blutig niedergeschlagen wird. Die Kämpfe gehen mit Massakern an der polnischen Zivilbevölkerung einher. Das Stadtviertel Mariensztat, in dem Janusz lebt, wird der vollständigen Vernichtung preisgegeben. Auch aus dem Haus der Krasińskis werden die Bewohner auf die Straße getrieben. Ein alter gelähmter Mann, der nicht marschfähig ist, wird in seinem Schaukelstuhl erschossen. Dann kippen die Soldaten Benzin ins Erdgeschoss und werfen eine Handgranate hinein. Anschließend werden die Menschen durch die brennende Stadt getrieben. Mutter und Sohn kommen in getrennte Lager. Die Mutter wird, gemeinsam mit Kindern und älteren Menschen, freigelassen. Doch sie will zu ihrem Sohn, koste es, was es wolle. Sie besticht einen Gendarmen mit einem Säckchen Zucker, um zu Janusz in das Lager zu dürfen. Als Janusz sie erblickt, ist er froh, sie zu sehen, und entsetzt zugleich. Warum hat sie ihre Freiheit wieder aufgegeben? Allein wäre ihm die Flucht vielleicht noch gelungen. Doch jetzt kann er die Mutter nicht im Stich lassen.

In Viehwaggons fahren die Menschen durch die Nacht. Es ist noch dunkel, als sie ihren Bestimmungsort erreichen. Janusz kann eine Aufschrift entziffern: »Auschwitz«. An der Rampe werden Männer und Frauen ausgesondert. Die Mutter sieht, wie ihr Sohn in die Richtung von vier Kaminen geführt wird, aus denen dunkler Rauch steigt. Obwohl es nach verbranntem menschlichen Fleisch riecht, versuchen sich einige Mut zuzureden: »Das ist kein Krematorium, sondern eine Glashütte. Dort werden wir arbeiten.« Doch die Mutter weiß es besser. Als sie ihren Sohn im sicheren Tod glaubt, bricht sie zusammen, aller Lebenswille ist von ihr gewichen. Noch in Auschwitz erfährt der Sechzehnjährige, dass seine Mutter anschließend als »wahnsinnig« abgetan und gemeinsam mit alten, gebrechlichen Frauen in die Gaskammer getrieben wurde.

Blandyna Lewińska ist neun Jahre alt, als Hitler Polen überfällt. Ihre patriotische Familie versucht, die Folgen des Krieges und der deutschen Besatzung so weit als möglich von ihrer jüngsten Tochter fernzuhalten, die sich als besonders feinfühlig und ängstlich zeigt. Die Familie, die bereits zu Beginn des Krieges ausgebombt wurde und mehrmals umziehen musste, wohnt nun in der Nähe des Warschauer Ghettos. Blandyna sieht immer wieder kleine Kinder, abgemagert bis auf die Knochen, die sich durch die Spalten in der Ghettomauer hindurchzwängen, um Essen betteln und auf die Barmherzigkeit von Passanten hoffen. Bei jeder Gelegenheit bringt Blandyna Brotreste zu den Kindern. Stundenlang sitzt sie weinend neben den ausgezehrten Körpern, streichelt sie und versucht sie zu trösten. Für sie ist das Leid dieser unschuldigen Kinder unfassbar.

Doch ihr Mitgefühl ist nicht ganz ungefährlich. Immer wieder schärfen ihr die Eltern ein, dass sie nicht mehr Zeit auf der Straße verbringen darf als unbedingt nötig. Razzien, Festnahmen, alles ist jederzeit möglich.

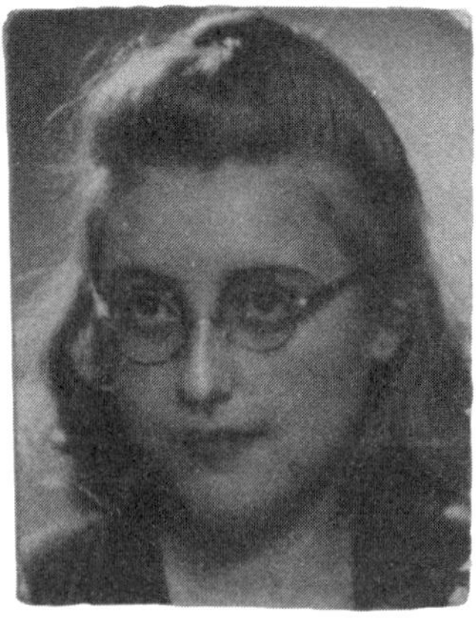

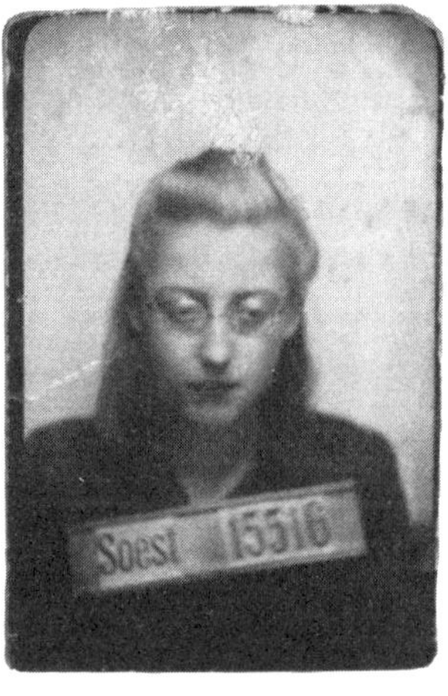

Blandyna Lewińska als Schülerin im Mai 1944 und als Zwangsarbeiterin nach dem Warschauer Aufstand

Eines Tages, Blandyna ist gerade auf dem Heimweg von der Bibliothek, wird sie Zeugin einer öffentlichen Hinrichtung. Während sie sich in einer Einfahrt versteckt, zerrt eine Gruppe deutscher Soldaten polnische Zivilisten von einem Lastwagen, stellt sie an eine Hauswand und erschießt sie. »Ich habe es gesehen ... Ich habe es gesehen ... Ich kann es nicht vergessen, wie ihnen in die Köpfe geschossen wurde, wie sie an der Wand standen ... Ich konnte danach nicht wieder diese Straße langgehen. Und bis heute, immer wenn ich dort vorbeikomme, an dieser Stelle, sehe ich diese Männer mit den zertrümmerten Schädeln zu Boden fallen. Es war fürchterlich.«

Im April 1943 beobachtet Blandyna vom Fenster der elterlichen Wohnung aus die Deportation der Ghettobewohner. Das Ghetto wird aufgelöst und niedergebrannt.

Es dauert noch mehr als ein Jahr, bis im Sommer 1944 heimlich die Vorbereitungen zum Warschauer Aufstand getroffen werden. Blandynas Vater liegt im Krankenhaus. Eine Wunde an seinem Bein heilt schlecht. Zwei Tage vor dem Aufstand verlässt er die Klinik auf eigenen Wunsch. Auf seine Bitte hin wird die Mutter sehr geschäftig und kauft Kartoffeln, Mehl und andere Lebensmittel auf Vorrat.

Am 1. August verbietet der Vater Blandyna und ihrer Schwester kategorisch, das Haus zu verlassen. Es sind doch aber Ferien! Der Vater hat die Tür abgeschlossen, und so bearbeiten die Mädchen ihre Mutter. Irgendwann reicht es ihr. Blandyna hat sie unter Tränen eine Rabenmutter genannt, weil sie nicht einmal spazieren gehen dürfen. Heimlich lässt sie die Mädchen auf die Straße. Während ihre Schwester mit den Freundinnen auf den Rummelplatz geht, begibt sich Blandyna in die Bibliothek. Kurz nach sechzehn Uhr beginnen Schüsse zu fallen. Gegen siebzehn Uhr will sich das Mädchen auf den Heimweg machen. Doch sie kommt nicht weit. Wenige Häuserblocks entfernt sieht sie die ersten Gefechte zwischen Deutschen und Polen. Es wird so heftig gekämpft, dass kein Durchkommen mehr ist. Mit einem anderen Mädchen versteckt sie sich auf dem Dachboden des Rathauses und blättert in alten Büchern. Sie will abwarten, bis es ruhiger wird und sie endlich nach Hause kann. Doch ein Soldat der Heimatarmee macht ihr diese Hoffnung zunichte: Drei oder vier Tage werde der Aufstand sicher dauern. Blandyna versteht die Welt nicht mehr. Was für ein Aufstand? Weshalb hat ihr niemand etwas gesagt? Sie, die Ängstliche, ist auf einmal auf sich allein gestellt.

Es ist aber keineswegs so, dass Blandyna nach drei oder vier Tagen nach Hause gehen kann. Am siebten Tag rücken die Deutschen immer weiter in Richtung Altstadt vor. Das Mädchen, das sich in diesen Tagen ohne den Schutz seiner Familie ganz gut geschlagen hat, weiß nicht, wie es weitergehen soll. Sie schließt sich einer Familie an, die eine Feldküche für die Aufständischen eingerichtet hat. Dort hilft sie beim Kochen und bei der Versorgung der aufständischen Heimatsoldaten.

Am 13. August hört Blandyna auf der Straße Freudengeschrei. Sie geht hinaus und sieht von der Weichsel her einen Panzer kommen. Darauf sitzen Pfadfinder der »Grauen Reihen«. Um den Panzer herum laufen viele Kinder. Aufgeregt rufen sie, dass sie den Panzer erobert haben. Immer mehr Kinder rennen dem Panzer hinterher, auch die euphorische Blandyna. Ausgerechnet in diesem Moment gehen Blandynas Schuhe kaputt. Sie beschließt umzukehren. Plötzlich gibt es einen furchtbaren Knall: Der Panzer ist explodiert. Auf den Balkonen, an den Häuserwänden, auf der Straße, in den Fenstern, überall hängen Menschenreste, Hautfetzen, Arme, Beine, Gedärme, Blut. Leichen, so weit sie sehen kann. Einige Opfer sind, schwer verletzt, noch am Leben. Die Bilder brennen sich Blandyna ein. Zutiefst verstört sucht sie den Weg zurück zu ihrem Unterschlupf.

Am 26. August gibt es verstärkt Luftangriffe. Es ist die Hölle auf Erden. Die Vorräte sind aufgebraucht, es gibt nichts mehr zu essen. Stattdessen überall unzählige Verletzte und kein Lazarett, keinerlei medizinische Versorgung. Eingestürzte Häuser, alles steht in Flammen. Blandyna findet Platz in einem voll besetzten Keller, der, kaum hat sie sich niedergelassen, bombardiert wird. »Plötzlich umgab mich ein schreckliches Dunkel. Es herrschte komplette Finsternis. Mein Mund, meine Nase, meine Ohren und Augen waren voller Staub. Ich drohte dabei zu ersticken. Ich habe mich orientiert. Ich hörte ein Stöhnen und Heulen um mich herum. Plötzlich spürte ich, wie ein Strahl kaltes Wasser aus einem kaputten Rohr auf mich niederfloss. Ich begann das Wasser zu sammeln und mir Mund und Nase zu waschen ... und zu trinken, trinken, trinken, damit der Staub mir nicht mehr den Hals verstopft. Irgendwie habe ich mich so gerettet.« Von vierzig Menschen überleben den Angriff nur sieben – eine von ihnen ist Blandyna.

Fast einen Monat ist es nun her, dass das Mädchen seine Familie zuletzt gesehen hat. Was bis dahin ein kurzer Fußweg war, ist zu einer unüberwindbaren Distanz geworden. Das Zuhause liegt in einer anderen Welt. Als am frühen Morgen des 2. September Angstschreie durch die Gassen der Altstadt hallen, weil die Deutschen kommen, sind die Aufständischen bereits geflüchtet. Nur die Zivilbevölkerung ist zurückgeblieben. An die 35 000 Menschen haben während des Aufstands allein in der Altstadt ihr Leben verloren, etwa noch einmal so viele Zivilisten werden nun von den Deutschen gefangen genommen. Die Altstadt wird in Schutt und Asche gelegt. Aus Kellern werden Menschen getrieben, die dort ausgeharrt haben. Nicht jeder ist noch in der Lage, den Befehlen der Deutschen Folge zu leisten. Was dann mit Verletzten und Kranken, Kindern und Alten geschieht, ist unfassbar. Soldaten gehen von Haus zu Haus und richten Flammenwerfer auf die Kellerfenster, bis alles lichterloh in Flammen steht. Man hört die Hilferufe der Menschen, die bei lebendigem Leibe verbrennen. Weinen, Schreie, Kinder, die nach ihren Müttern rufen. Wimmern, dann Stille – und der Geruch nach verbranntem Fleisch. Die Menschen, die sich in den Straßen versammelt haben, werden nach Wertsachen durchsucht, bevor sie sich in langen Kolonnen in Bewegung setzen müssen. Überall brennen die Häuser, die Hitze ist unerträglich. Blandyna fällt das Gehen schwer. Ihr Bein ist verletzt, der Weg scheint unendlich. Es geht zum Westbahnhof, der am anderen Ende der Stadt liegt. Sie werden angetrieben, immer wieder fallen Menschen vor Erschöpfung zu Boden und werden kurzerhand erschossen.

Noch am selben Abend besteigt Blandyna einen Zug. Die Familie, die sie während des Aufstands kennengelernt hat, hat sich ihrer angenommen. Man bringt sie in ein Zwischenlager. Zehn Tage verbringen sie gemeinsam in Pruszków. Es ist das berüchtigte Durchgangslager 121, in dem die Wehrmacht von August bis November 1944 insgesamt 650 000 Menschen, davon 550 000 aus Warschau, festhält, bevor sie zur Zwangsarbeit nach Westdeutschland oder in Konzentrationslager deportiert werden. Auch Blandyna kommt auf einen Transport. Doch wohin die Reise geht, weiß sie nicht. In einem Viehwaggon mit sechzig Kindern und alten Menschen fährt sie einer ungewissen Zukunft entgegen. Die Enge in dem Waggon ist schrecklich. Sie können nicht liegen, für die Notdurft gibt es keinen Ort, jeder macht dorthin, wo er sitzt. Die Kinder weinen und schreien unaufhörlich, haben Angst in der Dunkelheit. Immer wieder hören sie Gewehrsalven und Donnerschläge. Durch die Ritzen sehen sie, dass sie mitten durch umkämpfte Gebiete fahren. Irgendwann verlassen sie Polen. Nach drei Tagen kommt der Zug in einem Bahnhof zum Halten. Auf dem Schild liest Blandyna »Soest/Westfalen«. Sie wird registriert. Es wird ein Foto von ihr gemacht, und sie erhält die Nummer 15516. Anschließend wird sie entlaust und darf sich in einer öffentlichen Badeanstalt waschen. Zum ersten Mal in ihrem Leben sieht sie nackte alte Frauen. Blandyna ist konservativ und schamhaft erzogen worden. Sie ist schockiert vom Anblick der Alten und gerät außer sich, als ihr befohlen wird, nackt durch eine Tür aus der Gemeinschaftsdusche vor eine Gruppe Ärzte zu treten, die sie auf ihre

Arbeitsfähigkeit hin prüfen. Sie soll vor ihnen auf und ab gehen und sich umdrehen. In diesem Moment hat sie das Gefühl, den letzten Rest ihrer Menschenwürde zu verlieren. Für ihr Alter ist Blandyna körperlich gut entwickelt und wird den jungen Frauen zugewiesen, die in einer Fabrik im sechzehn Kilometer entfernten Werl arbeiten sollen. Dort werden sie in Baracken untergebracht. Je sechzehn Frauen teilen sich einen Schlafraum. Auf den Pritschen finden sie einen Strohsack und eine Decke. In einem kleinen Schränkchen können sie das Essen aufbewahren, das sie bekommen. Ein halber Laib Brot, eine Schüssel Melasse und ein halbes Stück Margarine müssen eine Woche lang reichen. Zu trinken erhalten sie morgens und abends heißen Pfefferminztee.

Die Arbeitstage sind hart. Um 5 Uhr 45 muss Blandyna gemeinsam mit den anderen Frauen in Vierergruppen zum Appell bereitstehen. Um sechs Uhr beginnt die Arbeit in der Fabrik. Oftmals ist sie so müde, dass sie es kaum schafft, aufzustehen. Arbeiten und schlafen ist alles, was sie in diesen Tagen macht. Ohne den vielen Schlaf, so glaubt sie heute, hätte sie kaum überlebt. Jede freie Minute verbringt sie mit Schlafen. Insbesondere die Sonntage, die frei sind. Sie arbeitet zwölf Stunden, unterbrochen von einer halbstündigen Mittagspause, in der es jeden Tag die gleiche Suppe gibt. Verkochte Kartoffelschalen mit Steckrüben und Grünkohl. Zur Toilette gehen kann sie nur während dieser einen Pause.

Die Arbeit am Fließband geht im Akkord. In der Lackiererei muss Blandyna fertige Geschossköpfe auf eine Drehvorrichtung für die Farbgebung legen. Gleichzeitig muss sie die Maschine mit einem Pedal bewegen. Sie erweist sich als geschickt. Kaum jemand vor ihr hat die Aufgabe bewältigt, aber Blandyna hält sich tapfer.

Gesundheitlich geht es dem Mädchen immer schlechter. Die Arbeit ohne Schutzbrille beschert ihr eine Augenentzündung, die zunehmend vereitert. Die von Karies befallenen Zähne bereiten ihr ebenso Schmerzen wie die Beine, die vom dauernden Stehen anschwellen. Muss sie während der Arbeit auf Toilette, bleibt ihr nur übrig, im Stehen unter sich zu pinkeln. Eines Tages, Blandyna hat sich eine Darminfektion zugezogen, platzt ihr förmlich der Bauch. Sie fleht die Arbeiterin vor ihr an, die Arbeit zu stoppen, damit sie kurz auf Toilette gehen kann. Diese rettet sie in letzter Sekunde und nimmt die Geschosse vom Fließband, die Blandyna hinterher mit doppelter Geschwindigkeit wieder einordnen muss.

Trotz allem empfindet Blandyna zu dieser Zeit noch keinen Hass auf die Deutschen. Wütend ist sie und trotzig. Während der Arbeit in der Fabrik kommt oft ein deutsches Mädchen zu ihr und bringt Brot. Blandyna reagiert abweisend, und so legt das Mädchen das Brot auf die Maschine. Sie versucht mit Blandyna Kontakt aufzunehmen, aber die will nicht. Doch die Deutsche kommt immer wieder und lässt Blandyna schön geschnittene und geschmierte Brote da. Erst viel später gesteht Blandyna ein, dass ihr diese kleine Geste geholfen hat.

Doch der Alltag wird ihr in der Regel meist noch schwerer gemacht, als er schon ist. Ein Ingenieur, der aufgrund einer Gehbehinderung nicht im Krieg ist, kontrolliert in Abständen die Arbeit der Zwangsarbeiterinnen. Von den Frauen wird er wegen seiner rücksichtlosen und gemeinen Art gefürchtet. Als er bei Blandyna Läuse entdeckt, befiehlt er, dass ihr der Kopf rasiert wird. Für das Mädchen ist das eine Tortur. In ihrer Heimat wurde den Frauen das Haar abrasiert, die sich mit Deutschen eingelassen hatten. Eine Schande, so herumlaufen zu müssen. Ein anderes Mal ertappt er Blandyna, wie sie ihren Harndrang nicht mehr unterdrücken kann. Er schlägt sie ins Gesicht. Blandyna ist wie erstarrt und muss doch mechanisch weiterarbeiten, damit der Akkord nicht außer Kontrolle gerät. Als eine neue Maschine eingeführt wird, kommt es zu Produktionsausfällen durch Bedienungsfehler. Blandyna wird Zeugin, wie eine ukrainische Zwangsarbeiterin von dem Ingenieur besinnungslos geprügelt wird. Es ist das erste Mal, dass sie Hass in sich aufsteigen spürt.

Ruth Wermuth, die gerade ihre Mutter wiedergefunden hat, bleibt nicht viel Zeit, sich zu freuen. Sie können nur ein paar Tage bei der jüdischen Familie bleiben, die sich ihrer angenommen hat, dann wird es zu gefährlich. Ruths Mutter sucht verzweifelt nach einem Ausweg, doch es sieht schlecht aus. Zuletzt tritt sie eine Stelle als Dienstmädchen an, indem sie sich als Ukrainerin ausgibt. Sie beschließt, Ruth zurück nach Kolomyja zu schicken und sie dort bei einer Freundin unterzubringen. Doch auch dort kann Ruth nicht bleiben. Die Freundin rät ihr, sich als christliche Polin auszugeben und in Westdeutschland nach Arbeit zu suchen. Die Vierzehnjährige ist schockiert. Ihr bisheriges Leben vergessen, eine neue Identität annehmen und allein in die Fremde fahren? Doch es bleibt ihr nichts anderes übrig. Noch in Polen meldet sie sich beim Arbeitsamt zum freiwilligen Hilfsdienst in Westdeutschland. Sie wird aufgenommen und sitzt kurz darauf im Zug gen Westen. Ihr Bild von den Deutschen ist bis zu diesem Zeitpunkt recht klar. Alle Deutschen sind Monster. Nur

Jan Karpiński mit seiner Mutter

schwer kann sie sich mit dem Gedanken abfinden, sich direkt in die Höhle des Löwen zu begeben.

Ruth beginnt in einer Schuhfabrik in Rülzheim bei Speyer zu arbeiten. Die Bedingungen sind denkbar schlecht. Das Essen ist ungenießbar. Auch hier schlafen die Arbeiterinnen in einfachsten Baracken auf Pritschen mit Strohsäcken. Das Lagergelände dürfen sie nicht verlassen, und doch kommt Ruth das neue Leben vor, als hätte sie das große Los gezogen.

Lange Zeit hat Ruth keinen Kontakt zu ihrer Mutter, weil das Schreiben von Briefen nicht erlaubt ist. Als es einige Zeit später doch die Möglichkeit dazu gibt, schreibt Ruth einen Brief an die Freundin in Kolomyja mit der Bitte um Weiterleitung an ihre Mutter. Es kommt ein einziger Brief der Mutter zurück, dann bricht der Kontakt ab. »Bis heute weiß ich nicht, was mit Mama geschehen ist. Ich weiß nicht, ob sie deshalb starb, weil sie eine Jüdin war, oder ob sie umgebracht wurde, weil sie als Polin Mitglied des Widerstands war.«

Eines Tages kommt es zu einem Fliegeralarm. Während die Deutschen sich in ihre Schutzräume zurückziehen, begeben sich die Zwangsarbeiterinnen in einen ungesicherten Splittergraben. Der Alarm dauert bis zum Abend, und so gehen sie danach direkt in ihre Unterkünfte. Am nächsten Morgen erwartet ein SS-Mann Ruth an ihrem Arbeitsplatz. Ruth hat am Vortag vergessen, das Bügeleisen auszuschalten, und nun wird ihr Sabotage vorgeworfen. Sie habe ein Feuer legen wollen und müsse nun der Gestapo übergeben werden. Schließlich mischt sich eine deutsche Arbeiterin ein und ergreift Partei für Ruth. Sie wird laut und verteidigt »das Kind«, das Angst vor den Bomben gehabt und nur getan habe, was jedem von ihnen auch hätte passieren können. Der Direktor lässt sich davon abbringen, Ruth der Gestapo zu übergeben, entlässt sie aber fristlos. Ruth meldet sich beim Arbeitsamt in Speyer und wird nun ins Elsass geschickt. Dort kommt sie bei einer deutschen Familie als Dienstmädchen unter.

Während Ruth hart arbeiten muss und schlecht behandelt

wird, feiern die Herrschaften jeden noch so kleinen Erfolg Hitlers. Es wird angestoßen und »Sieg Heil!« gerufen. An vorherige Siege wird erinnert, und sie werden immer wieder aufs Neue begossen. Nach einem Gelage geht die Familie eines Tages zu Freunden, um dort weiterzufeiern. Zu Hause bleibt der sechzehnjährige Sohn, ein strammer Hitlerjunge, der gern das Horst-Wessel-Lied zum Besten gibt. Während Ruth die Spuren der Feier beseitigt, macht sich der betrunkene Halbwüchsige über sie her. Ruth nimmt all ihren Mut zusammen. »Irgendwie ist es mir gelungen, eine Hand zu befreien, und mit den Fingernägeln habe ich sein Gesicht zerkratzt. Da kam er langsam wieder zu sich. Ich fing an zu schreien: Wenn ich seinem Vater erzählte, was er gemacht habe, würde dieser ihm eine solche ›Rassenschande‹ niemals verzeihen.«

Hella Sass, die in Auschwitz von der Mutter getrennt wurde, erlebt die Endphase des Vernichtungslagers. Es ist Spätherbst 1944, und die Nazis beginnen bereits, die Spuren des Holocaust zu verwischen, die Insassen zu verlegen. Hella kommt nach Mauthausen in Österreich. In einem Außenlager wird sie bei der Lenzinger Zellwolle AG beschäftigt. Anfang Mai 1945 wird das Lager von der US-Armee befreit. Hella ist siebzehn Jahre alt und wiegt gerade noch 32 Kilo.

Janusz Krasiński kann lange nicht glauben, dass seine Mutter in den Gaskammern umgekommen ist, obwohl sie selbst gar nicht für das Lager bestimmt war. Ein Leben lang quälen ihn Schuldgefühle. Jan bleibt nicht lange in Auschwitz. Sein Bestimmungsort ist das Außenlager Hersbruck des KZ Flossenbürg in der Oberpfalz. Die etwa 10 000 Häftlinge, meist politisch Verfolgte oder Juden, arbeiten an den Doggerstollen im nahe gelegenen Ort Happurg, für einen Rüstungsbetrieb in der Houbirg, der nicht mehr fertiggestellt wird. Als im April 1945 die US-Armee näher rückt, werden die Häftlinge in mehreren Todesmärschen durch Deutschland getrieben. Auch der inzwischen sechzehnjährige Janusz ist darunter. In Dachau befreien ihn schließlich die Amerikaner.

— Das Gebet ist auch so etwas wie ein Telefon zum Himmel. Ich habe zu meiner Mutter im Himmel gebetet, es war für mich eine Verbindung. Ich habe im Krankenhaus auch für Hitler gebetet. Vielleicht brauchte er Hilfe, denn man kann ja nicht bewusst so böse sein und alles zerstören. Und wenn er es selbst nicht weiß, dann muss man ihm helfen und für ihn beten.

Stéphanie Santamaria, Jahrgang 1936

— Meine Oma hat damals zu mir gesagt, dass Gott uns offensichtlich bestraft habe, dass Polen Fehler gemacht hätte oder weil es zu viele böse Menschen gäbe. Damals habe ich daran geglaubt. Ich muss sagen, dass ich damals noch gläubig war. Jetzt bin ich nicht mehr gläubig.

Blandyna Lewińska, Jahrgang 1930

— Dann ging der Krieg immer weiter, und ich habe abends im Bett gelegen und gedacht: Mein Gott, wir beten jetzt: »Lieber Gott, lass uns den Krieg gewinnen.« Die Engländer beten: »Lass uns den Krieg gewinnen.« Was soll der liebe Gott jetzt machen? Und dann hab ich mir in meiner Einfalt so gedacht: Bring den lieben Gott nicht in Schwierigkeiten. Hör mit Beten auf.

Elfriede Wilhelm, Jahrgang 1928

— Wenn man zweimal in eine große Schlacht zieht und zweimal einen Feldgottesdienst besucht und weiß, der wird auf der anderen Seite genauso gehalten, dann weiß man, dass es offenkundig den sogenannten lieben Gott nicht gibt, der beide Seiten segnet, sich gegenseitig umzubringen. Da habe ich gesagt: »Danke, nichts für mich.«

Joachim Fuchsberger, Jahrgang 1927

Heldenmut und Opfer – Sowjetunion 1941

Tamara Gratschewa aus Leningrad ist zwölf Jahre alt, als Hitler am 22. Juni 1941 mit dem Unternehmen »Barbarossa« den Angriff auf die Sowjetunion beginnt. Ohne eine Kriegserklärung inszeniert er den gewaltigsten Truppenaufmarsch aller Zeiten. Dass Hitler in der Tat glaubt, die Sowjetunion, das größte Land der Erde, in kurzer Zeit einnehmen zu können, scheint mehr als vermessen. Auch der sowjetische Diktator Josef Stalin kann sich eine Invasion der Wehrmacht in seinen kühnsten Träumen nicht vorstellen. Von Geheimdienst und Beratern immer wieder dezent auf diese Möglichkeit hingewiesen, reagiert er stets erbost und mit unflätigen Bemerkungen. Und so sind Bevölkerung und Militärs von Hitlers Schlag an jenem Morgen vollkommen überrascht. Deutsche Truppen marschieren auf einer Länge von 1600 Kilometern zwischen Ostsee und Karpaten in Richtung Sowjetunion vor.

Tamara lebt mit ihrer Mutter allein, seit der Vater wegen einer öffentlichen Beleidigung Stalins zu zehn Jahren Haft verurteilt wurde. Vom Überfall der Deutschen erfährt sie morgens nach dem Aufstehen aus dem Radio. »Seit vier Uhr greifen die Faschisten an, bombardieren Kiew und Brest«, heißt es da. Später verkünden es auch die Lautsprecher auf der Straße. Vertreter der Regierung, darunter Außenminister Molotow, halten Ansprachen, nur von Stalin selbst hört die Bevölkerung nichts an diesem Tag. Ein Zeitgenosse Stalins wird später in seinen Memoiren schreiben, dass dieser »nicht wusste, was er dem Volk sagen sollte«.

Doch was auch immer zu ihrer Beruhigung gesagt wird, Tamara ist, wie viele ihrer Altersgenossen, voller Furcht. Krieg bedeutet, dass die Heimat um jeden Preis verteidigt werden muss. Um jeden Preis? Viele Jugendliche drängen in diesen Tagen in die Armee, ohne zu wissen, was das für sie bedeuten wird. Sie hoffen auf ein baldiges Ende des Krieges, den sie selbstverständlich gewinnen werden. Die Opfer, die sie hierfür bringen müssen, können sie nicht erahnen.

Am 27. Juni entscheidet der Rat der Deputierten des werktätigen Volkes von Leningrad, Tausende von Menschen zur Anlage von Befestigungen zu mobilisieren. Auch Tamara, die inzwischen wie ihre Mutter zur »örtlichen Luftabwehr« gehört, muss dabei helfen.

Hitler will diesen Krieg als »Kreuzzug Europas gegen den Bolschewismus« verstanden wissen. Die Truppen sollen dabei ohne jede »völkerrechtliche Rücksichtnahme« vorgehen. Am 29. Juni ruft im Gegenzug die sowjetische Regierung den »Großen Vaterländischen Krieg« zur Verteidigung des Landes aus. Die Rote Armee umfasst zu diesem Zeitpunkt etwa 4,7 Millionen Soldaten.

Als die Bombardements Anfang September die Stadt erreichen, ist Tamara mit dabei, wenn es darum geht, Brände zu löschen und verschüttete Menschen aus den Ruinen zu bergen. Das schrille Heulen des Fliegeralarms geht ihr jedes Mal durch Mark und Knochen. In immer kürzer werdenden Abständen muss sie den Luftschutzkeller aufsuchen, um gleich danach ihrer Pflicht nachzukommen. Anfangs verwenden die Deutschen hauptsächlich Brandbomben, um Häuserzug für Häuserzug in Brand zu stecken. Tamara muss nach den Angriffen so schnell wie möglich auf die Dachböden gehen und löschen. Dort stehen Kisten mit Sand und Fässer mit Wasser. Mit speziellen Zangen werden die zu entschärfenden Bomben in die Wasserfässer geworfen, kleinere Brände werden gelöscht, und es werden Vorkehrungen getroffen, dass schwelende Brandherde später nicht für Überraschungen sorgen. Gegen die Sprengbomben hingegen gibt es kein Mittel.

Leningrader Frauen trauern um ein während der Blockade verhungertes Kind

Häuser stürzen ein, Menschen werden verschüttet und müssen, sofern noch lebend, geborgen und in den nächsten Sanitätsstützpunkt gebracht werden. Tamara, von ihrer Mutter zu Selbstständigkeit erzogen, stellt sich geschickt an. Ihre anfängliche Angst ist dem eisernen Willen gewichen, Leningrad unter keinen Umständen aufzugeben. Doch Mutter und Tochter verbringen immer häufiger den Fliegeralarm über der Erde, um zu helfen, wo Not am Mann ist.

Schnell gewöhnt sich Tamara an die Alltäglichkeit des Krieges. Auf den Straßen liegen Leichen. Nicht nur Verhungerte, auch Bombenopfer. Trotz der massiven Bombardements der Deutschen und der Einkreisung der Millionenstadt am 8. September hofft die Bevölkerung, dass Leningrad nicht eingenommen wird. Doch fast noch schwerer wiegt, dass die strategisch wichtigen Lebensmittellager durch die Bombardements als Erstes zerstört worden sind. Die Reserven werden knapp. Was folgt, geht als »Leningrader Blockade« in die Geschichte ein. Bis zum 27. Januar 1944 verlieren nahezu 1,1 Millionen Menschen infolge der Blockade ihr Leben.

Jeden Tag verbringt Tamara Stunden mit der Rettung von zurückgebliebenen Kindern. Gemeinsam mit ihrer Mutter geht sie durch die Wohnungen ausgebombter Häuser. Mal finden sie nur Tote, mal Verletzte. Häufig sehen sie tote Mütter, neben denen verstörte Kinder darauf warten, dass sie wieder erwachen. Tamara erinnert sich, wie manche mit ihren Puppen spielen und die tote Mutter in das Spiel miteinbeziehen. Andere haben sich an den erkalteten Körper der Toten gekuschelt und weinen still vor sich hin. Mit ihren zwölf Jahren fühlt sie sich schon erwachsen, wenn sie sich der verwaisten Kleinkinder annimmt. »Wenn ich immerhin vor dem Krieg ein wenig Kind sein konnte, so hatte man *sie* aber um ihre gesamte Kindheit betrogen.«

Nicht selten sterben die Mütter auch an Erschöpfung und Hunger – lange vor ihren Kindern. Damit diese nicht ständig vor Hunger schreien, teilen sie die eigene dürftige Brotration mit ihnen und verhungern so selbst vor den Augen ihrer Kleinen. Die Kinder, die Tamara vorfindet, können häufig nicht mehr von allein gehen, sind nur noch mit Haut überspannte Skelette, mit tief in den Augenhöhlen versunkenen Augen. Ihr greisenhaftes Aussehen lässt schnell vergessen, dass es sich bei ihnen um Kinder handelt. Das Schicksal eines Jungen geht ihr besonders nah. Sascha Konstantinow wird ebenfalls bei seiner bereits verstorbenen Mutter gefunden. Er sitzt neben einem Schallplattenspieler, der mit einer Kurbel betrieben wird, und dreht fortwährend daran, um eine Schallplatte zu hören. Immer wenn die Schallplatte zu Ende ist, beginnt er von vorn. Er erklärt, was ihm die Mutter vor ihrem Tod eingeschärft hat: »Mamuschka hat mir gesagt, ich soll drehen! Denn solange ich drehe, werde ich leben!« Wie lange er dort schon sitzt, weiß keiner. Die Helfer sind jedoch so überwältigt vom Durchhaltevermögen des kleinen Jungen, dass sie ihn selbst hochpäppeln und nicht ins staatliche Waisenhaus geben.

Tamara leidet mit den Kleinen. Deren Anblick brennt sich in ihre Seele ein. »Wenn man diese kleine Menschlein an sich drückte, blieb man in der Ungewissheit, ob sie überleben würden oder nicht. In ihren Augen sah man die Gleichgültigkeit, und das Einzige, was sie noch konnten, war um Essen betteln. ›Gib mir Brot. Gib mir Brot.‹ Oder sie wimmerten: ›Möchte was essen.‹ Einige schwiegen einfach, mit Schmerz, nur Schmerz in den Augen.«

Bald spürt Tamara den Hunger am eigenen Leib. Lebensmittel gibt es nur noch streng rationiert. Oft ist ihr schwindlig vor Hunger. Eines Tages kehrt die Mutter nicht vom Brotholen zurück. Tamara bleibt zwei Tage allein in der Wohnung, bevor sie sich, kurz vor der völligen Entkräftung, ins Rathaus schleppt, um die Mutter als vermisst zu melden. Mit dabei ist ihre Puppe – Überbleibsel einer jäh zu Ende gegangenen Kindheit und zugleich ein Stückchen Hoffnung, dass die Welt nicht so erbarmungslos ist, wie sie sich in jenen Tagen zeigt.

Maria Joffe: Familienbild, entstanden vor der Leningrader Blockade

Im Rathaus ist sie nicht das einzige Kind, dessen Eltern verschwunden sind. Doch wo soll man mit der Suche beginnen? Das Einzige, was die Behörde leisten kann, ist die Unterbringung der jüngeren Kinder in Waisenheimen und die Schulung der Älteren in kriegswichtigen Tätigkeiten. Tamara wird in die Telefonzentrale geschickt, wo die Kommunikation der Millionenstadt zusammenläuft. Hier wird sie gemeinsam mit fünfzehn Gleichaltrigen in einem Kurzlehrgang darin ausgebildet, Kabelschäden zu reparieren. Die Abschlussprüfung gerät zum grausigen Fanal. Tamara muss in einen Schacht klettern, um unter der Erde ein Kabel zu schweißen. Der Prüfer, ein Soldat namens Kolja, wartet am Rand. Kolja hat schon so manches Mal während der Ausbildung sein Brot mit ihr geteilt und schätzt das fleißige junge Mädchen. Unter der Erde hört Tamara den plötzlichen Fliegeralarm nicht. Voller Eifer lötet und schweißt sie. Als sie aus dem Schacht klettert, findet sie Kolja blutüberströmt im Sterben. Vom Tag ihrer eigenen Prüfung an übernimmt sie die Aufgaben ihres Prüfers. »Was blieb mir übrig? Ich musste seinen Platz einnehmen«, erinnert sich Tamara.

Immerhin verbessert sich die Lebensmittelsituation für Tamara mit ihrer Arbeit ein wenig. Eigentlich soll sie, neben der üblichen Ration Brot, einen halben Liter Milch pro Woche erhalten. Da es aber so gut wie keine Milch gibt, bekommt sie stattdessen alle zehn Tage einen halben Liter Wodka und vierundzwanzig Päckchen Zigaretten: wertvolles Tauschgut auf dem Schwarzmarkt, das ihr am Ende hilft, zu überleben.

In einem weiteren Schnellkurs wird Tamara zur »Sanitechnikerin« ausgebildet. Wenn es die Zeit erlaubt, muss sie nun auch Verwundete im Lazarett mitversorgen. In der Sammelstelle für Verwundete mit abgerissenen Gliedmaßen soll sie eines Tages einen Verbandswechsel vornehmen. Sie hat gelernt, immer mit den Füßen anzufangen. Als sie die Decke des Patienten zurückschlägt, sieht sie zum ersten Mal einen Menschen mit zwei amputierten Unterschenkeln. Sie ist erschrocken, versucht aber, sich nichts anmerken zu lassen, und versichert dem Versehrten, dass sie ganz vorsichtig sein wird. Der Mann, der sich nur schwer artikulieren kann, stöhnt, noch bevor Tamara angefangen hat, den Verband zu wechseln. Nachdem das erste Bein versorgt ist, muss sie ihn drehen, auch weil sein Geschlecht im Weg ist. Der Mann wimmert, dann beginnt er zu weinen, und schließlich schreit er: »Gibt es hier denn niemanden, der älter ist?« Tamara versteht die Welt nicht mehr. Immer noch versucht sie, ihn zu beruhigen. Als er darauf besteht, dass sie jemanden holen geht, bespricht sie sich mit der diensthabenden Schwester, die den Patienten übernimmt. »Erst da habe ich begriffen, dass es ihm so unendlich peinlich war. Er unterhalb der Gürtellinie nackt, und ein junges Mädchen, fast noch ein Kind, verbindet ihn. Und ich hatte nur daran gedacht, mein Bestes zu geben, ihm keinesfalls wehzutun.«

Im Frühjahr 1942 liegen so viele Leichen in den Straßen, dass die Behörden mit dem Abtransport und den Beerdigungen nicht nachkommen. Gemeinsam mit anderen jugendlichen Sanitechnikern wird Tamara abkommandiert, die Toten einzusammeln und auf den Piskarjowskij-Friedhof zu bringen, wo diese in Massengräbern beigesetzt werden. Erstmals sieht sie Leichen, bei denen die Wangen und Teile des Gesäßes herausgeschnitten sind – Anzeichen für Kannibalismus, die Tamara trotz aller Not nicht verstehen kann. In ihren Augen sind es die Taten Wahnsinniger. Doch der Wahnsinn ist Alltag geworden. Die Massengräber auf dem Friedhof reichen nicht mehr aus, um alle Toten aufzunehmen. Es gibt nur eine Lösung – sie müssen verbrannt werden. Und so zeigt man den Jugendlichen, was sie fortan zu tun haben: Abwechselnd stapeln sie Holz und Leichen, bis die eigene Körperhöhe erreicht ist. Dann wird der Berg mit Kerosin übergossen und angezündet. Die Arbeit ist nur mit Gasmasken möglich, was dem Ganzen eine seltsame Skurrilität verleiht. Ist die Asche abgekühlt, wird sie in Gruben geschaufelt. Rund eine halbe

Million Opfer der Belagerung finden auf dem Piskarjowskij-Friedhof ihre letzte Ruhestätte.

Tamara lebt in einer eigentümlich geteilten Welt. Während sie täglich mit dem Tod befasst ist – an manchen Tagen sterben bis zu tausend Menschen – , geht trotzdem während der Blockade eine Art Alltag weiter. Viele Menschen zieht es zu kulturellen Veranstaltungen, als wollten sie ein Zeichen gegen die Barbarei setzen. Kinos haben geöffnet. Nicht alle, aber einige. Das Theater der musikalischen Komödie ist intakt, und die Bühnen der Umgebung geben dort Gastspiele. Der Leihbetrieb in den Bibliotheken läuft, und die Menschen gehen weiter in Konzerte. Den Sieg der Kunst über die Schrecken des Krieges erringt der Komponist Dimitri Schostakowitsch mit der Komposition seiner Siebenten, der Leningrader Sinfonie. Das Werk, das Schostakowitsch in seiner Heimatstadt begonnen hat, setzt er nach seiner Evakuierung fort und vollendet es innerhalb weniger Monate. Sein Wunsch nach einer Aufführung in Leningrad geht im Sommer 1942 in Erfüllung: Ein Sonderflugzeug durchbricht die Luftblockade, um die Orchesterpartituren in die belagerte Stadt zu fliegen. Auch Tamara Gratschewa wohnt der Aufführung der Sinfonie bei. Sie ist zutiefst bewegt und zugleich voller Stolz, dass sich die Menschen in der gepeinigten Stadt ihre Humanität bewahrt haben.

Für Maria Joffe, die in Leningrad im Sommer 1941 gerade die erste Klasse abgeschlossen hat, ist der Krieg anfangs noch sehr abstrakt. Erst als am 8. September die Lebensmittellager brennen, beginnt sie die Sorgen der Eltern zu verstehen. Das Haus der Joffes liegt umgeben von kriegswichtigen Objekten, darunter eine Ausbildungsstätte der Marine. Als der Bombenkrieg beginnt, bewachen die Erwachsenen der Nachbarschaft diese Gebäude, löschen Brände und entschärfen Blindgänger. »Achtung, Achtung! Luftalarm! Ein Angriff der faschistischen Luftwaffe. Alle müssen sich in die Bunker begeben.« Während der Bombardements findet Maria im Bunker der Marineschule Schutz. Nie zuvor befand sie sich mit so vielen Menschen auf derart engem Raum. Viele Mütter sind dort mit ihren kleinen Kindern, die unaufhörlich weinen. Nichts kann sie trösten, und Ablenkung gibt es schon gar nicht. Doch die Frauen bleiben ruhig. Maria bewundert diesen Gleichmut der Mütter.

Eines Tages im Winter sieht Maria zum ersten Mal einen Toten. Ein Fabrikarbeiter, der im selben Haus wohnt, ist an Hunger gestorben. Seine Leiche wird ins Treppenhaus geschafft, wo sie tagelang liegen bleibt. Jedes Mal, wenn Maria zur Toilette geht, muss sie über den Leichnam steigen. Es gruselt sie, besonders als sich irgendwann Ratten auf dem Körper häuslich einrichten und auch dort bleiben, wenn Maria über sie hinwegsteigt. Die Furcht vor den Toten schwindet aber schnell. Noch erschrickt sich das kleine Mädchen maßlos, als es erstmals eine Leiche mit herausgeschnittener Wange sieht. Als Maria den Vater fragt, was da geschehen ist, erklärt dieser, dass das wohl Menschen gemacht haben, die sehr hungrig waren. Den Rest überlässt er Marias Fantasie. Doch angesichts von Kälte und Hunger stellt sich auch bei ihr bald eine gewisse Gleichgültigkeit ein, die nur gelegentlich von neuen Horrorszenarien und Schreckensnachrichten eingeholt wird. So kommt Marias Mutter eines Tages kreidebleich nach Hause. Ein Nachbarsjunge ist auf dem Markt auf sie zugekommen und hat ihr erzählt, dass bei ihnen zu Hause die Kinderfrau tot unterm Bett liege. Zuerst tut sie es als übertrieben ab. Doch die Sache lässt ihr keine Ruhe. Sie ruft die Behörden, die in der Wohnung eine regelrechte Produktion vorfinden. Tote werden dort zu Gulasch, Wurst und Suppe verarbeitet.

Der Hunger treibt die Menschen allerdings vor allem auf den Schwarzmarkt. Auch Marias Mutter tauscht dort das Hab und Gut der Familie gegen Lebensmittel. Ein Perserteppich bringt einen Laib Brot. Ebenso das Paar Tanzschuhe der Mutter. Erst als sie wieder zu Hause ist, erinnert sie sich, dass

Cecilia Leodinowna Tobianskaja, Leningrad

sie in den Tanzschuhen ihre Perlenkette versteckt hatte. Ein schlechter Tausch.

Marias Vater ist Gerber. Aus Lederabfällen bereitet die Familie Sülze zu. Zwei Wochen wird das Leder eingeweicht, bevor es verarbeitet werden kann. Lange hält sich bei Maria die Überzeugung, dass die leckerste Sülze aus Leder zubereitet wird. Erst nach dem Krieg erfährt sie, dass es hierfür auch andere Rezepte gibt.

Der Winter ist gnadenlos, die Temperaturen fallen bis auf minus 40 Grad Celsius. Maria wird bis auf einen Sehschlitz eingewickelt, wenn sie morgens zur Schule gebracht wird, wo sie bis zum Abend bleibt. Danach geht es, ebenfalls wieder bis über die Nasenspitze verpackt, nach Hause, wo es ein Stück Brot gibt, das die Eltern für sie aufbewahrt haben. Vollständig bekleidet und eingewickelt in mehrere Lagen Decken, geht die ganze Familie früh schlafen. Sie alle liegen eng beieinander, um sich gegenseitig, so gut es geht, zu wärmen.

Im Juli 1942 wird Maria über den Ladogasee evakuiert und fährt mit ihrer Mutter nach Kirgisien. Im Jahr darauf stirbt die Mutter dort an einer Blutvergiftung nach einem Hundebiss. Maria ist nun Halbwaise.

Auch Cecilia Leodniowna aus Moskau wird nach Zentralasien, in die usbekische Hauptstadt Taschkent, evakuiert. Als der Krieg beginnt, ist sie dreizehn Jahre alt und verbringt den Sommer in einem Pionierlager bei Smolensk. Vor acht Jahren hat Cecilia ihren Vater verloren, seither lebt sie mit ihrer Mutter, einer Pianistin, allein.

Eines Nachts wird Cecilia von den Bombenangriffen auf Smolensk geweckt, einer pittoresken Provinzstadt an der Grenze zu Weißrussland. Bis dahin hat sie vom Krieg, der in Europa tobt, nichts mitbekommen. Die Pionierleiter sind aufgeregt und treiben ihre Schützlinge in Erdhütten im nahe gelegenen Wald, wo sie bis zum Morgen bleiben. Zurück im Lager, wird das Radio an einen Lautsprecher angeschlossen, und die Kinder hören gemeinsam mit den Erwachsenen die Ansprache von Außenminister Molotow. Der Krieg hat begonnen, doch was es bedeutet, ist Cecilia noch nicht klar. Die Bomben haben ihr einen Schreck eingejagt. Für die etwa gleichaltrigen Jungen im Lager gestaltet sich die Situation anders. Mit patriotischer Stimme erklären sie, dass sie sofort ins Wehrkommando, sofort an die Front wollen. Heldentum und Kampf ums Vaterland sind für sie keine Fremdworte. Cecilia, die eher schöngeistig erzogen wird, sind solche Worte zunächst fremd. Doch dann lässt auch sie sich anstecken und findet, dass die Mädchen den Jungs in nichts nachstehen dürfen und ihnen selbstverständlich an die Front folgen müssen.

Die Realität sieht anders aus. Am folgenden Tag wird sie mit ein paar anderen Kindern in einem Kleinbus zurück nach Moskau gebracht. Die Fahrt dauert ewig. Die Straßen sind voller Truppen, und der Verkehr kommt nur schleppend voran. Über Schleichwege durch abgelegene Dörfer erreichen sie schließlich die Hauptstadt.

Moskau ist in diesen Tagen völlig verändert. Die Bomben werden erwartet, und entsprechend haben die Moskowiter bereits begonnen, mithilfe von Tarnmaterial das Aussehen der Stadt zu verwandeln. Auf dem Roten Platz liegt ein riesiges Netz aus Ästen und Gestrüpp, um die Orientierung aus der Luft zu erschweren und den Anschein eines Parks zu erwecken. Auf dem Komsomolskaja-Platz wiederum haben Künstler den Kreml aufgemalt, um die Verwirrung der feindlichen Bomber perfekt zu machen.

Zu ihrer Überraschung wird Cecilia zu Hause wie eine Heldin empfangen. Es hat sich herumgesprochen, dass sie aus bombardiertem Gebiet zurück nach Moskau gekommen ist. Freunde und Verwandte geben sich die Klinke in die Hand, um genau zu erfahren, was sie bei Smolensk erlebt hat. Doch in ihrem Mietshaus bereiten sich die Jungen, die gerade die zehnte Klasse abgeschlossen haben, auf ihre Einberufung vor. Sie werden ausnahmslos an die Front geschickt. Keiner wird später zurückkehren.

Wenige Tage darauf beginnen die Bombenangriffe auf Moskau. Wie andere Kinder auch geht Cecilia mit ihrer Mutter zum Übernachten in einen U-Bahnhof. Die kleinen allabendlichen Völkerwanderungen sind aufregend. Meist gehen sie zur Station Majakowskaja. Jeder hat sein Bettzeug unterm Arm und richtet sich damit ein, wo Platz ist. Auf dem Bahnsteig ebenso wie im Gleisbett. Gegen dreiundzwanzig Uhr wird der Strom abgestellt, nur eine Notbeleuchtung taucht den Bahnhof in ein schummriges Licht.

Am Tag herrscht in Moskau Alarmbereitschaft. Studenten und junge Arbeiter machen sich auf. Sie heben um Moskau herum Schützengräben aus. Panzersperren werden aufgestellt. Cecilia hört in diesen Tagen die Sorgen der Erwachsenen. Angst vor Angriffen, Tod, Zerstörung und Hunger.

Cecilia kann das Bild, das sie von den Deutschen hat, nicht mit den Bombern, die sie nun jede Nacht in den U-Bahnhof treiben, in Einklang bringen. Sie lernt Deutsch in der Schule, allerdings das Deutsch des 19. Jahrhunderts. Balladen wie Heines »Lore-Ley«, Schillers »Handschuh« und Goethes »Erlkönig« wird sie noch Jahrzehnte später rezitieren können. Hitler ähnelt für Cecilia einer Kunstfigur. Er wird im Allgemeinen »der geisteskranke Hitler« genannt. Im Kino werden Parodien gezeigt, die sich über die Eigenheiten des Führers lustig machen. Die Pointe ist stets dieselbe. Ein Satz, den auch Russen ohne Deutschkenntnisse bald beherrschen: »Hitler kaputt.«

Ende Juli beschließt Cecilias Mutter, dass es besser ist, sich vor den Bomben dauerhaft in Sicherheit zu bringen. Die Abreise nach Usbekistan wird vorbereitet. Es sind noch nicht viele, die sich zur Evakuierung entschließen. Noch hoffen die Menschen, dass die Bombardements der Deutschen bald vorbei sind.

Für Cecilia ist die Reise abenteuerlich und aufregend. Sie ist gespannt auf das orientalische Taschkent. Als sie und ihre Mutter ankommen, entspricht der erste Eindruck ihren Erwartungen. Frauen und Mädchen kleiden sich in traditioneller, farbenfroher Tracht, während die Männer kostbare Samtmäntel tragen, die sie im Sommer vor der Hitze schützen und im Winter wärmen. Besonders das bunte Treiben des Basars hat es Cecilia angetan. Noch nie zuvor hat sie so viele Sorten Obst und Gemüse gesehen. Überhaupt scheint ein Vergleich mit Moskau nicht möglich. Dort die gewaltigen grauen Häuserschluchten, hier Lehmhütten und niedrige Häuser, auf deren Dächern Gras und Mohnblumen wachsen.

Das Idyll währt nicht lange. Immer mehr Menschen kommen nach Taschkent. Aus allen Teilen der Sowjetunion bringen sie sich hierher in Sicherheit. Bald gibt es keine freien Zimmer mehr in der Stadt. Cecilia beobachtet groteske Szenen. Feine Damen in prächtigen Kleidern und Pelzen müssen nun Zeitungen auf den öffentlichen Plätzen ausbreiten, um dort zu nächtigen. Die Stadt, deren Einwohnerschaft sich in kürzester Zeit verzehnfacht hat, bekommt Schwierigkeiten, den Bedarf an Lebensmitteln zu decken. Cecilia, die häufig zum Einkaufen auf den Markt geschickt wird, kann nur staunen. Bei ihrer Ankunft hat das Kilo Tomaten noch fünf Kopeken gekostet. Zwei Wochen später kostet ein Stück fauliges Obst bereits einen Rubel.

Bald schon leidet die Familie an Magen- und Darmbeschwerden, und schließlich erkrankt Cecilia an Malaria. Allabendlich liegt sie mit 40 Grad Fieber und Schüttelfrost im Bett. Am nächsten Morgen fühlt sie sich wieder gut, nur um am Abend erneut zusammenzubrechen.

In unmittelbarer Nachbarschaft liegt die Festung, in der die Taschkenter Garnison untergebracht ist. Häufig werden den Soldaten Filme im Freiluftkino gezeigt. Dann schleicht sich Cecilia mit den Nachbarskindern durch das hohe Gras, um heimlich mitzuschauen. Vor den Filmen läuft stets die neue Kriegshymne der Sowjetunion, »Der heilige Krieg«. Was sie aber viel mehr fasziniert, sind die »laufenden Bilder«, Spielfilme in Schwarz-Weiß aus der Zeit vor dem Krieg. Mit der Zeit verändert sich das Programm allerdings. Immer patriotischer stimmen die Soldaten in das Lied vom Krieg ein, bevor die neuesten Bilder von der Front gezeigt werden. Cecilia fühlt sich in der Gesellschaft der Soldaten wohl. »Es war immer sehr emotional. Durch die Hymne haben wir eine Zusammengehörigkeit gespürt, die uns vermittelte, dass wir eine große Macht sind.« Die Bilder sprechen eine eindeutige Sprache. Die Deutschen sehen schrecklich aus. Wilde Eroberer, Eindringlinge, grausame Barbaren. Die sowjetischen Soldaten sind für Cecilia die Helden. Sie sehen männlich aus, kantig im Profil, sind tapfer. Sie werden die Heimat, Mütterchen Russland, schützen!

Doch allmählich verliert die Fremde ihren Reiz. Ein halbes

Jahr hausen sie nun schon in ihrem Zimmer bei den Verwandten, und es ist kein Ende absehbar. In jugendlicher Verklärtheit träumt sie vom wunderbaren Leben in Moskau, der Großstadt, mit all ihren Reizen. Es werden zwei Jahr vergehen, bis die Familie im August 1943 erstmals Passierscheine und damit die Erlaubnis zur Reise nach Moskau erhält.

Die Rückkehr ist für Cecilia eine Ernüchterung. Die Wohnung ist geplündert und zerstört. Die Mutter kann nicht als Pianistin arbeiten, denn die werden im Krieg nicht gebraucht. Auf der Rückreise hat sie am Aralsee einen Sack Salz gekauft, den sie nun auf dem Schwarzmarkt als Tauschware anbietet. So kann sie wenigstens den täglichen Bedarf an Brot und Kartoffeln decken. Trotzdem leiden sie Hunger. Später wird sie sagen, dass sie nur noch »fressen« wollte. Doch dann bekommt die Mutter eine Aushilfsstelle beim Filmorchester. Zunächst legt sie Noten bereit und ist Mädchen für alles. Als die dort angestellte Pianistin erkrankt, nimmt sie deren Stelle ein. Dass die Mutter ihr Leben wieder der Kunst widmen kann, hilft ihr und Cecilia über das Elend des Krieges hinweg.

Am 18. Januar 1943 wird in Leningrad verkündet, dass die Blockade durchbrochen ist. Auf den Straßen gibt es in diesen Tagen für gewöhnlich fast nichts außer Leichen. Plötzlich füllen sich die Straßen mit Menschen. Alle wollen mit dabei sein, den Tag der Rettung zu begrüßen. Im Tiefschnee stapft Tamara Gratschewa zu einem Platz in der Innenstadt. Ein alter Mann ruft mit leiser Stimme, aber umso energischerer Geste: »Ruhm den Kämpfern der Wolchow-Front! Ruhm den Kämpfern der Leningrad-Front! Ruhm den Baltikum-Seemännern! Hurra!« Plötzlich schallt ein »Hurra!« über den ganzen Platz. Die ausgezehrten, müden Menschen sind überwältigt. Sie liegen sich in den Armen und küssen einander. Das Ende der Blockade scheint nah. Doch es wird noch ein schier endloses Jahr dauern, bis die Deutschen vor Leningrad besiegt sind.

Mit der Offensive neu formierter sowjetischer Verbände beginnt in der Winterschlacht 1941/42 der sich über mehr als drei Jahre hinziehende Rückzug der Wehrmacht in Richtung Westen.

Der Vater des 1933 geborenen Karlheinz Kuba aus Schlesien ist seit Beginn des Krieges ununterbrochen im Feld. Die Einsätze in Polen und Frankreich hat er ungefährdet überstanden. Doch 1941 muss er nach Russland, ist am Vorstoß auf Moskau beteiligt, der im mörderischen Winter 1941 zum Stillstand kommt. In Sommeruniform losgezogen – weil nach Hitlers Meinung Russland binnen weniger Monate vollständig besiegt sein wird –, erleidet der Vater Erfrierungen. Er wird mit der Winterschlachtmedaille ausgezeichnet. Die Sorge von Karlheinz um den Vater nimmt stetig zu. Im Frühling 1942 erhält dieser Heimaturlaub und besteht darauf, dass ein Foto von der ganzen Familie geschossen wird. Zu groß ist die Unsicherheit, ob es eine erneute Rückkehr geben wird. Kaum zurück an der Front, marschiert Willi Kuba mit der sechsten Armee unter Feldmarschall Paulus auf Stalingrad zu. Die eigentliche Schlacht und den Untergang des Heeres wird er nicht mehr erleben.

Der neunjährige Karlheinz ist in einem Kinderheim in Reichenstein, als ihn die Heimleiterin zu sich ruft. Sie müsse ihm eine traurige Mitteilung machen. Sein Vater sei gefallen. Der Junge bricht in Tränen aus. Die Heimleiterin wird ärgerlich. Der Vater sei für Deutschland in den Heldentod gegangen, da müsse der Junge doch stolz auf ihn sein. Doch Karlheinz kann sich in seiner Verzweiflung nicht beruhigen. »Was soll das?«, fährt ihn die Leiterin an. »Ein deutscher Junge weint nicht!« Keiner der Betreuer spricht mit dem Jungen über seinen Verlust; seine Kameraden erfahren erst gar nicht, was geschehen ist. Der Tod ist tabu.

Als Karlheinz nach Hause kommt, schwankt seine Mutter zwischen Depression und Wut. Sie schimpft lautstark über den Krieg und muss von einer Freundin immer wieder be-

Tod vor Stalingrad: Grab des Vaters von Karlheinz Kuba

sänftigt werden: »Sei ruhig, sonst kommst du ins KZ-Lager!« Den Begriff hat der Junge noch nie gehört, er versteht »Konzert-Lager«. Das muss etwas ganz Schlimmes sein. Immerhin ein schwacher Trost ist es für die Familie, als ihr der Vorgesetzte des Vaters dessen Nachlass sendet, begleitet von einem einfühlsamen Brief und einem Foto der Grabstätte. Für Willi Kuba endet der Krieg als Obergefreiter – die Beförderung erhält er aber erst nach seinem Tod. Er hat ein minutiöses Tagebuch geführt, das nun der Sohn in Händen hält. Am 25. September 1942 schreibt er: »Eine dolle Nacht liegt hinter uns, gleich nach dem Dunkelwerden setzte ein pausenloser

Fliegerangriff ein. Kaum zu beschreiben, was da abgeladen wurde. Die Post bringt Briefe und das erste Päckchen.« Die Eintragung am folgenden Tag: »Ruhig, sonnig und warm. Mutti den 34.« Das bedeutet, dass er den vierunddreißigsten Brief an seine Frau beendet hat. Als er diesen Brief zu seinem Fahrzeug bringen will, wird er tödlich getroffen.

Karlheinz versucht den Tod des Vaters zu bewältigen, indem er Umsturzpläne schmiedet. Für ihn sind alle Staatsoberhäupter der am Krieg beteiligten Staaten gleichermaßen schuldig. Mit einem Freund arbeitet er einen utopischen Plan aus. Eine speziell trainierte Fallschirmjägertruppe müsste gleichzeitig alle führenden Staatsmänner in Europa umbringen. Dann kämen alle Soldaten wieder nach Hause. Dann wäre Frieden.

Dass es so einfach nicht werden wird, ahnt bereits die gleichaltrige Heidi Hoss aus Heilbronn, deren Vater 1942 eingezogen wird. Was er schreibt, klingt beängstigend. »Ich sehe Schreckliches«, heißt es. Und in einer der nächsten Nachrichten: »Ich sehe so viel Leid und Unrecht in Russland. Wenn wir das heimgezahlt bekommen, gibt es uns nicht mehr!«

HELDEN UND HELDENTOD

— Starb man den Heldentod, war man ein noch größerer Held, hatte sein Leben für den Führer geopfert. Genau wie die Mütter dem Hitler immer Kinder schenkten. Das war dasselbe, nur umgekehrt.

Rosemarie Merling, geb. Stamer, Jahrgang 1932

— Aber es gab doch auch Helden. Damals bei der Roten Armee waren sie Helden, heute wären sie Schwachköpfe. Sie warfen sich freiwillig in die Schusslinie, ließen sich von Panzern überrollen, um den Einmarsch aufzuhalten. Sie haben das nicht auf einen Befehl hin getan. Es war ihre Überzeugung!

Maria Joffe, Jahrgang 1932

— Man durfte auch nicht in einer Zeitung in die Annonce schreiben: »In unendlichem Schmerz«. »In stolzer Trauer« oder ähnlich musste es lauten. Ich habe nie eine Frau weinen sehen, im ganzen Krieg nicht. Das war eben ein Heldentod, den der Sohn oder der Vater oder der Bruder erlitten hat. Ich wäre am liebsten auf der Stelle für Deutschland gestorben, um als Held so verehrt zu werden.

Rosemarie Erdmann, geb. Heinze, Jahrgang 1929

— Ich bin nie das gewesen, was man einen Helden nennt, und habe auch nie davon geträumt, einer zu werden.

Dieter Hallervorden, Jahrgang 1935

Verbrannte Menschen – klein wie Puppen

Duisburg ist eine der im Zweiten Weltkrieg am frühesten und heftigsten bombardierten deutschen Städte. Wegen ihrer exponierten Lage an der Mündung der Ruhr für die britischen Bomber gut zu erreichen, ist die Stadt – als eines der kriegswichtigsten Industriezentren und wegen der dichten Besiedlung – für die Strategen der Royal Air Force besonders interessant. Seit Anfang 1942 besteht Churchills Doktrin des *moral bombing* nicht primär darin, Werften oder Flugzeugbetriebe anzugreifen, sondern Ballungsräume, in denen möglichste viele Menschen leben. Auf diese Weise soll die Moral der Bevölkerung untergraben und ihr die Kriegsbereitschaft ausgetrieben werden. Sie soll in die Auflehnung gegen die Nazis gebombt werden. Hohe zivile Opferzahlen sind nicht Nebenprodukt, sondern Bestreben dieser Angriffe. Frauen und Kinder sind die Hauptleidtragenden dieser Art der Kriegsführung.

Gemessen an der Größe der Stadt ist Duisburg der deutsche Ort, auf den in insgesamt 299 Luftangriffen die größte Bombenlast niedergeht. Davon ahnt Rosemarie Stamer freilich nichts, als zu Kriegsbeginn ein Luftschutzkeller in ihr Sechsfamilienhaus eingebaut wird. Gewaltige Holzbohlen sichern den Keller zusätzlich gegen Einsturz ab, eine Mauer wird eingerissen und anschließend »verdünnt«. Auf diese Weise kann bei einer Verschüttung der Keller des nächsten Hauses mit ein paar Hammerschlägen erreicht werden. Rosemarie findet das alles hoch spannend, vor allem auch die Ausstattung des Schutzraumes mit Doppelstockbetten. Während der Bauarbeiten verstecken die Kinder das Werkzeug der Handwerker und versuchen, sie zum Spielen zu animieren. Später ist der Keller ein beliebter Abenteuerspielplatz. Ebenso aufregend sind die Vorschriften zur Verdunklung. Jeden Abend wird in Holz gerahmtes schwarzes Papier von innen an den Fenstern angebracht. Rosemaries Tante ist Blockwartin, und zu ihren Aufgaben gehört es, abends – bei jedem Wind und Wetter – durch die Straßen zu gehen und zu schauen, ob durch ein Fenster noch Licht schimmert, im Fall des Falles die Bewohner zu verwarnen und bei Wiederholung eine Geldstrafe zu verhängen. Oft begleitet Rosemarie ihre Tante, sie liebt die gespenstische Magie der Nacht. Keine Straßenlaternen brennen, Fahrräder fahren ohne Licht. Sie tragen Plaketten, die mit Phosphor bestrichen sind. Passanten kommen ihnen als kleine Leuchtpunkte wie Glühwürmchen entgegen.

Noch im Jahr 1940 gibt es den ersten Nachtalarm. Die Sirene befindet sich am Haus gegenüber. Der hohe Heulton klingt fürchterlich. Auf den höllischen Lärm folgt eine lange Stille, dann das Bellen der Flakgeschütze. Der Boden bebt. Irgendwann die Entwarnung. Rosemaries Haus bleibt verschont, und die zahllosen Angriffe werden zur Routine. Bald genügt ein Blick in den Himmel, um zu wissen, ob die Bomber kommen oder nicht. Ist es bewölkt, muss man sich keine Sorgen machen. Aber bei Vollmond oder klarer Sicht liegen die Anziehsachen schon bereit, hat die Mutter vorsorglich Tee gekocht und Butterbrote geschmiert. Im Keller wird *Mensch ärgere Dich nicht* gespielt. Ein Junge bläst Mundharmonika. Wenn die Detonationen in nächster Nähe erfolgen, wird gebetet und gesungen: »Ach, bleib mit Deiner Gnade / Bei uns, Herr Jesu Christ, / Dass uns hinfort nicht schade / Des bösen Feindes List!« Und »Ein' feste Burg ist unser Gott«. In ihrer kindlichen Einfalt glaubt Rosemarie den Worten des evangelischen Pastors, dass dem, der fest an Gott glaubt, kein Unheil widerfahren kann. Trotz der vielen Nächte im Luftschutzkeller fühlt sie sich sicher und geborgen. Der Grund der Angriffe ist dem Mädchen nicht klar. Die Bomber zerstören ihre Heimat, dabei haben die Deutschen ihrer Ansicht nach den Engländern doch gar nichts Schlimmes getan.

Die meisten Angriffe werden von den kleinen Flakgeschützen erwidert. Wenn aber die schwere Flak ohrenbetäubend schießt, erzittert die Erde. Die Angst wird jedoch von unstillbarer Neugier noch übertroffen. Dann verlassen die Kinder gelegentlich den Schutzraum und lassen sich von einem Erwachsenen das spektakuläre Schauspiel am Himmel zeigen: gebündelte Scheinwerfer, die einen Flieger hell anleuchten, woraufhin die Flakgeschütze zu schießen beginnen. Einmal wird ein Bomber ganz in der Nähe von Rosemaries Haus abgeschossen. Das Wrack landet auf einer Kuhweide. Der Motor, der sich während des Absturzes gelöst hat, schlägt direkt in das Lebensmittelgeschäft ein, in dem Rosemarie mit der Mutter immer einkauft. Er landet mitten in einem riesigen Marmeladeneimer, aus dem sonst pfundweise Erdbeerkonfitüre verkauft wird. Als Rosemarie am nächsten Tag in den Laden tritt, sind Wände, Regale und Theke ganz in Marmeladenrot getaucht.

Die schwersten Angriffe auf Duisburg erlebt Rosemarie nicht mehr mit. Da ist sie schon via Kinderlandverschickung in einem kleinen Ort bei Prag angekommen. Wie schwer die zurückgebliebene Familie unter den Bomben leidet, das erfährt sie kaum. Die Mutter erzählt nichts davon in ihren Briefen, um ihr Mädchen zu schonen. Nur manchmal hört sie im Radio von einem grässlichen Tag für Duisburg. Telefonieren ist nicht möglich. Erst wenn der nächste Brief eintrifft, kann sie sich sicher sein, dass zu Hause alles gut ist. Wie schlimm es um die Stadt wirklich bestellt ist, beginnt sie erst zu ahnen, als die eigentlich in Aussicht stehende Heimreise abgesagt wird: »Die Angriffe sind zu massiv. Ihr könnt nicht mehr nach Hause!«

Nur wenige Kilometer von Rosemarie Stamers Haus in Duisburg entfernt wächst die drei Jahre jüngere Cäcilia Verheyden auf. Doch in Wirklichkeit sind es Welten, die die beiden Mädchen voneinander trennen. Cäcilia ist mit Dysmelie auf die Welt gekommen, ihre beiden Arme sind von Geburt an verkrüppelt. Kinder wie sie sind in Nazideutschland ein Fall für das Euthanasieprogramm, die »Vernichtung unwerten Lebens«. Cäcilias Eltern tun alles, um ihr dieses Schicksal zu ersparen, und so besteht die Familie ausschließlich aus überzeugten Nazigegnern.

Die ersten Bomberpiloten, die ihr der Vater zeigt, sind kleine Sternenlichter am Himmel. Was diese kleinen Sterne anrichten, hat sie anhand von zertrümmerten Häuserreihen bereits gesehen. Schon sehr früh ist sie innerlich gespalten. Einerseits ersehnt sie die Befreiung Deutschlands von den Nazihorden, andererseits fürchtet sie die mörderische Wucht der Bomben. Ihr Vater ist Bergwerksingenieur und errichtet 1942 mit anderen Bergleuten einen eigenen Schutzbunker, weil die Keller nicht mehr sicher scheinen. Cäcilia wird gepeinigt von der Vorstellung, dass sie verwundet und verschüttet werden könnte und dann lebendig begraben wäre. Sie beginnt, Vater und Großvater mit Fragen zu überhäufen. »Warum können sie den Hitler und die Nazis nicht ohne Bomben besiegen? Warum schleichen sie sich nicht heimlich nachts rein und nehmen alle gefangen?«

Von ihrem Großvater hört sie, wie schwer bewaffnet die Nazis sind und dass die Alliierten Deutschland nur bombardieren, um Hitlers Waffenschmieden lahmzulegen. Anderweitige Bombentreffer geschähen unerwünscht. Seine Meinung teilen die meisten in der Ruhrkumpelsiedlung, in der Cäcilia aufwächst. Abgesehen von dem fanatischen Blockwart leben hier vor allem heimliche Sozis, heimliche Kommunisten und heimliche Linkskatholiken. Dennoch müssen sie sich allesamt mit der Realität der Angriffe abfinden. Alle, die in dem von Cäcilias Vater gebauten Bunker Nacht für Nacht Schutz suchen, finden Halt und Trost bei der Großmutter des Kindes.

Hamburg nach dem Feuersturm

Solange die Bomber noch weit entfernt sind, wird gespielt und gesungen, bis die kleineren Kinder eingeschlafen sind. »Und sobald die Erde anfing zu beben, hat die Oma einen Rosenkranz gebetet. Es gibt nichts Beruhigenderes als den Rosenkranz. Und alle haben mitgebetet, ob katholisch, evangelisch oder kommunistisch. Alle haben mitgebetet. Wenn der Rosenkranz gebetet wird, wird man ganz ruhig. Man fühlt sich irgendwie sicher, wie in beschützenden Armen. Das kann man keinem, der das nicht kennt, begreiflich machen.«

Das Beten des Rosenkranzes ist für Katholiken ein ernster Vorgang, dessen ritueller Ablauf fest vorgeschrieben ist. Doch das Rosenkranzgebet sieht auch eine Stelle vor, in der eine ganz persönliche Fürbitte geäußert werden darf. Cäcilias Großmutter betet: »Lieber Gott, lass die Bomben richtig treffen, dass keine Bomben danebengehen.«

Der spätere Schriftsteller Günter Kunert ist sich als in Berlin aufwachsendes Kind vollkommen sicher, dass die Bomben nicht danebengehen. Er hat allen Grund, die alliierten

Angriffe herbeizusehnen. Denn er ist »Halbjude«, »Mischling ersten Grades«. Die Mutter ist Jüdin, der Vater »Arier«. Nach den Nürnberger Rassegesetzen bietet der Vater der Familie einen fragilen Schutz vor der sofortigen Vernichtung. Sein Sohn muss deshalb auch den Judenstern nicht tragen.

Zuerst ist der Bombenkrieg kaum mehr als eine optische Belustigung: sich kreuzende Scheinwerfer, Flugzeuge als silberne Pünktchen, hoch am Himmel, die aufblitzen, wenn die Flak getroffen hat. Das dauert eine halbe Stunde, dann ist alles wieder vorbei. Eine der ersten Bomben, die auf Berlin niedergehen, zerstört die kleine Werkstatt des Vaters in der Nähe des Moritzplatzes in Kreuzberg, wo dieser Schreibblöcke und Malhefte hergestellt hat.

Einige Wochen später wartet ein Junge aus Günter Kunerts Schule mit einer Sensation auf. »Willste mal 'ne Leiche sehen?« Das ist Günter, der noch nie eine Leiche gesehen hat, zwar etwas unheimlich. Aber natürlich will er. In einem Hausflur liegt eine tote Frau, mit einem Teppich zugedeckt, die Beine schauen hervor. Ärmliche Strümpfe, abgetragene Schuhe. Flüssigkeit sickert unter dem Teppich hervor. Es ist kein angenehmer Anblick, obwohl der Teppich die Leiche fast völlig verdeckt. Später gewöhnt sich der Junge an die Bilder des Todes.

Er ist den ganzen Krieg lang fest davon überzeugt, dass ihn die Bomben nicht treffen werden. Für ihn sind die Flieger Verbündete, gekommen, um ihn und seine jüdische Familie aus der Bedrängnis zu befreien. Die Piloten da oben zielen nicht auf ihn, glaubt er, sondern immer auf die anderen. Dabei wird ihm der Zutritt zum normalen Luftschutzkeller verwehrt, er muss gemeinsam mit anderen Juden in einem Nebenkeller Zuflucht suchen. Wenn in der Nähe die Bomben fallen, das Licht ausgeht und der Putz von den Wänden fällt, schreien zwar die Frauen um ihn herum in Todesangst. Doch er selbst steht mit einem Gefühl positiver Erregung auf dem schwankenden Boden.

Kinder, so glaubt Günter Kunert heute, besitzen eine eigentümliche psychische Schutzschicht und nehmen die Realität ganz anders wahr als Erwachsene. Einerseits erleben sie den Moment und das, was sie erblicken, intensiver. Anderseits ziehen sie daraus kaum Schlussfolgerungen und bedenken keine möglichen Konsequenzen.

Das kriegsbegeisterte Jungmädel Rosemarie Heinze, das in der Schule als Modell der Germania herhalten muss, ist sicher schon viel eher ein Angriffsziel. Und doch: Wenn sie die silbern schimmernden Flugzeuge mit ihrem schlanken Rumpf und den ausgebreiteten Flügeln im gleißenden Lichtstrahl der Scheinwerferbatterie sieht, fragt sie sich: »Ist das nun ein Engel, oder ist das ein Flieger?« Später beantwortet sie ihre Frage mit einem Kompromiss: »Todesengel.«

Am 24. August 1942 kommen die Todesengel der Kriegerheimsiedlung in Berlin-Lichtenberg, in der Rosemarie lebt, gefährlich nah. Kaum hat die Familie mit ihrem Notgepäck den nahe gelegenen Bunker erreicht, lassen gewaltige Einschläge den Boden erzittern. Der Bunker wird von einer Luftmine getroffen. Das Licht erlischt, aus den Wänden lösen sich Funken. Die Menschen schreien auf, der Bunkerwart mahnt zur Ruhe. Gleich darauf geht die Notbeleuchtung an. Als es draußen wieder still ist, öffnen die Männer die Bunkertür und schauen vorsichtig ins Freie. Die Sedina-Werke seien getroffen, zwei Wohnhäuser zerstört, der Fleischerladen weg. Rosemaries Mutter sitzt erstarrt wie eine Wachspuppe, und jetzt fällt auch dem Kind ein, dass der Vater noch in der Fabrik ist. Sie fängt an, nach ihrem Papa zu schreien, bis eine Frau das dreizehnjährige Mädchen ausschimpft: »Mensch sei doch endlich still! Du weißt doch noch gar nichts. Vielleicht ist er mopsfidel, und es ist ihm gar nichts passiert.« Nach einer halben Ewigkeit öffnet sich die Bunkertür, und Rosemaries Vater steht erstarrt am Eingang. Eine dicke Schicht Betonstaub bedeckt ihn, er ist kalkweiß. Der Anblick erinnert die Tochter an eine antike Statue. Nur die glänzenden Augen verraten, dass er lebt. Wieder auf der Straße, sehen sie, dass die Giebelwand ihres Hauses zur Hälfte fehlt. Die Öfen in ihrer Wohnung sind zerstört, die Fenster mitsamt den Rahmen verschwunden. Der Sonntagsbraten, den die Mutter vorbereitet hatte, liegt im Garten. Bis auf eine Silberkanne ist der Hausrat komplett zerstört. Das Mädchen hat bis zu diesem Zeitpunkt noch nie ein ausgebombtes Haus gesehen. Dieses erste ist ausgerechnet das eigene.

Am anderen Tag ergießt sich ein Strom von Schaulustigen in die Kriegerheimsiedlung. Sie kommen von weit her mit der Straßenbahn angefahren, alle wollen den Bombentreffer sehen. Noch sind zerstörte Häuser eine Rarität in Berlin. Schließlich muss die Straße von der Polizei abgesperrt werden. Nur die Anwohner dürfen mit einem speziellen Ausweis in die Siedlung. Es folgen Scharen von Offizieren zur militärischen Begutachtung und Hilfskräfte der Organisation Todt. Die Familie bekommt sofort eine Notunterkunft zugewiesen und wird rund um die Uhr verpflegt. Später tauchen Schätzer auf, die jede einzelne Sammeltasse und jedes Möbelstück prüfen, woraufhin entweder der Wert ersetzt oder das Stück in auswärtigen Werkstätten repariert wird. Nach einem halben Jahr kann Rosemaries Familie zurück in die Wohnung. Es ist, als hätte es die Bombe nie gegeben.

Ein Jahr später werden in Berlin schon längst keine Schäden mehr ersetzt, wenn ein Haus getroffen wird. In der Villenkolonie Südende im Bezirk Steglitz ist für Klaus-Dieter Schmidt-Rudloff die Welt aber noch in Ordnung. Der Vater ist Elektroingenieur bei Siemens, das ist kriegswichtig, und so braucht er eine Einberufung einstweilen nicht zu fürchten. Klaus-Dieter musste bei den Eltern lange darum kämpfen, eine vollständige HJ-Uniform zu bekommen. Wegen des Krieges sind Lederriemen für das Koppel kaum noch erhältlich. Dass die Eltern nicht nur wegen des hohen Preises gegen die Uniform sind, ist dem Jungen nicht klar. Denn wenn sich die Eltern über Politik unterhalten, tun sie es auf Französisch.

Klaus-Dieter liebt es, mit seiner schneidigen Uniform zum Potsdamer Platz zu fahren und auf der Straße Unter den Linden inmitten der noch schneidigeren Wehrmachtsoffiziere und SS-Männer umherzustolzieren.

Im August 1943 reist er – von der Nationalsozialistischen Volkswohlfahrt (NSV) als Kindererholung organisiert – für vier Wochen an die idyllischen Sandstrände der Rigaer Bucht. Das Wetter ist prächtig, die Ostsee ideal zum Baden. Allein Kölner Kinder berichten bereits von furchtbaren Bombenangriffen. Der Berliner Junge hält die Schilderungen für etwas aufschneiderisch. Die Hamburger sind aus einer weitgehend unversehrten Stadt losgefahren, doch die Post, die sie bekommen, ist angesengt. Hat dort etwa das Postamt gebrannt?, fragt sich der Zwölfjährige. Vom Feuersturm, der sich inzwischen in Hamburg ereignet hat, steht in den Briefen nichts. Wenn doch, hätte der Junge es wohl kaum geglaubt.

Braungebrannt trifft er Anfang September am Stettiner Bahnhof ein, wo die Eltern auf ihre Kinder warten. Eine halbe Stunde später sind alle Kinder abgeholt, bis auf Klaus-Dieter. Er ist verwundert, aber nicht beunruhigt, und bittet im NSV-Büro am Bahnhof, ihm ein S-Bahn-Ticket zu geben. Das letzte Taschengeld hat er bereits in Riga ausgegeben. »Nach Südende?«, fragt die Dame von der Wohlfahrt. »Da schick ich dir ein Mädchen mit. Die bringt dich nach Hause.«

Das Mädchen ist sechzehn und sieht nett aus, was aus Sicht des Jungen wohl auch an ihrer strammen BDM-Uniform liegt. Er fügt sich, obwohl er die Bevormundung unnötig findet. Schließlich ist er schon groß und kennt den Weg nach Hause mit der S-Bahn bestens. »Mit der S-Bahn geht da nichts«, sagt das Mädchen. »Wir müssen mit dem Bus fahren. Den S-Bahnhof gibt es nicht mehr.« Immer noch versucht der Zwölfjährige, Herr der Lage zu bleiben. Er zeigt der Ortsteilfremden, an welcher Haltestelle sie aussteigen müssen. Straßenzug um Straßenzug liegt in Trümmern.

Das Mädchen nimmt ihn bei der Hand. Der Junge findet

das merkwürdig, lässt es aber geschehen. Dann biegen sie in seine Straße ein. Kein einziges Haus steht hier mehr. Ruinen, gähnende Fensterlöcher, Reste schief stehender Mauern. Klaus-Dieter sagt zu dem Mädchen einen Satz, den er früher einmal aufgeschnappt hat: »Keine Panik.« Da, wo einmal Türen waren, die jetzt verbrannt sind, stehen große Tafeln mit den neuen Adressen der Ausgebombten. Auch vor den Überresten dessen, was früher einmal sein Zuhause war, befindet sich eine Tafel mit vielen Namen. Ein Name jedoch fehlt: »Schmidt-Rudloff«.

»Da habe ich mir gedacht, Mensch, das kann doch nicht wahr sein«, erinnert sich Klaus-Dieter Schmidt-Rudloff. »Jetzt kämpfte meine Begleitung mit den Tränen. Das merkte ich. Ich drückte sie, die Arme. Nun musste ich auch mit den Tränen kämpfen, natürlich. Aber hier kam der Punkt, wie wir erzogen worden sind. Jetzt gab es einen Schwächeren neben mir. Bei Helden aber gibt es keine Tränen. ›Na ja, ist ja noch nichts passiert‹, habe ich gesagt.«

Die Familie nutzt regelmäßig einen Luftschutzkeller in der Nachbarschaft. Dort werden die Eltern während des Angriffs gewesen sein. Von hier aus werden sie sich gerettet haben, es stehen ja auch die Namen der anderen auf der Tafel. Die sind ja auch rausgekommen. Das Mädchen hält seine Hand und weint, während der Junge heldenhaft erklärt: »Brauchst nicht weinen. Schau, die sind alle noch aus der Kellerluke gekommen.« Der Notausgang des Kellers ist nicht verschüttet.

Auf dem Weg zurück zum Bus passieren sie einen Trümmerberg, der von zahlreichen Helfern durchwühlt wird. Steine werden mit einem Laufband abtransportiert. »Was ist denn hier los?«, fragt der Junge. »Da müssen noch Menschen drin sein, die könnten noch leben.« »Wann war denn der Bombenangriff?«, will er jetzt wissen. – »Das war vor zwei Tagen.«

Nun muss sich Klaus-Dieter doch arg zusammenreißen. Wäre er allein, würde er nun doch losheulen. Zurück bei der NSV, gelingt es ihm schließlich, Kontakt zu seinen Eltern aufzunehmen, die während des Angriffs zu ihrem Glück nicht zu Hause gewesen sind. Der Vater muss schon wieder bei Siemens Dienst tun und übernachtet in der Wohnung seines Chefs. Die Mutter ist zu einer Tante nach Anhalt gefahren. Der Junge trauert der Wohnung nicht lange nach. Darin habe es ohnehin nicht viel gegeben, woran er hing. Mit Plüschtieren habe er ja längst nicht mehr gespielt: »Alles andere kann man ersetzen. Wenn nicht jetzt, dann nach dem Sieg. Dann wird alles wieder aufgebaut. Denn wir Helden gewinnen ja noch!«

Wirkliche Helden sind in den endlosen Nächten des Bombenkriegs von anderer Art, als es sich die Hitlerjungen herbeifantasieren. Für den jungen Dieter Hallervorden ist sein größter Held der eigene Vater.

Als Kind vermag Hallervorden nicht zu verstehen, warum die Familie überhaupt in den Luftschutzkeller muss. Es ist schrecklich, Nacht für Nacht aus dem Bett gerissen zu werden und schlaftrunken muffige Treppen hinab in den Keller zu taumeln. Dort sitzt er dann neben den Nachbarn, die er nicht ausstehen kann. Keiner traut sich, das Geschehen zu kommentieren, aus Angst, vielleicht das falsche Wort zu sagen. Dieter ist meistens still. Sein Vater hat ihn von klein auf zur Vorsicht gemahnt, und der Sohn ist gehorsam. »Wieso müssen wir in den Keller, und warum werfen sie da Bomben ab?«, fragt er dann doch einmal. »Weißte«, erklärt Kurt Hallervorden, »der Krieg, musste dir vorstellen, ist der Kampf des Bösen gegen das Gute.« Lange grübelt der Sohn darüber nach, wen der Vater wohl mit den Guten und wen mit den Bösen meint. Denn der schweigt sich tunlichst darüber aus.

Und dann trifft eines Tages eine Brandbombe das Haus der Hallervordens in Dessau. Niemand von den Mietern ist bereit, den Brand zu löschen. Dieters schwer gehbehinderter Vater, der zwei künstliche Beine hat, erklimmt tatsächlich das Treppenhaus und löscht den in hellen Flammen stehenden Dachstuhl.

Ein sehr ähnliches Erlebnis hat der 1934 in Berlin geborene Manfred Kühn. Dass er und alle seine sieben Geschwister den Krieg überlebt haben, hält er vor allem der Umsicht des Vaters zugute. Der arbeitet als Waffenkonstrukteur bei den Alkett-Werken, die im Stadtteil Borsigwalde Panzer und Sturmgeschütze für die Wehrmacht herstellen. Sein Vater wirkt immer viel zu beschäftigt, als dass er Angst ausstrahlen könnte. Ständig scheint er sich zu fragen: Habe ich alles Nötige getan? Hätte ich vielleicht noch etwas absichern können? War es richtig, in den Keller zu gehen, oder sollten wir woanders Zuflucht suchen? Einmal wird das Haus von Brandbomben getroffen. Luftschutzwart und Blockwart sind zu feige, um sich nach oben zu wagen und zu löschen. Es ist Manfreds Vater, der mit Wassereimern in der Hand hochrennt und den Brand löscht. Kaum ist der Angriff vorbei, haben die beiden Warte in ihren fein gebügelten braunen SA-Uniformen wieder das große Wort. Der Vater schweigt, in Gedanken schon wieder besorgt um die Sicherheit der Familie. Eine Lektion in Sachen Heldentum, die der Sohn nie vergisst.

Die Angriffe sind so häufig, dass die Familie Kühn manchmal vier- bis fünfmal pro Nacht in den Keller muss und oft tagelang kein Sonnenlicht zu sehen bekommt. Zur Schule geht Manfred nur noch gelegentlich, um sich Aufgaben abzuholen. Es wird gleich in den Kleidern geschlafen. Und es kann vorkommen, dass schon zehn Minuten nach einer Entwarnung der nächste Angriff erfolgt. Das Sirenengeheul, das Brummen aus der Ferne. Dann erscheinen am Himmel vier »Christbäume«, ein erleuchtetes Karree, das die Ziele für den Bomberverband markiert. Die Einschläge, das Hämmern der Geschütze. Manfred kommt es vor, als sei er nicht zu Hause, sondern an der Front. Bei jedem Angriff kriecht die Angst aufs Neue hoch.

Schließlich baut der Vater für die Familie einen separaten Bunker, der sicherer ist als der Luftschutzkeller. Neben Betten, Hämmern, Spitzhacken und einem großen Bottich mit

Wasser ist der Bunker vollgestopft mit Spielsachen. Die Modelleisenbahn ist dort aufgebaut, es gibt Pappmaschee-Soldaten und Halma, Dame, Mühle. Daneben auch ein realitätsnahes Spiel mit holzgeschnitzten Bombern und Abfangjägern sowie *Mit Prien gegen England*, wobei kleine U-Boote aus Glas durch geschicktes Würfeln englische Schlachtschiffe versenken müssen. Im Laufe der Jahre lässt die Angst nach, obwohl die Angriffe immer häufiger werden. Manfred kann sich nicht erinnern, im Zeitraum von zwei bis drei Jahren auch nur eine einzige Nacht durchgeschlafen zu haben: »Wir haben gelebt wie die Maulwürfe.«

Die beiden ältesten Brüder haben sich freiwillig zur Marine gemeldet, um der Anwerbung durch die Waffen-SS zu entgehen. Wenn sie auf Heimaturlaub sind, sehnen sie sich bald an die Front zurück: Dort ist man nicht so total ausgeliefert. Man wartet nicht passiv darauf, getroffen und verschüttet zu werden. Man kann sich wehren. Selbst als gerade mal neunjähriges Kind kocht in Manfred das starke Gefühl hoch, aus dem Bunker rennen zu wollen – um zurückzuschießen.

Gegen Ende des Jahres 1943 darf Manfreds ältester Bruder in den Weihnachtsurlaub. In dem Brief, der sein Kommen ankündigt, bittet er darum, vom Anhalter Bahnhof abgeholt zu werden. Der ist zwanzig Kilometer vom Wohnhaus entfernt. Manfred ist mit seinen neun Jahren der Größte unter den jüngeren Geschwistern. Es wird zu seiner Mission, den Bruder nach Hause zu lotsen. Es ist abends gegen zehn. Die Stadt liegt im tiefen Dunkel. Mit der S-Bahn kommt Manfred zum Bahnhof und trifft seinen Bruder. Doch auf dem Rückweg geraten sie plötzlich mitten in einen irrsinnigen Luftangriff.

Sie flüchten aus der S-Bahn, der ältere Bruder übernimmt das Kommando. Er hat panische Angst, verschüttet zu werden, und weigert sich, in einen der Luftschutzkeller zu gehen. Eigentlich ist das Vorschrift, und die Luftschutzwarte links und rechts ihres Weges fordern die beiden barsch auf, in den Keller zu kommen. Doch letztlich wagen sie nicht, gegen einen Frontsoldaten ernsthaft etwas zu unternehmen. »Wir bleiben genau in der Mitte von der Straße«, erklärt der Bruder. »damit wir nicht erschlagen werden, wenn ein Haus zusammenfällt oder Trümmer runterfallen.« Auf diese Weise laufen sie durch das brennende Berlin, stundenlang, ein einziges Flammenmeer – ein Feuersog, der einen mit hineinzieht, gegen den man sich stemmen muss. Häuser stürzen neben ihnen in sich zusammen, doch die Trümmer erreichen nicht die Mitte der breiten Berliner Straßen. Gegen Morgen haben sie es geschafft. Die Mutter glaubt, zwei Geister vor sich zu sehen.

Manfreds Vater, der heimlich BBC und Schweizer Sender hört, kommentiert: »Das alles haben uns die Nazis eingebrockt. Das ganze Verdunkeln ist sowieso nur für den Alten Fritz, die Stadt brennt ja in den Nächten an allen Ecken. Die bekommen sie doch nicht mehr gelöscht.« Als begehrter Spezialist für die Konstruktion von Tötungsmaschinen kann der Vater sich gelegentlich Äußerungen erlauben, die andere umstandslos ins KZ befördern würden. Einmal wird allerdings auch er von der Gestapo verhaftet, nach fünf Tagen jedoch wieder laufen gelassen. Er ist kriegswichtig.

Günter Kunert, als Halbjude »wehrunwürdig«, genießt kein solches Privileg. Schon aufgrund seiner Abstammung steht er stets mit einem halben Fuß im Vernichtungslager. Dennoch schlägt er die Warnungen seiner Familie immer wieder leichtfertig in den Wind. Dass er regelmäßig sein Leben riskiert, ist ihm zumeist gleichgültig. Todesangst verspürt er nur ein Mal, als er während eines überraschenden Angriffs von der Straße in einen Luftschutzkeller flüchtet. Dort verstrickt er sich in einen Streit mit einem Hitlerjungen, der über die »Terrorbomber« wettert. Günter erwidert unvorsichtigerweise: »Junge, diese Leute tun auch nur ihre Pflicht.«.

»Kaum war dieses Wort meinem Mund entflohen«, berichtet Kunert, »öffnete sich eine Eisentür, und es trat ein Mann herein, mit einem Ledermantel, dem typischen Gestapo-Hut und einem Ausweis. ›Komm mal mit.‹ Er führte mich dann eine Treppe hoch in eine Kneipe voller Gestapo-Leute und sonstiger Funktionsträger, die da rauchten und soffen. Dann notierte er meinen Namen, Adresse und dergleichen. Mir rutschte das Herz in die Hose. Nun trug ich auch noch, so naiv ist man als Kind, eine englische Uniformjacke. Die bekam man auf Schleichwegen schwarz umgefärbt. Ein französischer Kriegsgefangener hatte sie mir geschenkt. Das Wappen der Île-de-France trug ich darauf. Ich war sozusagen ausgewiesen als Nichtbeteiligter am allgemeinen Wahnsinn, und der Gestapo-Mann musterte das natürlich hoch interessiert. Der Zufall wollte es, dass dieser Mann wahrscheinlich beim nächsten Angriff getroffen worden ist. Jedenfalls habe ich von ihm oder seiner Organisation nie wieder etwas gehört.«

Trotz aller Naivität ist es Günter Kunert ständig bewusst, dass sein Überleben an einem seidenen Faden hängt, und zwar am Leben seines nicht jüdischen Vaters. Wenn der sogenannte arische Part in einer Ehe zu Tode kommt, werden die Überlebenden sofort deportiert. Schon bei den Begräbnissen steht die Gestapo bereit und verhaftet noch auf dem Friedhof die überlebenden Juden der Familie, um sie zu deportieren. Im Februar 1944 wird Berlin nicht mehr nur nachts, sondern auch tagsüber angegriffen. Günters Vater arbeitet in seinem kleinen Kellerladen in Kreuzberg, während Mutter und Sohn den Angriff in einem Luftschutzkeller auf der Danziger Straße in Friedrichshain überstanden haben. Als sie nach dem Bombardement wieder ins Freie treten, sehen sie die Innenstadt in riesige schwarze Rauchwolken gehüllt. Von Panik erfüllt, machen sie sich in Richtung Kreuzberg auf. Lichterloh brennt das Stadtschloss. Es ist ein Inferno, und sie müssen unverrichteter Dinge umkehren. Zu Hause aber wartet der stoisch Suppe löffelnde Vater, dem es gelungen ist, sich durchzuschlagen. Für Mutter und Sohn ist es der glücklichste Augenblick des Krieges.

Es ist eine kindliche Urangst: lebendig begraben zu werden. Schlimmer als der Tod. Im 19. Jahrhundert ein Allerweltsmotiv in der Trivialliteratur. Stellvertretend heißt es bei der viel gelesenen Lyrikerin Friederike Kempner in dem Gedicht »Das scheintote Kind«:

Ueberall ist's zu,
»Mutter, wo bist Du?«
Stoßet aus den Schrei,
Horchet still dabei;
(...)
Streckt die Ärmlein aus,
Hämmert schnell drauf los,
Ruft entsetzt und laut:
»Hört, ich bin nicht tot!«
(...)
Ach, man hört mich nicht,
Gott, ach nur ein Licht!
Sieht sich nochmals um!
Finster bleibt's und stumm.

Aus dieser wohlig schauernden Romantik wird in den Tagen des Bombenkriegs grausige Realität. Viele Kinder berichten, dass ihre größte Angst im Luftschutzkeller nicht der Tod ist, sondern die Vorstellung, bei lebendigem Leib verschüttet zu werden.

Manfred Kühn: »Ich glaube, wenn es uns getroffen hätte, der Tod wäre humaner gewesen, als verschüttet zu sein. Denn wir haben es ja gesehen – diese Trümmerberge, wenn wir in die Schule gegangen sind. Da wurde nicht mehr nach den Verletzten gegraben. Es war einfach sinnlos, irgendetwas wegzuräumen, wenn ein paar Stunden später schon wieder die Bomben kamen. Ich habe als Kind immer gehört: ›Da wird ungelöschter Kalk drauf verteilt, damit keine Seuchen ausbrechen.‹«

Manfred Schmidt aus Kiel hat gleich mehrfach erlebt, wie es ist, verschüttet zu werden. Von Frühsommer 1940 bis zum Kriegsende ist die Stadt pausenlosen Bombardements ausgesetzt. Meist flüchtet sich die Familie in einen großen Tiefbunker. Doch das wird immer mehr zu einem Wettlauf mit der Zeit, denn irgendwann ab 1943 fallen zuerst die Bomben, und erst danach folgt der Alarm. Außerdem kann es passieren, dass einer der Bunker bereits überfüllt ist, dann muss man zum nächsten rennen.

Der siebenjährige Manfred wird Zeuge einer gnadenlosen Ellenbogengesellschaft. Kinder werden von alten Männern rücksichtslos beiseitegeschoben, umgerempelt und niedergetrampelt, wenn es darum geht, noch einen der letzten Plätze im Bunker zu ergattern. Mit ihren voluminösen Koffern blockieren sie Platz, der anderen Menschen fehlt, wogegen Vater Schmidt die Familie nur mit leichten Rucksäcken und dem Allernötigsten ausstattet, um beweglich zu bleiben. Die Decken der Bunker sind zu mächtig, um von den Luftminen durchschlagen zu werden. Dennoch sind die Schutzbauten

Kinderzeichnung von Helfried Israel

nicht zwangsläufig sicher. Während eines Angriffs platzen infolge der Druckwelle die Wasserleitungen. Das Wasser steigt und steigt, eine Massenpanik bricht aus. Männer und Frauen schlagen in einem vorweggenommenen Todeskampf um sich, der dann doch noch abgewendet werden kann. Die von den Nazis viel beschworene Volksgemeinschaft bewährt sich nicht in solchen Augenblicken.

Manfred übersteht solche Krisen, ohne sich später an Ängste zu erinnern. Seine Erinnerung an die Verschüttungen beschränkt sich auf einzelne Bilder. Einmal sind sie drei Tage lang in einem Tiefbunker in Gaarden eingeschlossen. Der kleine Bruder schläft meistens, während die anderen zwischen Hoffen und Bangen dahinvegetieren. Und Manfred? Hat die Mutter ihn damals getröstet oder er sie? Er weiß es nicht mehr. Schließlich werden sie von Marinesoldaten befreit. Ein Seil wird um seinen Leib geschlungen, dann wird er durch ein Loch nach oben gezogen. Ein Meter trennt ihn noch von der Erdoberfläche, als plötzlich vor ihm die Hand einer verschütteten Leiche aus dem Schutt schnellt. Vor den Augen Manfreds hackt ein Marinesoldat die Hand des Toten mit dem Spaten ab. Dann erst können sie den Jungen bergen. Das Bild gräbt sich in ihm ein. Nächtelang schreit er im Schlaf.

Als die Familie zu ihrem Haus eilt, brennt es lichterloh. Eine Bombe hat das erste Stockwerk getroffen. Sie selbst wohnen parterre. Die Mutter ruft halb besinnungslos »Ich muss da rein!« und läuft wirklich in die Wohnung. Hinter ihr stürzt eine Decke ein. Als sie aus den Trümmern gerettet wird, hält sie ein halbes Pfund Margarine in der Hand. Verwandte, die in der Nähe wohnen, weigern sich, die Familie aufzunehmen. Zwei Tage und Nächte verbringen sie deshalb vor ihrem niedergebrannten Heim. Abends werden die Kinder in angesengte Teppiche eingerollt – das ersetzt ihr Bett zum Schlafen.

Die Grenze zwischen Tod und Leben ist hauchdünn in dieser Zeit. In Köln wird für den 1933 geborenen Walter Zierold diese Grenze jeden Tag aufs Neue gezogen. Wenn er morgens in die Schule kommt, fehlt immer wieder der eine oder andere Klassenkamerad. Meist haben Luftminen die Keller ihrer Wohnung durchschlagen. Deshalb flüchtet sich Walters Mutter gemeinsam mit Sohn und Tochter in einen Hochbunker. Einmal sind sie zu spät. Die Bomben fallen bereits. Ein Schulfreund von Walter hat mit seiner Mutter Zuflucht in einem Bombentrichter gesucht. »Kommt hierher zu uns«, ruft er. »Hier sind wir sicher!« Die Zierolds hasten dennoch unbeirrt weiter, dem Hochbunker entgegen. Wenige Sekunden später explodiert ein Blindgänger in dem Bombentrichter und tötet alle, die sich dorthin gerettet hatten.

In Köln testet das britische *Bomber Command* neue Wege, um mit Stabbrand- und Phosphorbomben einen Feuersturm zu erzeugen. »Die Menschen, die davon getroffen wurden oder sich in der Nähe befanden, die sind so verbrannt, dass sie nachher klein wie Puppen waren«, erinnert sich Walter Zierold. Zunächst werden die zahllosen Toten von Männern des Reichsarbeitsdienstes und von französischen Kriegsgefangenen abtransportiert. Doch es sind zu viele. Deshalb werden schließlich Kinder wie Walter zum Bergen der Leichen eingesetzt. Er bekommt Handschuhe und muss die auf Puppengröße geschrumpften Menschen in Zinkwannen legen.

»Wir waren keine Kinder mehr«, sagt Walter Zierold. »Wir spielten auch nicht mehr draußen. Wir waren zu ernst. Überall herrschte Trauer, darunter auch Todesangst und Wut. Wut, weil man sich sagte: Wie kann man nur auf Wohngebiete Bomben abwerfen?«

Heilbronn ist eine jener deutschen Städte, die glaubt, einen Angriff nicht fürchten zu müssen. Nichts an dieser Stadt ist kriegswichtig, es gibt keine nennenswerte Industrie, daher auch keine zu terrorisierende Arbeiterschaft. Was es gibt, sind Fachwerkhäuser und Weinstöcke. Deshalb besteht auch kein nennenswerter Luftschutz. Es existieren keine Bunker, nur einige Stollen in den Vororten, öffentliche Schutzräume für weniger als zehn Prozent der Bevölkerung. Die Vorwarnzeit beträgt fünfzehn Minuten. Bis in den Herbst 1944 hinein hat keine einzige Bombe die Stadt getroffen, doch dann fällt wie aus heiterem Himmel eine Luftmine herab, tötet wie aus dem Nichts zweiundzwanzig Menschen und zerstört anderthalb Häuser. Das ist so überraschend, dass in der Bevölkerung der düstere Mythos vom »Bombenkarle« aufkommt, einer Art Zorro, der statt des Degens einen Jagdbomber besitzt und eine persönliche Rachefehde mit der Stadt ausficht. Die Kinder Heilbronns nehmen das alles ganz wörtlich.

In dem halbzerstörten der beiden Häuser wohnt die Familie von Heidi Hoss. Das andere gehört der Nachbarin. Am Morgen nach dem Bombentreffer bietet sich Heidi ein unwirkliches Bild. »Das Nachbarhaus«, erinnert sie sich, »sah aus wie eine Puppenstube. Eine Wand hat komplett gefehlt, und man hat die ganzen Möbel noch in der Wohnung stehen sehen. Ein Teil der eingestürzten Mauer lag im Bett meines Bruders. Und mein Puppenwagen, der mein ganzer Stolz war, lag auf den Trümmern des Nachbarhauses. Und die Puppe darin lag nicht – sie stand aufrecht!«

Am Nachmittag begegnet sie der Nachbarin, einer alten Frau. Sie trägt einen Henkelkorb und pflückt etwas in der angrenzenden Gärtnerei. Heidi wundert sich, denn die Büsche sind zwar noch grün, die Stachelbeeren und Johannisbeersträucher aber längst abgeerntet. Die alte Frau ist auf der Suche nach ihren Kindern. Doch ihre Tochter und ihr Schwiegersohn sind durch die Rache des »Bombenkarle« getötet worden. Nun sind sie nur noch zerfetzte Fleischstückchen, auf Dornen aufgespießt. Heidi bietet als pflichtbewusstes deutsches Mädchen ihre Hilfe an. Sie hilft, ohne Schrecken zu empfinden, aus dem schlichten Gefühl heraus, dass es nicht recht sei, diese Menschen, die auch Heidi gekannt hat, in den Büschen hängen zu lassen. Diese Mutter muss ihre Kinder zurückbekommen, denkt sie. In welchem Zustand auch immer. Sie findet Fleischfetzen und ein Ohr.

Als am 4. Dezember 1944 Heilbronn durch einen Großangriff vollständig zerstört wird, lebt Heidi mit Mutter und Geschwistern schon längst nur noch im Keller des zerstörten Hauses. Heidi erinnert sich, dass es plötzlich hell wurde, obwohl doch eigentlich Nacht herrschte. Taghell ist Heilbronn. Staub und Rauch, Papierschnipsel fliegen umher. Dann weiß sie nur noch, wie sie mit Lieblingspuppe und Lieblingsbuch, *Heidi* von Johanna Spyri, in der einen, den kleinen Geschwistern an der anderen Hand, versucht zum Bahnhof zu kommen, zu Oma und Opa. Doch es gibt keine Straßen mehr dorthin.

»Da waren die Toten schon zum Teil aufgebahrt«, erinnert sich Heidi. »Und unter ihnen war eine schwarze, geschrumpfte Leiche, die aber auf der Seite noch erkennbar bekleidet war. Das war die grüne gestrickte Wolljacke meiner Schulfreundin Elfriede. Von der Wolljacke habe ich geschwärmt, das war eine besondere Strickart, und die Mama von der Elfriede hat mir das Strickmuster mitgegeben für meine Mutter, damit ich auch so eine Strickjacke bekam. Und da bin ich also ganz sicher, ich habe die tote Elfriede liegen sehen neben vielen anderen klein geschrumpften Leichen.«

Bilanz: Beim Angriff auf Heilbronn mit seinen 74 000 Einwohnern sterben in einer Nacht rund 1000 Kinder im Alter bis zu sechs Jahren. Das entspricht zwanzig Prozent aller Opfer, ein für den gesamten Bombenkrieg beispielloses Verhältnis. Insgesamt gesehen sind fünfzehn Prozent aller deutschen Toten des Bombenkriegs Kinder unter vierzehn Jahren. Das Verhältnis zwischen Jungen und Mädchen ist dabei deutlich verschoben, weil die Hitlerjungen schon in jungen Jahren im Luftschutz aktiv eingesetzt – und so regelrecht verheizt – werden. Unter den 75 000 getöteten Kindern des Bombenkriegs finden sich 45 000 Knaben.

Gibt es einen Schutz? Kann es ihn geben? Jutta Boll lebt in einem kleinen Dorf in Ostpreußen. Die Bomber überfliegen den Ort, wenn sie Königsberg angreifen. Deshalb gibt es häufig Alarm. Die 1933 geborene Jutta steht unnennbare Ängste im Keller aus, erbricht sich häufig. Sie kann ja nicht wissen, dass ihr Ort während des gesamten Kriegs keinen einzigen Treffer erleiden wird. Ihre Mutter versucht ihr das schon frühzeitig mit den tröstenden Worten klarzumachen: »Unser Ort ist viel zu klein für die teuren Bomben.«

SAMMELLEIDENSCHAFT

— Ich weiß auch noch, dass wir nach Bombenangriffen uns nicht etwa dafür interessierten, wo die Bomben eingeschlagen waren, welches Haus kaputt war, sondern wo wir die größten Splitter fanden. Und da gab es jeden Tag den Wettkampf, also jeden Tag oder jede Woche, wer die größten Bombensplitter gefunden hatte. Der war dann Sieger.

Dieter Hallervorden, Jahrgang 1935

— Flak- oder Bombensplitter waren damals hoch im Kurs. Wer einen hatte, der war gut angesehen, der konnte alles dagegen tauschen, was er haben wollte. Wir Mädchen waren immer froh, wenn wir den Jungs eins auswischen konnten, wenn wir mehr hatten als sie. Wir hatten ja viel bessere Augen als die Jungs. Ich hatte eine ganze Sammlung in einer Zigarrenkiste, und die größten Stücke waren natürlich die begehrtesten.

Rosemarie Merling, geb. Stamer, Jahrgang 1932

— Selbst in der Zeit des Blitzangriffs auf Coventry sammelten wir die Granatsplitter. Die Stücke aber, die wir am meisten schätzten, waren die Fallschirmschnüre der Luftminen. Sie waren aus schöner Seide, mit einer wunderbar grünen Farbe außen und weiß innen.

Alan Rushton, Jahrgang 1931

— Ich sammelte die Reste explodierter Granaten. Mein Vater zeigte mir oft solche Granaten und sagte, es seien schöne Sterne.

Stéphanie Santamaria, Jahrgang 1936

Aufbruch ins Kinderland

Im Oktober 1940 startet die »Reichsdienststelle KLV« die Evakuierung von Kindern aus den vom Bombenkrieg besonders bedrohten deutschen Städten. KLV steht für »Kinderlandverschickung«. Das Wort »Evakuierung« wird im offiziellen Sprachgebrauch peinlichst vermieden, um in den Familien keine Kriegsmüdigkeit aufkommen zu lassen. Das kostbare jugendliche Menschenmaterial soll geschützt werden. Zudem werden die Mütter an der Heimatfront gebraucht, je mehr Männer in den Krieg ziehen; die Betreuung von mehreren Kindern darüber hinaus ist dann kaum noch möglich. Die Verschickung bedient sich verschiedener Organisationsformen. Pimpfe und Jungmädel im Alter zwischen zehn und vierzehn Jahren werden über die Hitlerjugend in KLV-Lager gebracht, die je nach örtlichen Möglichkeiten in Schulen und Jugendherbergen, aber auch in Klöstern oder halb verfallenen Schlössern untergebracht sind. Oft werden komplette Klassenverbände gemeinsam evakuiert, weil in den späteren Kriegsjahren in den zerbombten Städten kein Schulbetrieb mehr möglich ist. Jüngere Schüler werden dagegen von der Nationalsozialistischen Volkswohlfahrt NSV in Pflegefamilien geschickt. Kinder, die noch nicht in die Schule gehen, reisen gemeinsam mit ihren Müttern zu Gastfamilien. Außerdem fördert die NSV die Verschickung zu Verwandten, indem sie die Fahrtkosten erstattet.

Ursprünglich ist die Kinderlandverschickung als vorübergehende und kurzfristige Maßnahme gedacht, doch der Sieg über England lässt auf sich warten. Aus Wochen werden Monate, sogar Jahre. Ab Mitte 1941 beträgt die Mindestdauer der Verschickung sechs bis neun Monate und wird bei Bedarf verlängert. Manche Kinder verbringen mehrere Jahre in den KLV-Lagern. Elternbesuche sind ursprünglich nicht vorgesehen, doch weil sich die Familien zunehmend der Evakuierung widersetzen, werden sie in größeren Abständen erlaubt und organisiert.

Berlin und Hamburg sind die ersten deutschen Städte, in denen die Kinderlandverschickung anläuft. Rosemarie Heinze setzt gemeinsam mit vier Freundinnen Himmel und Hölle in Bewegung, um zu jenen zu gehören, die bereits 1940 ins KLV-Lager dürfen. Sie stellt es sich wie einen Urlaub vor, den sie sonst mit ihren Eltern verlebt. Es geht in das pittoreske Bad Muskau in der Oberlausitz, und die neue Jugendherberge, die für die nächsten Monate ihr Domizil sein soll, lässt keine Wünsche offen.

Doch dann folgt die große Enttäuschung. Das Mädchen fühlt sich wie in einer Massenhaltung auf dem Hühnerhof. Bei jedem Wetter, selbst bei Schnee oder Sturm, müssen die Kinder am frühen Morgen draußen antreten, um die Fahne

Rosemarie Erdmann, geb. Heinze: Kinderlandverschickung 1940

zu hissen, und mit durchnässter Kleidung ein fröhlich-tapferes Lied über Deutschland singen. Erst dann kann der Unterricht beginnen. Das ist für das an sich begeisterte Jungmädel des Guten zu viel. Formal liegt die Lagerführung bei den Lehrern, doch in Wirklichkeit bestimmen zwei »Lagermädelführerinnen« des BDM über alle Geschicke der ihnen Anvertrauten. »Vor denen haben sogar die Lehrer gekuscht«, erinnert sich Rosemarie. Die verschworene Clique der fünf Berlinerinnen ist den Lagermädelführerinnen bald ein Dorn im Auge, mit Gängelei und ungleicher Behandlung versuchen sie, die Freundinnen auseinanderzubringen. Einmal wird der Kreisamtsleiter der NSDAP zu Besuch erwartet. Auf den hohen Ehrengast müssen sich die Mädchen tagelang vorbereiten, indem sie einen mehrstimmigen Kanon einstudieren. »Sei gegrüßt, Kreisamtsleiter, sei gegrüßt, Kreisamtsleiter, sei gegrüßt, sei gegrüßt, sei gegrüßt, Kreisamtsleiter, Kreisamtsleiter, wir grüßen dich!«, müssen sie vor dem Gast jubilieren. Diese Art der Verdummung bringt für Rosemarie das Fass zum Überlaufen. Sie bittet die Eltern brieflich, sie vorzeitig aus dem Lager abzuholen. Doch die denken nicht daran und sind der Meinung, ihre etwas zu sehr verwöhnte Tochter möge da ruhig noch eine Weile weiterschmoren. Als sich Rosemarie lautstark bei den Eltern beklagt und zugleich zunehmend schlechter behandelt wird, begreift sie, dass die Lagermädelführerinnen die Post der Mädchen öffnen. Also wirft das Mädchen bei passender Gelegenheit ihren nächsten Brief in einen öffentlichen Briefkasten und teilt ihren Eltern mit, wenn sie unter die künftigen Briefe ein Hakenkreuz male, bedeute das: »Holt mich sofort ab!« Fortan verziert sie ihre Briefe aus dem Lager mit so vielen Hakenkreuzen, wie das Papier noch an Platz hergibt. Als sich Rosemarie schon damit abgefunden hat, ein trauriges Weihnachten fern der Familie zu verleben, holt die Mutter sie nach Hause. Das Mädchen ist selig. Von nun an nennt sie die Kinderlandverschickung nur noch »Kinderlandverschleppung«.

Manfred Stiering (links) in der Kinderlandverschickung

Eine höhere Erwartungshaltung hat der neunjährige Manfred Stiering, als mit ihm die Möglichkeit einer Kinderlandverschickung besprochen wird. Die große Hoffnung des Bremers ist, dass es ins Hochgebirge geht, eine Landschaft, von der er nur ungefähre, fantastische Vorstellungen hat. In seinem Atlas ist die Heimat durchgängig grün gefärbt, spannend wird es erst im Süden, wo die Berge, je höher sie werden, von immer dunklerem Braun sind, das schließlich vom Weiß der Gletscher durchsetzt wird. Dann kommt die Nachricht: Es geht nach Singen am Bodensee. Der Junge schlägt den Atlas auf: nicht so tiefbraun, wie er erhofft hatte, doch immerhin ist der Schwarzwald in der Nähe. Vor lauter Reisefieber vergisst der Junge fast, sich am Bahnhof von der Mutter zu verabschieden. Hauptsache, er ist der Erste im Zug, um einen Fensterplatz zu ergattern! Um ihn herum weinende Mütter und heulende Kinder – nur Manfred fragt sich, wann in diesem Frühjahr 1941 der erste braune Fleck im Atlas leibhaftig vor ihm erscheinen wird.

Am Bahnhof in Singen werden die Kinder an die Gasteltern verteilt. Die blonden Mädchen gehen zuerst weg. Dann die adrett zurechtgemachten Knaben. Manfred bleibt als Letzter zurück, bis schließlich doch noch eine Frau verspätet mit dem Fahrrad erscheint: »Sind denn die Kinder alle schon verteilt?« Das Haus dieser Familie beeindruckt den Bremer Jungen sehr. Es ist riesengroß, liegt direkt am Waldrand, und dahinter erhebt sich ein Vulkanberg. Noch mehr beeindruckt ihn die Ankunft des Familienoberhauptes. Der Vater kommt nicht einfach durch die Tür, er durchschreitet sie, groß, kräftig, mit polternden Stiefeln und der Uniform eines hohen SA-Offiziers. Manfred steht auf und sagt: »Guten Tag!« – »Heil Hitler!«, dröhnt es zurück. »Deine Eltern sind wohl Kommunisten?« Was der Junge nicht weiß und der Hauptsturmführer nicht wissen kann: Manfreds Vater ist tatsächlich glühender Antifaschist. Wahrscheinlich denkt man im ländlichen Süden über alle Bewohner der nördlichen Arbeitergegenden so.

Am Esstisch, Suppe löffelnd, spürt Manfred plötzlich einen Kloß im Hals, ein nie zuvor durchlebtes Gefühl überwältigt ihn, und er heult plötzlich lauthals los. Die Gasteltern bringt das nicht aus der Fassung. »Das ist das Heimweh«, sagt die neue Mutter. »Ich bring dich einfach auf andere Gedanken«, brummt der neue Vater und führt Manfred ins Nebenzimmer, wo sich dem Jungen ein Märchenreich auftut, vergleichbar nur mit dem Schatz der Nibelungen. Da gibt es einen Metallbaukasten und eine kleine Dampfmaschine, um die Konstruktionen in Bewegung zu halten, außerdem eine elektrische Eisenbahn und eine Schmalfilmkamera. Besser noch ist die Waffen- und Beutesammlung. Armeepistolen, Colts, Säbel, Degen, dazu Uniformteile, die der Pflegevater im Ersten Weltkrieg in Russland erbeutet hat. Da ist er bei den Ulanen geritten. Und dann sagt der Besitzer all dieser Schätze auch noch einen magischen Satz: »Das ist alles zum Spielen für dich!« Nur das Luftgewehr wird einkassiert, aus Angst um die Fensterscheiben. Aber im Keller gibt es einen Schießstand. Und dann zeigt ihm die Pflegemutter zwei Errungenschaften, die Manfred nur vom Hörensagen kennt: eine richtige Badewanne, in die er auch gleich hineinsteigen darf, und ein eigenes Kinderzimmer. Zu Hause schlafen sie zu viert in einem Raum.

Heimweh hat der Junge von da an nie wieder. Er ist sehr stolz auf den neuen Pflegevater, der als Werkleiter arbeitet. Der Hauptsturmführer ist umgekehrt weit weniger stolz auf seinen Pflegesohn, der nicht einmal das Geburtsjahr von Hitler kennt. Dennoch nimmt er ihn zu SA-Aufmärschen und sonstigen Großveranstaltungen mit. Manfred beginnt, sich ein wenig für seine Eltern in Bremen zu schämen, die bei den offiziellen Feiertagen in der Straße immer die kleinste Hakenkreuzfahne von allen aus dem Fenster hängen, die für eine Reichsmark, mit Reißzwecken angepinnt. Die zu Kundgebungen nie erscheinen können, weil sie plötzlich Migräne oder Magenverstimmung haben.

Gemeinsam mit den Gasteltern besteigt er den Hausberg von Singen, den Hohentwiel. Was er von dort sieht, raubt ihm den Atem. Im Osten das größte Gewässer, das er je gesehen hat: der Bodensee. Obwohl er aus Bremen stammt – an die Nordsee ist er noch nicht gekommen. Im Süden die Schweiz, eine Dunstschicht bedeckt die Voralpen, und darüber ragen, einer Fata Morgana gleich, als gehörten sie schon in das überirdische Himmelreich, die riesigen eisbedeckten Gipfel von Eiger, Mönch und Jungfrau im Berner Oberland. Dunkelstes Braun im Atlas. Als es im Winter wieder nach Hause geht, würde er eigentlich lieber dableiben, in die Pflegefamilie dauerhaft als Sohn aufgenommen werden.

Im Jahr darauf bekommt Manfred seine Jungvolk-Uniform, und weil die Bombenangriffe auf Bremen stetig zunehmen, wird die ganze Schule nach den Sommerferien ins sächsische

Vogtland evakuiert. Bei seinen neuen Gasteltern will er vom ersten Moment an einen guten Eindruck hinterlassen und grüßt den Hausherrn zackig: »Heil Hitler!« Doch der antwortet gemütlich und in breitestem Sächsisch: »Guten Tag …«

»Sei so tapfer wie deine Brüder«, gibt die Mutter Walter Zierold mit auf den Weg, als der Siebenjährige im Dezember 1940 den Weg in die Kinderlandverschickung antritt. Der eine Bruder hat sich zur Kriegsmarine gemeldet – und ist bei einer Seeschlacht mitsamt der übrigen Schiffsbesatzung in den Heldentod gegangen. Der andere Bruder ist bei den Fallschirmjägern.

Der Kleine kämpft im Abteil gegen die Tränen an, als der Zug in Köln abfährt. Vergeblich. Vielen anderen Kindern geht es ähnlich. Erst am zweiten Tag der langen Reise beruhigen sie sich allmählich. Wenn der Zug hält, treten Schwestern des Roten Kreuzes an die Wagenfenster heran und reichen Butterbrote und heiße Milch. Er trägt ein Schild, darauf sein Name, Alter und die Anschrift. Und dann steht da: »Ostpreußen«. Mehr nicht. Viele andere Kinder sind schon eher ausgestiegen. Für Walter endet die lange Fahrt in Allenstein in Masuren. Dort erfährt das Stadtkind erstmals, was Winter wirklich ist. Es liegt tiefer Schnee, ein hochgewachsener junger Mann mit Pelzjacke lädt ihn wortlos auf sein Schlittengespann. Stundenlang geht die Fahrt mit dem Pferdeschlitten. Endlose Wälder. Dann endlich ein kleines Dorf. Doch noch immer sind sie nicht da. Endstation der Reise ist ein einzelnes Gehöft. Eine Petroleumlampe ist das einzige Licht. Es gibt keinen elektrischen Strom und kein fließendes Wasser. Die Bauerfamilie ist fürsorglich, wenn auch mit Arbeit schwer ausgelastet. Reden ist nicht ihre Sache. Tagelang weint das verstörte Gastkind und nimmt kein Essen an. Das Tapfersein will und will nicht funktionieren.

Ein französischer Kriegsgefangener namens Eugène, der ohne wechselseitige Feindbilder in das Hofleben integriert ist, nimmt sich des Jungen an. Als er merkt, dass dieser sich

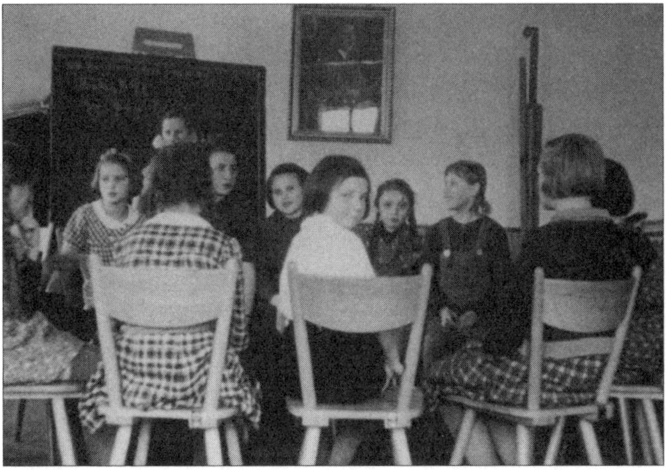

Schulung unter dem Porträt des Führers

tagelang weigert, die hofeigene Latrine zu benutzen, baut er Walter, der von Köln her Wasserklosett und Bad gewöhnt ist, ein eigenes Toilettenhäuschen. Der Kontakt nach Hause ist schwierig, der Briefträger kommt durch die meterhohen Schneeverwehungen oft nicht hindurch.

Dann erlebt Walter, wie der Frühling mit elementarer Gewalt Eisschollen bricht und die Erde wieder zum Leben erweckt. Er beobachtet die Wiederkehr der Störche, die zu Dutzenden auf einer Wiese lagern und dann, einer nach dem anderen, ihre Vorjahresquartiere auf den Scheunendächern der Umgebung beziehen. Walter schließt Freundschaft mit einem Gänserich, der ihm bald überallhin folgt. Tiere werden geboren, die Stute namens Minna lässt nicht einmal den alten Bauern an sich heran, doch Walter darf ihr eben frisch geworfenes Fohlen halten. Er lernt reiten und prescht mit einem alten Hengst, ohne Sattel, mitten in den See hinein. Die Wiedergeburt der Natur, wie er sie in der Stadt nie erleben konnte, wird zu einer Wiedergeburt auch für ihn. Nur wenn ein Brief der Mutter eintrifft, kommt die Traurigkeit wieder hoch, und er verzehrt sich in Sorge wegen der Bomben, die auf Köln fallen.

Gemeinsam mit Eugène fährt er das Pferdefuhrwerk zu weit entfernten Feldern, läuft stundenlang neben dem Pflug her. Sie teilen ihre Wegzehrung, und zwischen ihnen entsteht eine Freundschaft. Eugène wird zu einem Vaterersatz. Walter lernt einen polnischen Jungen kennen, dessen Familie auf einem Rittergut in der Nähe arbeitet. Sie bauen ein Floß und fahren auf dem See, verbringen ganze Tage zusammen, bis er ihn eines Abends vor die Tür seiner Wohnung bringt. Er hört, wie dessen Eltern furchtbar mit ihm schimpfen, danach sieht er ihn nie wieder. Offenbar wollen sie nicht, dass ihr Sohn mit einem Deutschen spielt. Das geschieht zu der Zeit, als die erwachsenen Deutschen gerade die Sowjetunion überfallen haben. Auch der älteste Sohn des Bauern wird als Pionier an die Front geschickt. Jetzt kommt neben dem Brief aus Köln manchmal auch einer aus Russland, worin der Hoferbe schildert, welchen Fluss sie gerade mit ihren Sturmbooten überwunden haben.

Im Juli ist die Kinderlandverschickung beendet. Und nun will Walter gar nicht wieder weg. Die Bauersfrau weint zum Abschied, und die Mengen an selbstgebackenem Brot, Würs-

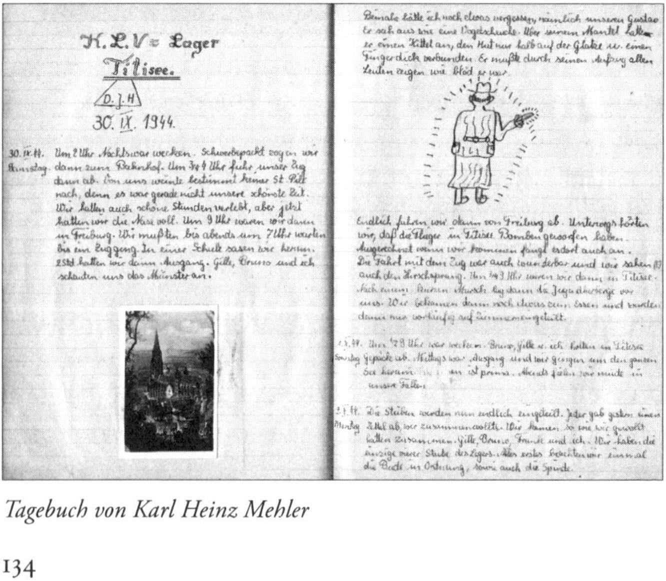
K.L.V = Lager
Tilisee.
D.J.H
30. IX. 1944.

30. IX. 44. Samstag. Um 2 Uhr Nachts war wecken. Schwerbepackt zogen wir dann zum Bahnhof. Um 3/4 4 Uhr fuhr unser Zug dann ab. Von uns weinte bestimmt keiner St. Pilt nach, denn es war gerade nicht unsere schönste Zeit. Wir hatten auch schöne Stunden verlebt, aber jetzt hatten wir die Nase voll. Um 9 Uhr waren wir dann in Freiburg. Wir mußten bis abends um 7 Uhr warten bis ein Zug ging. In einer Schule sasen wir herum. 2 Std hatten wir dann Ausgang. Gille, Bruno und ich schauten uns das Münster an.

Beinahe hätte ich noch etwas vergessen, nämlich unseren Gustav. Er sah aus wie eine Vogelscheuche. Über seinen Mantel hatte er einen Kittel an, den Hut nur halb auf der Glatze u. einen Finger dick verbunden. Er mußte durch seinen Aufzug allen Leuten zeigen wie blöd er war.

Endlich fuhren wir dann von Freiburg ab. Unterwegs hörten wir, daß die Flieger in Titisee Bomben geworfen haben. Ausgerechnet wenn wir kommen fängt es dort auch an. Die Fahrt mit dem Zug war auch wunderbar und wir sahen [illegible] auch den Hirschsprung. Um 3/4 9 Uhr waren wir dann in Titisee. Nach einem kurzen Marsch lag dann die Jugendherberge vor uns. Wir bekamen dann noch etwas zum Essen und wurden dann nur vorläufig auf Zimmer eingeteilt.

1. X. 44. Sonntag. Um 1/2 8 Uhr war wecken. Bruno, Gille u. ich holten in Titisee Gepäck ab. Mittags war Ausgang und wir gingen um den ganzen See herum. [illegible] ist prima. Abends fielen wir müde in unsere Falle.

2. X. 44. Montag. Die Stuben wurden nun endlich eingeteilt. Jeder gab gestern einen Zettel ab, wer zusammen wollte. Wir kamen so wie wir gewollt hatten zusammen. Gille, Bruno, Franz und ich. Wir haben die einzige vierer Stube des Lagers. Als erstes brachten wir einmal die Betten in Ordnung, sowie auch die Spinde.

Tagebuch von Karl Heinz Mehler

ten und Schinkenhälften kann er fast nicht tragen. Seine Mutter empfängt ihn in Köln weinend und verhärmt. Zu Hause hat sich mittlerweile Furchtbares zugetragen. Das alte Haus ist nur noch ein schwarzes Skelett. Alle Spielsachen, alle Dinge, die Walter besessen hat, sind fort. Schlimmer noch sind die Nachrichten vom älteren Bruder. Der hat im Mai an der Luftlandeschlacht um Kreta teilgenommen, bei der über 3000 deutsche Fallschirmjäger ums Leben gekommen sind. Seitdem gilt er als vermisst. Für die Mutter kommt das einer Übersendung der Sterbeurkunde gleich.

Die restlichen vier Jahre des Kriegs erlebt Walter Zierold als spukhafte Odyssee, eine albtraumartige Reise durch Orte und Landschaften, durch Jahre und Jahreszeiten, Begegnungen mit fremden Menschen, die vertraut werden, vertrauten Menschen, die fremd werden.

Die Notunterkunft in Köln ist zu klein für Mutter, Bruder und Schwester. Walter darf vorerst zurück in das ostpreußische Paradies. Der Hund kommt ihm vor Freude mit dem Schwanz wedelnd entgegen, die Bauersfrau nimmt den Jungen in den Arm, ebenso Eugène. Es ist, als wäre jetzt hier seine Heimat. Doch nur für drei Monate. Dann muss er unwiderruflich zurück. Die Mutter hat den Verlust zweier Söhne nicht verkraftet, liegt mit einem Nervenzusammenbruch in der Klinik. Walter kommt zu Ordensschwestern in ein Waisenhaus, bis ihn eine Tante zu sich nach Hause nimmt. Er darf die Mutter nicht sehen, sie schreibt ihm krakelige, kaum leserliche Briefe; dabei hatte sie doch immer eine so schöne gradlinige Handschrift. Ihr Sohn in Kreta ist, wie sich herausstellt, schwer verwundet von griechischen Bauern in den Bergen gefunden und gepflegt worden. Jetzt ist er in einem deutschen Lazarett. Der Mutter geht es langsam besser. Als sie aus dem Krankenhaus entlassen wird, erkennt er sie kaum wieder. Sie ist abgemagert und hat ein von Falten zerfurchtes Gesicht, ihr Blick wirkt seltsam entrückt. Es ist nicht mehr die Mutter, die er gekannt hat.

Eine neuerliche Kinderlandverschickung führt ihn in ein schlesisches Dorf bei Grünberg. Die wesentliche Erinnerung: Der Gauleiter ruft zu einem Aufmarsch. Wer nicht kommt, wird schwer bestraft, glaubt der Neunjährige, der noch nicht einmal beim Jungvolk ist. Ein Mann aus dem Dorf nimmt ihn auf dem Fahrrad mit. Als das Spektakel zu Ende ist, hat Walter keine Ahnung, wie er zurückkommt. Schließlich läuft er die ganze Nacht über durch urwaldähnliches Dickicht, in dem, wenn er den Dorfbewohnern Glauben schenkt, blutrünstige Partisanen und entlaufene russische Kriegsgefangene hausen. Bei jedem Geräusch im Unterholz springt ihn Todesangst an. Erst am Morgen erreicht er das Dorf – und fühlt sich um Jahre gealtert. Ansonsten: der Weg zur Schule ist noch weiter als in Ostpreußen, die Familie lässt ihn schwer arbeiten. Sorgen quälen ihn, weil er seit langer Zeit nichts von Mutter und Schwester gehört hat. Der Dorfschullehrer erlaubt ihm, sein Telefon zu benutzen. Nichts. Dann hört er, dass beide wieder ausgebombt und verschüttet wurden. Fünf Tage lebten sie in der Unterwelt, mit Wanddurchbrüchen gelangten sie in die Keller vierer weiterer Häuser. Doch auch die lagen unter Trümmern. Nach ihrer Rettung sind beide in das sächsische Waldenburg bei Zwickau evakuiert worden.

So macht sich im Herbst 1943 der inzwischen Zehnjährige, ausgestattet mit einer Freifahrtkarte, nach Waldenburg auf. Ein Arbeitsdienstleiter fährt ihn mit dem Fahrrad neunzehn Kilometer bis zum Zug. Er ist das einzige Kind im Zug, der Einzige ohne Uniform. Außer ihm reisen nur Soldaten. Nach unzähligem Umsteigen und verzweifeltem Umherfragen findet er die Mutter. Es geht ihr nicht gut. Die drei Jahre ältere Schwester arbeitet schwer in einer Fabrik, die Granaten herstellt. Dann erreichen Bomber auch die sächsische Provinz. Es gibt nur einen sicheren Ort – das Gewölbe im Ratskeller. Auf dem Weg dorthin schießen Tiefflieger auf alles, was sich bewegt, auch auf Frauen und Kinder. Walters Mutter schreit. Weint. Spricht stundenlang kein Wort. Sie wird in eine Klinik nach Meerane gebracht. Für Walter bedeutet das die nächste Kinderlandverschickung.

Hirschberg im Riesengebirge heißt diese Station seines Lebens. Die Gastfamilie ist sehr freundlich. Dann werden Vater und Sohn eingezogen. Und kurz darauf kommt die Nachricht: Beide sind am selben Tag gefallen. Von diesem unsagbaren Schrecken soll sich der Junge nach dem Willen der Reichsdienststelle KLV in Stolpmünde in Pommern erholen. Der Ort liegt an der Ostseeküste, die Landschaft ist wunderschön. Walter lebt in einer Feuerwache, teilt sich mit dem Feuerwehrmann die Wohnung. Hier erreicht ihn der Krieg, der ihn seit fünf Jahren unaufhörlich verfolgt. Er sieht den Feuerschein der Front. Doch noch einmal kann er fliehen.

Solche Irrfahrten sind keine Seltenheit. Je weiter der Krieg voranschreitet, desto weniger sind die Eltern bereit, ihre Kinder der KLV anzuvertrauen. Das ist scheinbar paradox, wo doch gerade gegen Kriegsende das Leben in den Städten immer gefährlicher wird und die Infrastruktur allmählich zusammenbricht. Doch die Familie ist das Einzige, was noch einen Halt bietet. Sagt man »Auf Wiedersehen«, ist das vielleicht nur noch ein unerfüllbarer Wunsch. Zudem verwischt sich bei den älteren Kindern am Ende die Grenze zwischen Kinderlandverschickung und Fronteinsatz.

Karl Heinz Mehler aus Mannheim kommt im Oktober 1943 bei seiner zweiten Kinderlandverschickung ins Elsass. Der Tagesablauf ist streng geregelt. Sieben Uhr Aufstehen, Waschen, Flaggenhissung und Tageslosung, Frühstück. Dann Schule, unterbrochen durch eine Marmeladenbrotpause. Mittagessen, danach Bettruhe, obwohl die Jungen vierzehn Jahre alt sind. Anschließend Hausaufgaben. Für Geländespiele und Sport ist die HJ zuständig. Schließlich Stubenreinigung, Abendessen, Gesundheitskontrollen. Um 21 Uhr 30 ist Zapfenstreich.

»Nationalsozialist wird man nur im Lager und in der Kolonne!«, lautet eine Parole des NS-Erziehungsministers Rust. Im Fall des jungen Karl Heinz Mehler wird diese These bestätigt. Im Mai 1944 meldet sich der Fünfzehnjährige freiwillig zur Marine. Als er seinem Vater davon erzählt, sagt der: »Du bist alt genug, du musst wissen, was du tust.« Aber auch wenn er abraten würde, er könnte es nicht verhindern. Und die Mutter? Sie hat davon zeitlebens nichts erfahren. Im September rücken die Alliierten schon so rasch vor, dass das KLV-Lager aus dem Elsass in den Schwarzwald bei Titisee verlegt werden muss. Karl Heinz bleibt dennoch optimistisch. Am 19. Oktober 1944 vertraut er seinem Tagebuch an: »Der Führer befahl alle Männer von 16 bis 60 Jahren unter die Waffen. Es wurde ein neuer Wehrmachtsteil, der Volkssturm, gebildet. Wir hier möchten am liebsten auch an einer Stelle dem Vaterlande helfen. Es wäre bestimmt besser, wir wären in einer Fabrik oder bei den Luftwaffenhelfern, als dass wir hier die Zeit vertrödeln und uns mit Französisch herumärgern.«

Doch ein wenig muss sich der Junge noch gedulden, der unbedingt ein Held werden will. Im März 1945 wird er auf einen Führernachwuchslehrgang geschickt, den er als Lagerbester beendet. Boxen steht auf dem Programm, harter Drill bis zur Schikane, vor allem ideologische Schulung. Keine Ausbildung an Waffen. Zur selben Zeit bekommt der Vater in Mannheim den Einberufungsbefehl für den Sohn zur Marine zugestellt. Der aber ist in der Kinderlandverschickung!

Einige aus dem KLV-Lager setzen sich inzwischen nach Mannheim ab – zu den Amerikanern. Für Karl Heinz sind das Verräter. Die Devise lautet: »Rückzug bis in die Alpenfestung, und von dort werden wir Deutschland wiedererobern!« Am 10. April werden die Jungen in Titisee von einer Ärztin untersucht. Es ist eine Musterung fürs Militär. Einige schwächliche Kinder werden ausgesondert und nach Hause geschickt. Manche von ihnen weinen bitterlich, weil sie nicht an die Front dürfen. Passend zu Hitlers Geburtstag am 20. April werden die Jungen in Schonach vereidigt. Dann beginnt ihr Weg in die »Alpenfestung«. Die Franzosen sind nur noch wenige Kilometer entfernt. Der erste vermeintliche Feindkontakt ereignet sich im Allgäu: Die Jungen schießen wild auf Lkws, die sie für französisches Militär halten. Ein Mann wird getötet. Es ist ein Deutscher, Angehöriger des Reichsarbeitsdienstes.

Die Reichsdienststelle KLV evakuiert bis Kriegsende mehr als zwei Millionen Kinder. Für den Dortmunder Historiker Gerhard E. Sollbach ist es die »größte Binnenwanderung in der Menschheitsgeschichte«.

VERBOTENE MUSIK

— Für die Kinderlandverschickung wurden welche vom Jungmädelbund gesucht, die die Kinder mit den Lehrerinnen betreuen. Ich war gerade fünfzehn geworden, als es nach Sellin auf Rügen ging. Wir Betreuerinnen sind dann, wenn die Kinder Unterricht hatten, an den Strand gegangen und haben auf dem Grammofon Jazz gehört, sogenannte Negermusik. Das war natürlich gefährlich. Ich hab eine Heidenangst gehabt, aber ich bin doch mitgegangen.

Elfriede Wilhelm, Jahrgang 1928

— Ich habe immer, wenn meine Mutter einkaufen ging, die Türen zugemacht und BBC angestellt. Da gab es, von Richard Tauber gesungen, verbotene Lieder von jüdischen Komponisten. Und Louis Armstrong habe ich da zum ersten Mal gehört. Diese ganze deutsche Schnulzenmusik, die damals im Radio kam, und dieser Wagner – Sie können sich gar nicht vorstellen, wie ich das heute noch hasse.

Dr. Cäcilia Verheyden, Jahrgang 1935

— Ich war auch so leichtsinnig. Ich konnte wunderbar pfeifen, so gut wie Ilse Werner mal gepfiffen hat. Und eines Tages hörte ich eine ganz wunderbare Musik, das war der »Yankee Doodle«. Und ich pfiff dann auf der Straße immer fröhlich meinen »Yankee Doodle«. Eines Tages gingen zwei Männer an mir vorbei, überholten mich, der eine drehte sich so halb um und sagte zu mir: »Du, es ist noch nicht so weit, warte noch ein bisschen.«

Günter Kunert, Jahrgang 1929

»Todesanzeige unzulässig« – Kinder und Widerstand

Im Alter von sechs Jahren wird die 1935 geborene Cäcilia Verheyden wegen einer Infektionskrankheit in einem Diakonissenkrankenhaus behandelt. Nach der ersten Nacht auf der Station trampelt plötzlich, angeführt von der Oberdiakonisse, ein Trupp von Männern in das Krankenhaus, deren Uniformen nur notdürftig von übergeworfenen Arztkitteln verdeckt werden. Sie ziehen das Kind aus und interessieren sich offensichtlich nicht für die Diphtherie, sondern für die körperliche Behinderung des an Dysmelie leidenden Mädchens. Immer wieder hört Cäcilia ein Wort, dessen Bedeutung sie nicht kennt und dessen bedrohlicher Klang ihr dennoch Todesängste einjagt: »Hadamar«. Sie weiß nicht, dass in der Psychiatrischen Klinik im hessischen Ort Hadamar seit Januar 1941 Behinderte sowie psychisch Erkrankte durch Gas, Injektionen und Verhungern ermordet werden. Doch von dem Euthanasieprogramm der Nazis weiß das Kind, seit sie eine Sendung der BBC gehört hat. »Jetzt haben sie dich doch erwischt«, denkt sie. »Die holen mich in ein Heim und lassen mich mit ganz vielen anderen behinderten Kindern, die weinen und jammern, in einem Saal schlafen, ohne ein vernünftiges Bett. Und dann lassen sie mich hungern und verhungern.«

In diesem Augenblick öffnet sich die Tür, und der Großvater, den eine Art siebter Sinn die Nacht über nicht schlafen lassen hat, betritt gemeinsam mit dem Pastor die Station. Der alte Kirchenmann überschüttet die Männer mit einer Schimpfkanonade, nennt sie »dreckige Hurenböcke«. Die überraschten

Pseudoärzte ziehen die Köpfe ein und verschwinden. Weil Cäcilia wegen ihrer Diphtherie auf die Isolierstation muss, wechseln sich der Großvater und einige alte Männer aus der Kirchengemeinde vor dem Krankenzimmer des Mädchens ab und halten Wache, damit niemand das Kind abholen kann. Für den Pastor hat sein mutiger Einsatz ein sofortiges Nachspiel. Als er ins Pfarrhaus zurückkehrt, wartet schon die Gestapo auf ihn, um ihn zu verhaften. Verhöre und Folterungen muss er über sich ergangen lassen; aus dem Kirchenamt wird er auf der Stelle entfernt.

1942 droht Cäcilia wieder tödliche Gefahr. Alle Schulkinder des Ortes werden evakuiert. Für das behinderte Mädchen würde eine Kinderlandverschickung ohne den Schutz der Familie in Hadamar oder an einem anderen Ort des Schreckens enden. Doch ein Freund der Familie dringt ins Schulamt ein und entwendet die Karteikarte des Mädchens. Es ist, als hätte es sie nie gegeben. Sie lebt nun weitgehend versteckt und kann nur auf das Ende der Naziherrschaft hoffen.

Wenig später darf sie aus besonderem Anlass doch einmal das Haus verlassen. Ein aus Duisburg stammender Freund der Familie namens Harro Schulze-Boysen besucht von Berlin aus seine Mutter. Cäcilias Großvater weiß, dass Schulze-Boysen zum Widerstand gehört, und er weiß auch, dass er seiner Enkelin hundertprozentig vertrauen kann. Der Oberleutnant der Luftwaffe soll dem Mädchen glaubhaft machen, dass es Menschen gibt, die sich gegen Hitler zur Wehr setzen, die dem Regime ein Ende bereiten werden. Schulze-Boysen erzählt von Flugblättern, die sie verteilen oder heimlich an Wände kleben. Er erwähnt auch einen Freund namens Rittmeister. Daraufhin stellt sich das Kind einen Rittmeister auf weißem Pferd vor, der mit gezogener Waffe gegen Hitler reitet. Was Cäcilia nicht erfährt, ist, dass sich die Gruppe namens »Rote Kapelle« keineswegs nur aufs Flugblattdrucken beschränkt, sondern bereits seit 1940 militärische Informationen an die Sowjetunion weitergibt und dabei auch vor dem bevorstehenden Überfall gewarnt hat, allerdings ohne bei Stalin Gehör zu finden. Es ist der letzte Besuch von Schulze-Boysen in der Heimatstadt. Im Juli 1942 wird er verhaftet und im Dezember in Berlin-Plötzensee gehängt. Der Psychoanalytiker und Widerstandskämpfer John Rittmeister stirbt 1943 durch das Fallbeil.

Trotz der Warnungen durch die »Rote Kapelle« trifft der Überfall der Deutschen im Juni 1941 die Sowjetunion unvorbereitet. Doch in den besetzten Gebieten formieren sich sehr schnell starke und gefürchtete Partisanenverbände.

Die bewaffnete Widerstandsbewegung Weißrusslands gilt als eine der stärksten Europas. Zu Beginn des Krieges begrüßen viele Weißrussen, insbesondere in den westlichen Gebieten des Landes, den Einmarsch der Wehrmacht als Befreiung vom stalinistischen Terror. Doch die Besatzer setzen schlicht ihre eigene Ideologie von »Herren-« und »Untermenschen« durch. Zur Eindämmung der Partisanenbewegung gründen die Deutschen spezielle Bandenbekämpfungstruppen. Gefangene Partisanen werden auf der Stelle erschossen oder erhängt, der bloße Verdacht reicht. Ganze Dörfer werden als angebliche »Partisanennester« zerstört.

In der Regel vermeiden es die Partisanen, Kinder in ihre Aktionen miteinzubeziehen, um sie zu schützen. Der Zehnjährige Iwan Antonow aus Budniza, einem Dorf bei Wizebsk, ist eine Ausnahme. Im Sommer des Jahres 1941 erobert die deutsche Wehrmacht Weißrussland innerhalb weniger Wochen. Die Heimat Iwans liegt in einer märchenhaft schönen, weiten Landschaft und ist geprägt von bäuerlicher Kultur. Alte Holzhäuser, Pferdegespanne und Handwerkskunst prägen das Dorfbild.

Seine erste Erinnerung an den Krieg ist gleichzeitig die schlimmste. Es ist Ende 1942. Deutsche Soldaten sind in Iwans Dorf eingedrungen und brennen es nieder. Dunkle Rauchwolken bedecken den Himmel, die Luft flimmert, die Bewohner fliehen. Doch die wenigsten können entkommen.

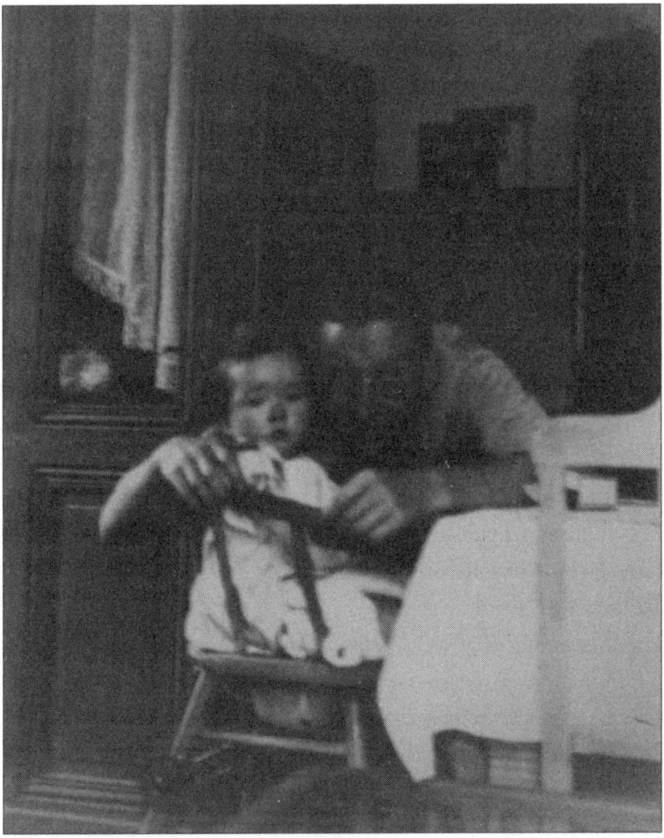

Cäcilia Verheyden, vom Vater beschützt

Sie werden in eine Baracke getrieben, Iwan ist unter ihnen. Von allen Seiten wird Kerosin auf die labilen Holzwände gegossen, die Menschen schreien vor Angst. Sie sollen mit dem Gebäude verbrannt werden. Durch einen Spalt sieht Iwan, was draußen vor sich geht. Schäferhunde umkreisen sie und springen kläffend an der Außenwand hoch. Plötzlich kommt ein Soldat auf einem Motorrad ins Dorf gefahren und verliest eine Nachricht. Iwan kann nicht verstehen, was er sagt, aber die Türe öffnet sich und die Menschen stürzen ins Freie. Doch die Erleichterung währt nicht lange. Sie werden zusammengetrieben und müssen den Marsch in ein Internierungslager antreten.

Iwans jüngere Schwester Sonja wurde zwei Wochen vor Kriegsbeginn geboren. Gemeinsam mit seiner Mutter Agrippina und der jüngeren Schwester gerät er in die Gefangenschaft. Fünf Monate hausen sie im Lager, in dem Hunger, Typhus und Fleckfieber grassieren. Zur Abschreckung vor Fluchtversuchen und Widerstand veranstalten die Soldaten nach Belieben »Führungen« durch das Lager, bei denen sie zufällig ausgewählte Kleinkinder in einen Brunnen werfen oder wahllos Erschießungen vornehmen. Diese Erlebnisse kann Iwan nicht vergessen. Der Terror verfehlt seine Wirkung nicht. Iwans Mutter kann häufig nicht mehr an sich halten und weint viel. Davon angesteckt, aber ebenso wegen des Hungers, weint auch die kleine Sonja oft ohne Unterlass. Iwan versucht, stark zu bleiben und die Mutter, so gut er kann, zu trösten.

Als die Rote Armee 1943 auf dem Vormarsch ist, werden die Gefangenen in Züge nach Deutschland verladen. Iwan wird Zeuge, wie ein Soldat einen alten Mann erschießt, weil dieser sich nicht schnell genug zum Zug begeben hat. Seine Enkelin bricht weinend über dem Ermordeten zusammen. Ein weiterer Schuss fällt, und auch das Mädchen ist tot. Der Soldat schaut sich um und sieht Iwans Mutter, die Sonja auf dem Arm trägt. Langsam geht er auf sie zu und hält ihr die Pistole an die Schläfe. Angst und Entsetzen sind ihr ins Gesicht geschrieben, doch Iwan reagiert intuitiv richtig. Er reißt ihr die Schwester vom Arm und schubst die Mutter in Richtung des Waggons, bevor der Transport gen Westen rollt.

Dann wendet sich ihr Schicksal. Dreißig Kilometer nördlich von Minsk überfallen Partisanen den Zug und befreien die Gefangenen. Auf Schlitten bringen sie die entkräfteten Menschen in Sicherheit. Iwan kann sein Glück kaum fassen. Fortan hilft er den Partisanen, wo er kann. Er lernt schießen und Waffen reinigen und geht mit auf Patrouillengänge. Bis zur Befreiung bleibt Iwan mit Mutter und Schwester im Partisanengebiet.

Als die Rote Armee die Wehrmacht 1944 über die Grenze zurückdrängt, sind ganze Regionen Weißrusslands entvölkert. Rund ein Viertel der ehemals zehn Millionen Einwohner sind umgekommen, zweihundert Städte und neuntausend Dörfer dem Erdboden gleichgemacht.

Tatjana Popkowitsch, genannt Tanja, ist dreizehn Jahre alt, als die Deutschen Weißrussland besetzen. Die Überraschung ist groß, als sie eines Morgens aufsteht und das Dorf bereits voller deutscher Soldaten ist. Überall Fallschirmjäger und Panzer, die Okkupation ist buchstäblich über Nacht geschehen. Das Dorf Tschudy, in der Nähe von Minsk, mit seinen zehn Siedlungen hat bis zu diesem Morgen wenig vom Krieg mitbekommen, und die Hauptstadt selbst ist noch nicht eingenommen. Die Selbstverständlichkeit, mit der die Deutschen sich in Tschudy aufhalten, ist erstaunlich. Mit rudimentären Russischkenntnissen kommen sie in die Häuser und fragen unbeholfen: »Mutter Eier?«, »Mutter Speck?« und »Mutter Milch?«. Die freundlichen Landfrauen haben Mitleid mit den oft blutjungen Soldaten und geben, was sie können. Hier werden die Deutschen freundlich aufgenommen. Geduldig hat die Bevölkerung das Gezerre zwischen Hitler und Stalin um seine Zugehörigkeit mitgemacht. Am besten ging es in der kurzen Zeit, als Weißrussland unabhängig war. Es gibt die Hoffnung, dass die Deutschen vielleicht doch die leidigen Sowjets ablösen.

In der Nacht schleichen sich die Partisanen ins Dorf. Sie nehmen sich, was sie zum Überleben in den Wäldern brauchen. In kürzester Zeit hat die Dorfbevölkerung nicht mehr genug für die eigene Versorgung.

Tanjas Brüder wollen an die Front. Gleich am ersten Tag melden sie sich im Wehrdienstbüro. Ihr jüngster Bruder Aleschka und der Vater bleiben zurück. Doch bald schon schließt sich der Bruder den Partisanen an. Das Verhältnis zu den Deutschen hat sich ins Gegenteil verkehrt, seit bekannt ist, dass sie Dörfer in Brand stecken und unschuldige Frauen und Kinder ermorden. Obwohl es nicht ganz ungefährlich ist, setzt der Vater Tanja als Kurier ein. Ohne den Inhalt genau zu kennen, bringt sie ihrem Bruder Pakete zu vereinbarten Treffpunkten. Manchmal sieht sie, wie der Vater einen Zettel in die Päckchen schiebt, manchmal bringt sie dem Bruder auch einfach nur einen Korb mit Brot, Wäsche oder Stiefeln. Tanja ist ein Wildfang und übernimmt die Botengänge gern. Ihr ist klar, dass sie sich nicht erwischen lassen darf, und auch die Mutter schärft ihr immer wieder ein, dass sie die Deutschen in jedem Fall meiden muss. Für ihren Bruder würde Tanja jedoch alles geben – auch das eigene Leben.

Eines Morgens früh um fünf weiß Tanja nicht, wie ihr geschieht. In der Morgendämmerung des 26. August verschaffen sich drei Wehrmachtsoldaten mit brachialer Gewalt Einlass in ihr Haus. Sie hört, wie der Vater aus dem Bett, in den Flur, dann vor das Haus gezerrt wird. Alles geht sehr schnell. Als Tanja aus der Haustür tritt, sieht sie nur noch, wie einer der Soldaten auf den Vater zielt und im nächsten Moment schießt. Ihre Mutter bricht zusammen, gnadenlos schlägt einer der Soldaten mit dem Gewehrkolben auf sie ein und bedeutet ihr, dass sie im Vorgarten ein Loch graben soll. Darin wird der Leichnam notdürftig verscharrt. »Das letzte Bild, das ich von meinem Vater habe, ist, wie er fällt. Wir haben angefangen zu schreien, standen da, haben geweint. Es hat uns am ganzen Körper geschüttelt. Zu der Zeit hat man gerade die Kühe auf die Weide geführt. Die Kühe weigerten sich, wollten nicht gehen. Haben vielleicht das menschliche Blut gerochen. Sie wollten jedenfalls nicht die Straße entlanggehen, diese Kühe. Sie stellten sich auf die Hinterbeine. Die Kühe haben für sich geschrien, wir für uns. Es war grauenhaft.«

Dann wird die Familie verhaftet. Der Dorfälteste hat sie verraten – hat den Deutschen erzählt, dass Vater und Sohn Partisanen sind und Tanja heimliche Übergaben macht. Zwei

Wochen werden sie in einem Keller gefangen gehalten, dann in ein Internierungslager verlegt. Mal um Mal wird das junge Mädchen verhört. »Wo sind die Partisanen?«, »Wo ist Ihr Trupp?« – doch Tanja weiß es tatsächlich nicht. Immer qualvoller werden die Verhöre, bis die Deutschen beginnen, sie zu foltern. Sie fesseln die Vierzehnjährige auf einen elektrischen Stuhl und jagen immer neue Stromstöße durch ihren zarten Körper. Tanja spürt vor Schmerz den eigenen Körper nicht mehr. Wehrlos zuckt ihr Leib, wie eine Marionette. Bevor sie ohnmächtig wird, schickt sie ein Stoßgebet gen Himmel, dass der liebe Gott sie schnell sterben lasse, damit diese Qual aufhöre.

Doch sie stirbt nicht. Ein langer Leidensweg steht ihr noch bevor, der sie über Gefangenschaft und Zwangsarbeit bis nach Düren in Westdeutschland führt. Das Kriegsende erlebt sie im Rheinland, wo die Amerikaner sie 1945 befreien. Wurde sie in Deutschland als »Russensau« beschimpft, erwartet Tanja nach ihrer Rückkehr in die Heimat statt Wiedersehensfreude die Titulierung als »Deutschenhure«. Selbst von der eigenen Verwandtschaft wird sie nun gemieden.

Zu den größten Widerstandsbewegungen zählt die französische Résistance. Die keineswegs einheitlich organisierte Bewegung formiert sich gegen die deutschen, aber auch italienischen Besatzer ab 1940. Jean-Louis Cholet, dessen Vater in der Résistance ist, ahnt lange nichts von dessen Rolle im Widerstand – im Gegensatz zum militärischen Abwehrdienst der Wehrmacht, dem es zu Beginn der Vierzigerjahre gelingt, alle wichtigen Gruppen der Résistance zu unterwandern.

Im März 1942 klingelt es eines Nachts an der Tür. Zu diesem Zeitpunkt herrscht in Paris eine nächtliche Ausgangssperre, und so ist die Familie verwundert, wer um diese Zeit noch kommen mag. Es sind drei Herren von der Abwehr, in schwarzes Leder gekleidet. Sie geben dem Vater den knappen Befehl, seine Sachen zu packen. Dieser hat zuvor schon den Jungen angewiesen, im Bett zu bleiben. Während einer

Tatjana Popkowitschs Vater: Nur dieses eine Bild hat den Krieg überdauert

der Männer alle Schränke aufreißt und wahllos durchsucht, wirft der Vater im Vorbeigehen Jean-Louis ein kleines Heft zu. »Versteck das!« Der Junge tut, wie ihm geheißen, steckt das Heft unter sein Kopfkissen und steht nicht einmal mehr auf, um den Vater zum Abschied zu umarmen, aus Angst, das Heft könnte unter dem Kissen entdeckt werden. Als die Männer mit dem Vater die Wohnung verlassen haben, versucht Jean-Louis die Mutter zu trösten: »Keine Angst, Vater hat mir dieses Heft gegeben.« Doch für die Mutter ist das kein Trost.

Sie nimmt das Heft an sich und verbrennt es sogleich im Waschbecken. Keine Woche später tauchen Mutter und Sohn unter und fliehen für eine Zeit nach Südfrankreich.

Als sie im Herbst nach Paris zurückkehren, ist der Vater immer noch in Fresnes inhaftiert. Zwar können sie ihn nicht besuchen, aber immerhin darf er Pakete empfangen. Und so bringen Jean-Louis und seine Mutter regelmäßig Lebensmittel und Kleider in die Haftanstalt. Die Fahrt zum Gefängnis, das am südlichen Stadtrand von Paris liegt, erlebt der Knabe stets wie einen Ausflug. Am Eingang des Gefängnisses herrscht reger Betrieb. Das Paket wird registriert, durchsucht und darf dann passieren. Im Gegenzug dürfen sie die schmutzige Wäsche des Vaters mitnehmen, der auf Zigarettenblättchen Nachrichten für die Familie aus dem Gefängnis schmuggelt. Die dünnen Papierfetzen sind notdürftig an den Kragen seiner Hemden befestigt. Die Nachrichten für Jean-Louis sind die eines besorgten Vaters. Der Junge soll brav sein, in der Schule gut mitarbeiten und wissen, dass der Vater ihn liebt.

Ein Jahr nach seiner Verhaftung beginnt der Prozess. Jeden Morgen wird der Vater mit einem Gefangenentransport in die Innenstadt zur Place de la Concorde gebracht, wo die Verhandlungen stattfinden. Der Transporter hält kurz in der Straße, und für etwa eine halbe Minute ist der Vater zu sehen. Damit Jean-Louis wenigstens diese Augenblicke bleiben, gibt ihm der Direktor seiner Schule die Erlaubnis, später zum Unterricht zu kommen. Tag für Tag begibt sich Jean-Louis am frühen Morgen in die Innenstadt, um den Vater von Weitem mit kleinen Handzeichen aufzumuntern.

Der Prozess endet für den Vater mit dem Todesurteil. In der Zeit bis zur Vollstreckung des Urteils darf die Familie ihn besuchen. Doch sie sehen ihn nur hinter Gittern und unter der Aufsicht eines deutschen Wärters. Diese gemeinsame Zeit ist immer zu knapp, und eine kurze Umarmung am Ende ist alles, was ihnen an Nähe bleibt. Am 13. Mai 1943 sieht Jean-Louis seinen Vater zum letzten Mal.

Auch in Deutschland formiert sich in der Zivilbevölkerung Widerstand. Eine Vielzahl von kaum bekannt gewordenen Männern und Frauen bietet, zumeist unter Einsatz des eigenen Lebens, der nationalsozialistischen Willkür vor der eigenen Haustür mutig die Stirn. Es gelingt ihnen zwar nicht, die Herrschaft der Nazis ins Wanken zu bringen. Aber die damit verbundenen Risiken bedeuteten für die ganze Familie erhebliche Gefahren.

Der siebenjährige Hans Hanf-Dressler aus Frankfurt am Main weiß nicht, dass sein Vater ein gefährliches Leben führt. Der angesehene Arzt versteckt Juden, indem er sie unter falschen Namen im Krankenhaus beschäftigt, und unterhält Kontakte zu Widerstandsgruppen. Er stellt Strafanzeigen wegen Mordes, wenn er bei verstorbenen Gefangenen oder älteren Patienten unverfängliche Todesursachen bescheinigen soll, die der eigenen Diagnose widersprechen. Doch dass der Vater ein entschiedener Nazigegner ist, können die Eltern vor dem aufgeweckten Jungen nicht geheim halten. Zu temperamentvoll ist der Vater. Der reißt auch schon mal vor den Kindern ein Hitlerbild im Wartezimmer seiner Praxis von der Wand und zertrampelt es, weil er gerade vom Tod eines Freundes im KZ Dachau erfahren hat. Die Eltern versuchen dem Jungen beizubringen, nach außen hin mit »Heil Hitler!« zu grüßen und in der Schule keine kritischen Fragen zu stellen, obwohl der Vater Hitler ablehnt. Manchmal sind Besucher bei ihnen zu Gast, deren Namen der Jungen wieder vergessen, deren Gesichter er sich am besten nicht merken soll. Das ist leichter gesagt als getan, zumal er erfährt, dass andernfalls diese Menschen ins Gefängnis kommen können, vielleicht sogar hingerichtet werden. Dieser Zwiespalt ist für Hans schwer zu bewältigen.

1941 ist er im Zug unterwegs, als ein SS-Offizier den blondgelockten und blauäugigen Jungen jovial fragt: »Na, mein Junge, ist dein Vater auch im Feld?« Hans ist beleidigt: »Mein Vater ist kein Bauer.« – »Korn bauen wir auch nicht an«, lacht der SS-Mann. »Ich meinte ›im Feld der Ehre‹. Ist dein Vater im Krieg?« – »Der ist doch Arzt«, wehrt Hans ab. – »Aber auch Ärzte müssen in den Krieg!« – »Meiner nicht«, trumpft der Junge auf, »der ist doch nicht dumm. Der macht sich dann einfach krank.« Zum Glück löst die Situation bei den Mitreisenden im Abteil Gelächter aus. Sie hätte den Vater auch ins KZ bringen können.

Kurt Hanf-Dressler hat einen sehr mächtigen Patienten, den Gauleiter und Reichsstatthalter von Hessen, Jakob Sprenger. Weil er ihn nicht verlieren will, hält Sprenger des Öfteren die schützende Hand über seinen Arzt. Dieser jedoch nutzt den Spielraum bis an die äußerste Grenze aus. Ab 1943 flieht die Familie vor dem Bombenkrieg in eine Hütte im Spessart. Dort versteckt der Vater bis zu zehn Deserteure, Juden, von der Gestapo Gesuchte. Besonders riskant ist, dass deren Anwesenheit weder vor den Bauern, die die zusätzlichen Esser mitversorgen müssen, noch vor dem inzwischen neunjährigen Sohn geheim gehalten werden kann. Doch alles geht gut.

Der 1932 geborene Heinz Hummler stammt aus einfachen Verhältnissen. Die Familie wohnt in einem Stuttgarter Arbeiterviertel, wo niemand eine Hakenkreuzfahne aus dem Fenster hängt. Er hat ein inniges Verhältnis zu seinem Vater Anton, den er ab 1942 allerdings kaum noch sieht, denn von da an ist der Vater in Hildesheim in einem Rüstungsbetrieb der Firma Bosch als Maschineneinsteller dienstverpflichtet. Nur ein Mal im Vierteljahr gibt es Urlaub, dann gehen sie ins Freibad, veranstalten Picknicks.

Am 22. September 1943 klingelt es um fünf Uhr morgens an der Wohnungstür: »Hausdurchsuchung, Geheime Staatspolizei!« Die Mutter wird ohnmächtig. Ein Gestapo-Mann steigt über sie hinweg und fragt den Elfjährigen: »Hat sie das öfter?« Dann werden Wohnung und Keller durchsucht. Dass unter dem Kohlenhaufen ein Abziehapparat verborgen ist, weiß der Junge nicht. Die Gestapo findet das Versteck nicht, doch der Vater ist bereits in Hildesheim verhaftet worden, ebenso wie ein enger Freund in Stuttgart. Als die Mutter wieder zu sich kommt, schickt sie den Jungen erst einmal in die Schule. »Wenn die Schule aus ist, kommst du heim, und dann reden wir darüber.« Es sind für den Jungen die längsten Stunden seines Lebens.

»Bub, dein Vater hat nichts Schlechtes getan«, erklärt ihm die Mutter. Zusammen mit seinen Freunden habe er etwas gegen den Krieg unternommen. Als Heinz später einmal den Begriff »Kommunisten« erwähnt, sagt die Mutter: »Kommunisten sind nicht so schlecht, wie man dir erzählt.« – »Warum denn?«, fragt der Sohn. – »Du kennst auch welche.« Und plötzlich wird dem Jungen klar, dass sein Vater Kommunist ist. Gemeinsam mit der Mutter fährt er zum Gefängnis in Stuttgart. Dort holen sie die schmutzige Wäsche des Vaters ab und tauschen sie gegen frische aus. Besuchen dürfen sie Anton Hummler nicht. Einmal gelingt es dem Vater, einen Kassiber aus dem Gefängnis zu schmuggeln – er enthält die Namen der Verräter, derentwegen die Gruppe aufgeflogen ist. Die Mutter schreibt die Botschaft mehrfach ab und steckt sie Bekannten als Warnung in den Briefkasten, bei denen sie eine antifaschistische Gesinnung vermutet.

Wenige Wochen nach der Verhaftung des Vaters wird ihr Haus von Brand- und Sprengbomben zerstört. Die Mutter muss mit Heinz und seinen kleineren Schwestern in zwei Zimmer einer Notunterkunft ziehen. Obwohl sie keine Ernährungsgrundlage haben, werden ihnen Beihilfen verweigert: »Ihr Mann ist ein politischer Verbrecher. Solche wie Sie erhalten von uns keine Fliegerschadenhilfe.«

Dass er um das Leben seines Vaters fürchten muss, kann sich Heinz nicht vorstellen. Es hat ja noch kein Gerichtsverfahren stattgefunden, und die Alliierten rücken unaufhaltsam zur deutschen Grenze vor. Er rechnet mit der Einweisung des Vaters in ein KZ, doch der wird 1944 in das Zuchthaus Brandenburg-Görden überstellt. Im August dieses Jahres kommt völlig unerwartet die Nachricht, der Vater sei vom Volksge-

Zwölfjähriger als Kindersoldat bei der Roten Armee, 1942

richtshof wegen »Vorbereitung zum Hochverrat« zum Tode verurteilt worden. Die Mutter reicht über einen Anwalt Gnadengesuche ein, und Ende September reist sie nach Brandenburg. Dort erhält sie die Mitteilung: »Sie können Ihren Mann nicht mehr besuchen, der lebt nicht mehr.« Erst Wochen später kommt die offizielle Mitteilung: »Wir teilen Ihnen mit, dass Ihr Mann hingerichtet wurde. Die Veröffentlichung einer Todesanzeige ist nicht zulässig.« Zu diesem Zeitpunkt haben die US-Truppen mit Aachen bereits die erste deutsche Stadt eingenommen.

Was den Kindern von Widerstandskämpfern im besten Fall bleibt, sind Abschiedsbriefe. Doch bei Weitem nicht alle haben die Möglichkeit, letzte Gedanken an ihre Liebsten zu richten. Jean-Louis Cholet hat das große Glück, von seinem Vater nach dem Abschiedsbesuch einen Brief zu erhalten, der ihn bis heute begleitet:

> *13. Mai 1943: Ich verlasse mich nun auf meinen großen Sohn. Denk immer an mich und frage Dich immer, was Dein Vater darüber gedacht hätte. Ich habe Dich heute Morgen das allerletzte Mal umarmen können. Ich nehme die Erinnerungen dieser letzten Augenblicke mit. Ich gebe Dir mein Gebetbuch, falls es Dir nicht nützlich erscheinen sollte, wende Dich an einen Geistlichen. Sei lieb, mein Kleiner, ich umarme Dich so, wie ich Dich liebe. Ich bin nahe bei Dir im Leben, das sich vor Dir auftut, mit letzter Zärtlichkeit und sanften Küssen. Vater.*

Auch der Vater von Heinz Hummler hat vor seiner Hinrichtung einen Brief an seine Familie geschrieben. Es dauert dreiundsechzig Jahre, bis Heinz Hummler selbst den Brief im Bundesarchiv entdeckt. Niemand hatte sich je bemüßigt gefühlt, der Familie die ihr gebührende Achtung für den Verlust des Vaters zu erweisen und diesen Gruß zu übermitteln:

Görten, den Montag, 25. September: Mein über alles geliebtes Weib, meine geliebten Kinder. Soeben erhalte ich die Nachricht, dass mein und Euer Gnadengesuch abgelehnt wurde und ich jetzt sterben muss. Erziehe die Kinder im richtigen Sinn, dass sie gute Menschen werden und auch ihren unglücklichen Vater nie vergessen. Mein Herz blutet mir, wenn ich jetzt an Dein Los denke. Sei tapfer, meine kleine Frau, schon der Kinder zuliebe. Vielleicht habt Ihr im Leben noch einmal Glück. Kläre die Kinder auf, wenn es Zeit ist. Ich kann Dir nicht viel mehr schreiben, es geht über meine Kräfte. Grüße zum letzten Mal vor allen Dingen Mutter, Vater, Geschwister und alle Verwandten und Bekannten recht innigst von mir. Sie sollen mich nicht vergessen und an mich denken. Sei nun Du, mein unglückliches geliebtes Weib, und Ihr, meine über alles geliebten Kinder, zum letzten Mal auf dieser Welt tausend Mal geküsst und gegrüßt von Deinem Dich ewiglich liebenden Gatten und Eurem Vater. Weint nicht um mich. Anton Hummler

— Ich hatte einen jüdischen Kinderarzt, der hat meine unstillbare Liebe zu Lakritz begründet. Immer wenn es mir schlecht ging, hatte er für mich eine Lakritzrolle dabei. Manchmal hab ich simuliert, bloß damit er mir Lakritz mitbringt. Plötzlich kam ein anderer Arzt, der hatte aber keine Lakritz dabei. Und auf meine Frage nach dem »Lakritzdoktor« haben die Eltern gesagt, der darf nicht mehr kommen. Der passt nicht zu uns, der ist Jude.

Joachim Fuchsberger, Jahrgang 1927

— Da gab es einen jüdischen Mitschüler, Igor Zwirn, ein hochgewachsener, schlaksiger Junge, genau wie wir alle, nicht dumm, nicht schlau, ganz normaler Durchschnitt. Und eines Tages kam er mit dem Judenstern an. Wir wussten gar nicht, was das sollte, die Lehrer haben nichts gesagt. Und auf einmal war er dann nicht mehr da. Aber darüber haben wir uns keine Gedanken gemacht.

Wolfgang Pickert, Jahrgang 1930

— Anfangs habe ich mit jüdischen Kindern gespielt, die in unserem Haus wohnten. Und die kamen eines Tages mit einem Stern. Ich wollte auch so einen schönen Stern haben. Auf einmal hieß es, die gehen ins Ferienlager, und die ganzen Familien wurden eingesammelt. Ich sah sie die Straße entlangziehen. Ich wollte auch gern mit den Freunden mit. Und das durfte ich nicht. Da habe ich gemerkt, irgendwas stimmt da nicht.

Hans Hanf-Dressler, Jahrgang 1934

— Wir hatten als Rektorin unserer Schule die Frau Direktor Kranz. Sie wurde dann aber in den Ruhestand geschickt, weil sie mit einer jüdischen Freundin unterwegs war. Die trug keinen Stern, wurde daraufhin festgenommen, und vier Wochen später kam dann das Kuvert mit der Asche der Freundin. Und da sagte man, eine Frau, die mit Jüdinnen befreundet ist, die darf keine deutschen Kinder erziehen.

Margarethe Schmid, Jahrgang 1928

— Wir hatten sehr viele jüdische Bewohner im Haus. Die wurden alle im Laufe der Zeit abgeholt. Und wenn diese Leute in die Häuser kamen und »Tür auf!« und »Raus!« geschrien haben, dann haben meine Eltern uns verboten, ans Fenster zu gehen. Einmal hab ich mich in der Toilette eingeschlossen und aus dem Fenster geguckt. Von dort aus habe ich gesehen, wie ein sehr vornehmes Ehepaar, die hießen Riemann, in einen Lastwagen reingezerrt wurde und wie ihnen die Hüte vom Kopf fielen. Und es gab eine »Tante Keks« bei uns, eine Künstlerin und immer entsprechend angezogen, und wir liebten sie. An jeder Wohnung war damals so ein Schlitz für die Post, da haben wir geklappert, und dann gab sie uns einen Keks. Und sie war auch eines Tages verschwunden, da konnte man klappern, doch es kam kein Keks mehr.

Renate Doufexis, geb. Lang, Jahrgang 1930

— Mit einem Soldaten bin ich ins Kino gegangen. Und hinterher fing er an zu reden: »Dieser Krieg ist verloren. Und wir müssen ihn auch verlieren, wenn es eine Gerechtigkeit gibt.« Und dann berichtete er mir von Judenerschießungen in Russland. Er schilderte mir, wie die Frauen sich ausziehen und vorher ihr Grab schaufeln mussten. Und wie sie dann niedergemäht worden sind. Wie Mütter kleine Kinder den Soldaten zuwerfen wollten. Und auch niedergemäht wurden. Er weinte und sagte, er sieht jede Nacht die Bilder. Dann bat er mich, mit niemandem darüber zu sprechen.

Maria Pohlmann, Jahrgang 1927

Kriegswichtig – Verdienste mit und ohne Kreuz

Der fünfzehnjährige Joachim Fuchsberger hält 1942 auf einem neu erbauten Turm des Rathauses in Düsseldorf Nacht für Nacht Ausschau. Gemeinsam mit einem Kameraden aus seiner Schulklasse ist er zur Brandwache abkommandiert. Über ein Meldesystem soll im Fall eines Bombeneinschlags der Einsatz des SHD koordiniert werden. SHD, später Luftschutzpolizei, steht im Deutschen Reich für »Sicherheits- und Hilfsdienst«, es ist eine Art militärische Feuerwehr. Ihre Meldungen geben die beiden Halbwüchsigen per Funk an die Befehlszentrale im Keller durch. Anfangs fühlen sie sich sehr wichtig, später setzt die Langeweile ein.

»Es war eine sternenklare Nacht«, erinnert sich Fuchsberger, »und sie war eigentlich sehr romantisch. Das Düsseldorfer Rathaus lag direkt vor der Skagerrak-Brücke am Rhein. Es war eine unglaubliche Silhouette, diese geschwungene Brücke im Mondschein, der glitzernde Fluss hinter uns, Deutschlands Schicksalsstrom.«

Der ältliche Einsatzleiter, ein Oberst des SHD und eigentlich längst pensioniert, nun aber wieder kriegsdienstverpflichtet, ahnt nichts Gutes. Er erwartet einen schweren Angriff. Die Jungen erwidern: »Na, hoffentlich kommen sie, damit endlich mal was los ist.« Dann beginnt der Drahtfunk zu ticken: Ungewöhnlich große Bomberverbände seien über die holländische Zuidersee in Richtung Düsseldorf und Ruhrgebiet im Anflug. »Das war wie ein Theaterstück, ein Ungeheuer«, berichtet Fuchsberger, »Richard Wagner hätte in der *Götterdämmerung* nicht unheilvoller beschreiben können, was da kam. Die Stille wurde unerträglich, und dann erschienen am Horizont Finger, die in den Himmel stachen, das waren diese Flakscheinwerfer, und dann hörte man die ersten Granaten, die da hochgeschossen wurden. Jetzt ging das Inferno los. Plötzlich war alles taghell, alle Flakscheinwerfer konzentrierten sich, es waren ungeheuer viele Leuchttrauben in der Luft, sogenannte Christbäume.«

Eine der ersten Bomben, die während dieses Angriffs fallen, trifft ein altes Häuschen neben dem Rathaus. Aus nächster Nähe muss der Oberst mitansehen, wie sein Haus mitsamt seiner Familie in die Luft fliegt. Von einer Sekunde auf die andere ist sein ganzes Leben zerstört. Der alte Mann bricht zusammen, ist nicht mehr in der Lage, den Einsatz zu leiten. »Wir waren plötzlich mitten in der Hölle.« So beschreibt es Fuchsberger. »Wenn man heute in anderen Zusammenhängen versucht, das Fegefeuer oder die ewige Verdammnis zu beschreiben – das war sie. Wir waren mitten in einem aufgewühlten, lodernden Brand, einem nach Pulver riechenden Feuer. Ein gewaltiger Sturm ging los, der den Sauerstoff aus der Stadt rauszog. Und wir hörten Schreie von Menschen, die inzwischen da unten auf der Straße lagen oder noch herumrannten.«

Es ist an den Jungen, ohne weitere Instruktionen die Einschläge der Bomben zu melden und den SHD an den jeweiligen Ort zu dirigieren. Sie bemerken dabei nicht, dass auch ihr Turm getroffen ist und inzwischen lichterloh brennt. Erst als die Feuerwehr sie von dort oben herunterholt, wird ihnen die eigene Lebensgefahr bewusst. Kaum unten angekommen, werden sie erneut als Melder eingesetzt.

Für diesen Einsatz wird Joachim Fuchsberger und seinem Kameraden das Kriegsverdienstkreuz mit Schwertern verliehen, »was damals eine ungeheuer hohe Auszeichnung war«, wie er sich erinnert. »Und nun waren wir aufgrund unserer Stellung bei der Flak gezwungen, diesen Orden vierundzwanzig Stunden lang am Band zu tragen und in der Öffentlichkeit zu zeigen. Also sind wir zwei fünfzehnjährigen Vollidioten stolz erhobenen Hauptes mit unserem Orden über die Königsallee in Düsseldorf marschiert und haben uns darüber gefreut, dass Offiziere mit dem Ritterkreuz und mit dem EK1 und mit der Goldenen Nahkampfspange – Menschen also, die schon einige Jahre im Feld verbracht hatten – uns zuerst grüßen mussten, weil wir gerade ausgezeichnet worden waren.«

Wegen seiner Heldentat soll Joachim Fuchsberger auf die Napola delegiert und mit Sondergenehmigung vorzeitig Mitglied der NSDAP werden. Beides lehnt er ab. Wenig später meldet er sich freiwillig zu den Fallschirmjägern, um der Waffen-SS zu entgehen. Während seiner Ausbildung vergrößert ein Erlebnis seine Distanz zu dem Regime, unter dem er lebt. Nach dem großen Angriff, der Halberstadt zu drei Vierteln zerstört hat, wird den Offiziersbewerbern befohlen, sechshundert Leichen, vor allem Frauen und Kinder, aus einem verschütteten Luftschutzbunker zu bergen. Sie erledigen die grausige Aufgabe gemeinsam mit KZ-Häftlingen. Die angehenden Fallschirmjäger teilen ihre Rationen mit den halb verhungerten Gestalten. Als die Einsatzleitung die Verbrüderung bemerkt, werden die Häftlinge anderntags abgezogen. Dieses Erlebnis beantwortet für Joachim Fuchsberger die Frage, wer die eigentlichen »Bösen« in diesem Krieg sind.

Im selben Jahr, als Joachim Fuchsberger im Düsseldorfer Feuersturm steht, wird der drei Jahre jüngere Wolfgang Pickert aus Berlin Luftschutzmelder. Voller Stolz empfängt er Stahlhelm, Feuerschutzbrille und die blaue Binde mit dem weißen M für »Melder«. Zum Einsatz kommt er nur ein Mal. Einen Tag vor Weihnachten 1943 wird die eigene Wohnung im vierten Stock getroffen. Sofort rennt er nach oben, ohne einen Gedanken darauf zu verschwenden, dass ihn eine weitere Bombe treffen könnte. Er sieht das Haus brennen und alarmiert die Bewohner. Gemeinsam mit dem Nachbarmädchen gelingt es ihm, den Brand mit Wassereimer und Feuerpatsche zu löschen, obwohl die Decke bereits in Flammen steht. Die

Wohnung ist ausgekohlt, alle Habseligkeiten sind verbrannt. Das ärgert den Jungen nicht so sehr wie der Verlust seiner liebevoll aus Pappe gebastelten Flugzeugmodelle. Auch englische Bomber jenes Typs sind darunter gewesen, die soeben die Wohnung zerstört haben. Der Einsatz der beiden Kinder rettet das ganze Haus, denn die Stockwerke unter Wolfgangs Wohnung bleiben unversehrt. Erhalten bleibt nach dem Angriff einzig der Teddybär, den Wolfgang seit Babytagen besitzt. Denn der begleitet ihn immer mit in den Luftschutzkeller.

Mit dreizehn Jahren ist der Luftschutzhelfer mit Stahlhelm und Plüschtier Wolfgang Pickert in den Augen der Obrigkeit bereits zu alt, um nur als Melder zu fungieren. Von nun an muss er sich bei jedem Angriff sofort zu einer Sammelstelle

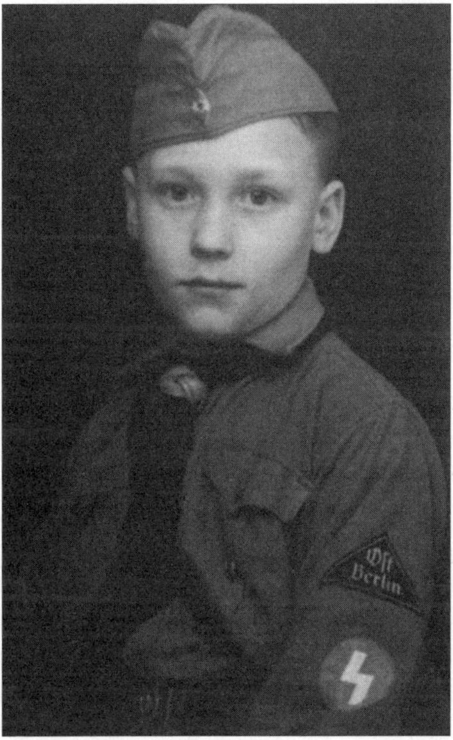

Wolfgang Pickert als Pimpf

begeben, wo Pimpfe unter vierzehn Jahren Befehle erhalten. Noch während die Bomben fallen, muss er eines Tages in die Schöneberger Pallasstraße laufen, um Menschen zu retten. Zu dritt stürmen sie in ein brennendes Haus, tragen, ziehen, schleifen eine hilflose Familie aus ihrer Wohnung, die Treppen hinab, auf die Straße. Durch herabgestürztes Gebälk wird die Mutter mit ihrem Kind verletzt, und die gebrechliche Großmutter ist apathisch. Sie alle haben den Überlebenskampf schon aufgegeben. Das Gefühl, etwas Heldenhaftes getan zu haben, kommt Wolfgang erst, als ihm das Kriegsverdienstkreuz Zweiter Klasse mit Schwertern verliehen wird. Die Zeremonie ist dabei bereits weit weniger feierlich als anderthalb Jahre zuvor bei Joachim Fuchsberger.

Kein Wunder, denn das Kriegsverdienstkreuz Zweiter Klasse wird bis zum Kriegsende 2,7 Millionen Helden angeheftet, das Kriegsverdienstkreuz Erster Klasse immerhin noch 140 000. Es wird für Leistungen vergeben, die nicht unmittelbar mit Kampfhandlungen zu tun haben und deshalb für das Eiserne Kreuz nicht infrage kommen. Die Verleihung »ohne Schwerter« gilt Verdiensten an der »Heimatfront«, jene »mit Schwertern« dem »rückwärtigen Frontgebiet«. Die Verleihungen mögen gegen Kriegsende künstlich gesteigert worden sein, um die Durchhaltemoral zu heben. Dennoch sind sie auch ein Zeichen dafür, in welchem Ausmaß Greisen, Frauen und vor allem Kindern Tapferkeit abverlangt wurde.

Nicht jeder geforderte Einsatz für die »Volksgemeinschaft« kommt so spektakulär daher. Der Endsieg ist für die NS-Führung die Summe vieler kleiner Siege. Von früh an muss jeder Volksgenosse dazu beitragen. So wie der Flügelschlag des Schmetterlings einen Orkan heraufbeschwört, kann bereits die kleinste Sabotage Deutschlands Untergang sein. Wer will daran schon schuld sein? So sammeln sie eifrig, Jungmädel wie Pimpfe, laufen durch die Straßen und krähen: »Lumpen, Knochen, Eisen und Papier, / ausgeschlag'ne Zähne sammeln wir.«

Wer morgens in der Schule zu wenig in der Knochentüte hat, ist ein schwarzes Schaf. Er hat sich wohl nicht getraut, durch die Straßen zu gehen und an den Türen zu klingeln. Die frischen Knochen können zu Speisefett verarbeitet werden, aufgekocht wandern sie in die Herstellung von Futtermitteln. Auch die Granatsplitter müssen nach jedem Angriff eingesammelt werden, aber eigentlich sammeln die Kinder sie lieber für sich selbst und tauschen sie wie Briefmarken. Ein Pfund Eisen abzuliefern ist mehr wert als eine Eins in Mathematik. Nur die ausgeschlagenen Zähne kommen den Kindern wie ein Scherz vor. Was ist damit gemeint? Goldzähne? In einer eigentümlichen Wiederkehr des Verdrängten landet so das Bild der perfekt wiederverwerteten Leichen aus den Vernichtungslagern auf dem Umweg über den Reim im deutschen Wohnzimmer.

Rosemarie Stamer aus Duisburg wird zur Erntezeit unfreiwillig gegen den Kartoffelkäfer in Stellung gebracht. Angeblich werfen die englischen Bomber ganz nebenbei nicht nur Brandplättchen, sondern auch Larven von Kartoffelkäfern in die Felder. Doch in ihrem Eifer zertrampeln die Kinder Pflanzen und richten mehr Schaden an, als dass sie nutzen. Die Bauern sind jedes Mal froh, wenn jene luftkriegsbedingt zu Hause bleiben müssen. Auf diesem Weg sind jedenfalls keine Verdienstkreuze zu bekommen.

Die Stettinerin Elfriede Wilhelm macht anlässlich einer Spendenaktion für das allseits gerühmte Winterhilfswerk eine Erfahrung, die ihr die Lust auf freiwillige Opfer gründlich verdirbt. Schweren Herzens opfert das Kind eine seiner zwei Puppen, die Johanna heißt und für die sie zahlreiche Puppenkleider gehäkelt hat. Später sieht sie ein Kind aus der Nachbarschaft mit Johanna im Arm. »Wie kommst du denn an meine Puppe?«, fragt Elfriede entsetzt. »Die hat mir meine Tante gegeben.« Die Tante arbeitet beim Winterhilfswerk, das danach für das Mädchen erledigt ist.

Elfriede besucht die Lehr- und Bildungsanstalt, sie will

Volksschullehrerin werden. Doch das bedeutet für die Fünfzehnjährige zunächst vor allem, zum Schippeinsatz zu fahren. Vorerst ist es Sommer in Scharnikau an der Neiße. Sie heben Laufgräben für jene Soldaten aus, die dazu bestimmt sind, das sowjetische Millionenheer für ein paar Tage aufzuhalten. Dreihundert Einsatzwillige haben eine einzige Pumpe, um sich zu waschen. Telegramme sind gefürchtet, denn sie sind nahezu gleichbedeutend mit einem Todesurteil für die ausgebombten Eltern. Verkehrte Welt: Die Kinder sind glücklich, solange ihnen niemand schreibt. Schrecklich ist auch, dass die Mädchen gezwungen werden, in BDM-Uniform durch Scharnikau zu marschieren und – die verächtlichen Blicke der Polinnen auf sich ruhend – zu brüllen: »Führer, befiehl, wir folgen dir!« – »Wir kamen uns wie Idioten vor, verraten und verkauft«, erinnert sich Elfriede Wilhelm. »Jeder wusste ja, dass der Krieg zu Ende ging, egal wie dumm oder idealistisch er war.« Später werden sie nach Schneidemühl verlegt, wo die Mädchen im Winter mit Spitzhacken Unterstände in den durchgefrorenen Boden treiben sollen, acht Stunden am Tag. Sie hacken noch im Januar 1945, während die Nachbarorte schon beschossen werden. Am 28. Januar flüchten sie mit einem Lazarettzug aus der Stadt. Zwei Tage später ist Schneidemühl eingekesselt. Ob die mit blutigen Fingern in den gefrorenen Boden gehackten Gräben den russischen Vormarsch entscheidend aufgehalten haben, ist mehr als fraglich.

Zum Helden fühlen sich nicht alle berufen. Der von der Deportation bedrohte Günter Kunert steigt nach Luftangriffen immer aufs Dach und erfreut sich an den riesigen Brandwolken, die für ihn Anzeichen der nahenden Befreiung sind. Als er durch die Straßen läuft, um die Zerstörung näher zu betrachten, wird er eines Tages aufgegriffen, um mitzuhelfen, in einem halb zerstörten Haus den noch glimmenden Brandschutt auf die Straße zu schippen. »Da dachte ich mir«, erinnert sich Kunert, »mein Krieg ist das nicht. Sollen doch die anderen schippen. Und habe mich still und leise davonbegeben. Beim Runtergehen sah ich, dass die Wohnungen schon alle brannten. Das Feuer drang bereits bis ins Treppenhaus. Ob die anderen, die dort noch eifrig schippten, auch aus dem Haus gekommen sind, war für mich ganz uninteressant. Ich jedenfalls habe mich nicht am Schippen beteiligt.«

Dem gleichaltrigen Artur Führer aus Thüringen wäre das wahrscheinlich als Hochverrat erschienen. Der ist voller Wut auf die amerikanischen Jagdbomber, die ab Ende 1943 die Kinder auf dem Weg zur Schule beschießen. Der gut trainierte Hitlerjunge schafft es in den Graben, zwei weniger sportliche Kinder bleiben tot auf der Straße liegen. Ein Antifaschist im Dorf äußert leise: »Die sollten lieber die Transportwege nach Auschwitz bombardieren.«

Die Stunde der Bewährung kommt für den Vierzehnjährigen, als 1944 bei einem Luftkampf ein amerikanischer Bomber über Großensee abgeschossen wird. Ein Pilot springt mit dem Fallschirm ab, bei dem anderen verhaken sich die Leinen, der Schirm wird weggerissen. Artur und sein Freund Hanskarl sind die Ersten, die sich zur Absturzstelle aufmachen. Der HJ-Kameradschaftsführer muss dabei von seinem Freund in Zivil immer wieder angestachelt werden, denn eigentlich fürchtet sich der Junge. Hanskarl bewaffnet sich mit einem Knüppel, zögernd folgt ihm Artur. Dann finden sie den ersten Piloten: Er ist nur noch ein lebloses Bündel Mensch, der Schädel ist aufgeklappt, ein Auge liegt auf der Schulter, das andere auf der Erde. Arthur kommen die Tränen, der Tote ist kaum älter als er. Doch sein Freund Hanskarl zeigt mit seinem Knüppel auf den Toten und sagt: »Der schmeißt keine Bomben mehr!«

Hanskarl hat bei einem Angriff auf Kassel seine Eltern verloren. Er will jetzt auch den zweiten, wahrscheinlich noch lebenden Piloten finden: »Du kannst Englisch«, fordert er den Freund auf, »und ich habe meinen Knüppel.« So finden sie nach einigem Suchen wirklich einen jungen Amerikaner, der sich beim Absprung das Bein verletzt hat. Er ist immerhin ein ausgebildeter Soldat, wahrscheinlich bewaffnet, und sie sind nur Kinder. Ängstlich ruft Artur: *»Now you are prisoner of war. Hands up!«* Hanskarl tastet den potenziellen Gefangenen mit dem Knüppel nach Waffen ab. Dann schleppen sie den Verwundeten zum Bürgermeister von Großensee, der die Gestapo informiert. Auch Artur bekommt jetzt einen Orden. Doch kaum ist er zu Hause, sucht er Zuflucht und Trost in den Armen seiner Mutter.

Im November 1944 unterschreibt der Junge dennoch eine Freiwilligkeitserklärung für die Verwendung im Krieg. Damit hat er einen Pakt geschlossen, der sein Leben verändert. Von nun an ist er jederzeit verfügbar, bereit, an die Front zu gehen. Er trägt jetzt an der Zivilkleidung eine rote Kordel. Die Eltern sind schockiert, doch die Lehrer loben ihn. Ihre Erziehungsarbeit hat Früchte getragen. Und für Mädchen, die ihn früher gar nicht beachtet haben, ist er plötzlich ein

Ehrung für einen jungen Helden: Wolfgang Pickerts Kriegsverdienstkreuz mit Schwertern

Held. Artur träumt davon, mit einer Panzerfaust Abschüsse zu vollbringen, denn jeder einzelne vernichtete Panzer darf mit einem auf die Jacke genähten Symbol verewigt werden.

Die Ausbildung beginnt auf der Stelle. Auf dem Programm stehen Panzervernichtung und Nahkampf. Der Vierzehnjährige muss eine Panzerfaust immer und immer wieder auseinandernehmen und wieder zusammenbauen, um die Waffe bei einem Defekt selbst wieder einsatzfähig zu bekommen. Er lernt, mit den Meterangaben am Visier umzugehen, um zum richtigen Zeitpunkt abzudrücken. Ihm wird beigebracht, sofort nach dem Abschuss Deckung zu beziehen, denn der Feuerstrahl macht den Schützen zu einem einfachen Ziel für feindliche Panzer und Maschinengewehre. Für Artur Führer ist das alles ein großes Spiel.

Weit schwerer tut sich der Junge, mit dem aufgepflanzten Bajonett auf lebensgroße Puppen einzustechen. Sie sind an einer Wand befestigt, mit Lumpen gefüllt und erwecken in Artur das Gefühl, auf einen Menschen loszugehen. So ist das auch gewollt. Er muss gegen die Puppe anrennen, anschließend werden die Zahl der Stiche und die Genauigkeit der Treffer gezählt. Vor allem wenn es darum geht, in die Herzgegend zu stoßen, zögert der Junge, bremst den Angriff. Die zerfetzten Puppen sind für ihn ein schrecklicher Anblick.

»Du Feigling willst für den Führer kämpfen?«, schreit ihn ein Offizier an. Und dann erklärt er dem Jungen den Sinn der Übung: »In der ersten Frontlinie sind die Neger. Da musst du aufpassen! Die haben ein Buschmesser im Mund und in der Hand eine Waffe. Wenn du da nicht dein Bajonett einsetzt, bist du verloren.«

Während der Ausbildung feiert Artur seinen fünfzehnten Geburtstag. Er bekommt Spielsachen geschenkt. Mit Unbehagen sieht er sich schon bald wieder auf Puppen einstechen: »Vielleicht war ich zu sensibel. Ich hatte ja fast noch eine Kinderseele.«

— Das war die Begegnung mit weiblichen Luftschutzhelferinnen, wo die Geschlechter aufeinanderprallten, beide angefüllt mit dem, was dazugehört, bis zur Halskrause. Natürlich hat man da seine Erfahrungen gemacht. Wir wissen nicht, ob wir morgen noch leben, was gilt für uns Anstand und Moral? Man hat sich von Zeit zu Zeit entladen, und damit war der Fall erledigt. Wir hatten keine Zeit für romantische Gefühle, wir hätten sie gern gehabt, aber was machst du mit deiner Scheißromantik, wenn dir die Bomben um die Ohren pfeifen?

Joachim Fuchsberger, Jahrgang 1927

— Während der Flucht waren wir eines Nachts in einer Scheune. Und da waren auch Soldaten. Plötzlich spürte ich da eine Hand, die mich entblättern will. Der hat auf mich eingeredet, dass er das Schönste noch einmal erleben möchte, bevor er stirbt. Aber ich hatte keine Lust, »das Schönste« mit einem Menschen zu erleben, den ich gar nicht kenne. Da habe ich gesagt: »Ich schreie jetzt ganz laut, wenn Sie mich nicht in Ruhe lassen.« Am nächsten Morgen habe ich gedacht, der wird eine schöne Wut auf dich haben. Der war aber äußerst freundlich zu mir und sagte: »Bleiben Sie so, wie Sie sind. Sie sind schon richtig.« Da habe ich gedacht, Männer sind doch komisch. Die wissen nicht, was sie wollen.

Maria Pohlmann, Jahrgang 1927

— Ich habe bei einer Bäuerin gearbeitet, in Thüringen. Und bei ihr wohnte eine Flüchtlingsfrau mit ihrem kleinen Sohn, gut aussehend, angemalt und so. Da bin ich nicht nur zwei, drei Tage zur Kartoffelernte geblieben, sondern ganze vierzehn Tage und war dann Tag und Nacht beschäftigt. Das war mein erstes sexuelles Erlebnis, meine Entjungferung. Und dann bin ich weiter marschiert.

Wolfgang Pickert, Jahrgang 1930

— Ich habe dann einen Jungen kennengelernt. Wir gingen Hand in Hand durch Breslau. Der konnte es nicht erwarten, nach dem Notabitur Deutschland zu retten. Da hab ich gesagt, deine Schultern sind dafür viel zu schmal. Er schrieb mir wunderschöne Briefe und wurde dann an die Atlantikküste verlegt. Und dann landeten die Alliierten. Am zweiten Tag hat ihm eine Granate das eine Bein weggerissen. Da hat er noch gesagt: »Das reicht fürs Silberne Versehrtenabzeichen.« Und später konnte auch das zweite Bein nicht gerettet werden. Da hat er nichts mehr gesagt. Nie wieder.

Gisela Heller, geb. Hielscher, Jahrgang 1929

— Während des Fliegerangriffs, als eine Bombe neben uns niederfiel, hat mich mein Freund an der Hand gezogen, und wir beide haben uns in so einen Krater runtergerollt. Er hat mich in diesem Krater umarmt und mit seinem Körper bedeckt, damit mir nichts passiert. Und als Folge dieses Ereignisses sind wir an diesem Abend Geliebte geworden. Es war mehr ein Umeinanderkümmern als Lieben. Aber er stellte sich als ebenso begabt bei dem einen wie bei dem anderen heraus.

Ruth Wermuth, Jahrgang 1928

— Das erste Mal ging von mir aus, obwohl ich erst dreizehn war. Meine spätere Frau Olga war erheblich älter als ich. Niemand dachte über moralische Aspekte nach. Es gab nur das Hier und Jetzt, einen Augenblick der Freude, der Erregung, einen Augenblick des Vergessens.

Jan Karpiński, Jahrgang 1930

Zwischen Hoffnung und Angst – Weihnachten 1944

Am Nachmittag werden die Kinder in den Wald geschickt, damit das Christkind in Ruhe arbeiten kann. Es liegt hoher Schnee. Als sie an die Futterraufe kommen, sehen sie Rehe. Die Tiere des Waldes haben sich wie auf einer kitschigen Postkarte versammelt. Als die Kinder zurück ins Warme kommen, steht eine riesige, mit leuchtenden Kerzen geschmückte Tanne im Saal. Unter dem Weihnachtsbaum liegen die Geschenke. Rosemarie Stamer aus Duisburg hockt vor einem großen Paket, das ihr die Mutter nach Böhmen geschickt hat, ein schöner Pullover ist darin. Jedes Kind findet außerdem einen Teller mit Süßigkeiten und kleine Aufmerksamkeiten. Dann setzt sich eine Lehrerin ans Klavier. Die Mädchen singen »Leise rieselt der Schnee« und die offizielle Hymne eines jeden nationalsozialistischen »Julfestes«, das aus ideologischen Gründen nicht mehr Weihnachten heißen darf: »Hohe Nacht der klaren Sterne«. Abgesehen davon, dass im Elternhaus andere, christliche Weihnachtslieder gesungen werden, ist es wie zu Hause, fast ein bisschen festlicher. Solche Traumweihnachten erleben selbst noch im Dezember 1944, als Nazideutschland seiner Götterdämmerung entgegentaumelt, viele Kinder, vor allem jene, die in der Kinderlandverschickung für eine begrenzte Zeit dem Krieg entronnen sind.

Der Bremer Arbeiterjunge Manfred Stiering verlebt 1944 auf diese Weise eine traumhafte Bergweihnacht in Saalbach bei Salzburg. Die Jungen spielen mit freiem Oberkörper im Schnee, sie gleiten mit Skiern die Hänge der Kitzbüheler Alpen hinab. An Heiligabend werden auch sie auf eine lange

Wanderung geschickt. Auch hier wird in der Zwischenzeit eine riesige Tanne geschmückt. Doch auf die Jungen wartet eine noch größere Überraschung. Die Tür öffnet sich – die Eltern aus Bremen sind gekommen. Bis auf die Eltern von Manfred, die kein Geld für eine solche Reise haben. Doch der Junge hat dafür Verständnis, feiert und freut sich mit den anderen über den Wiedersehenstrubel. Manfred darf auf der Blockflöte Weihnachtslieder spielen, während der Lagerleiter ihn auf dem Klavier begleitet. Wie weggetreten gibt der hartgesottene Hitlerjunge bei den zarten Melodien sein Bestes, erwacht erst wieder durch den rauschenden Applaus. Fasziniert beobachtet er wenige Tage später, wie ein Geschwader von Flugzeugen über die Bergspitzen gleitet. Es ist so ein friedliches Bild. Als sie verschwunden sind, wird ihm bewusst: Das sind ja unsere Feinde! Die fliegen jetzt wieder die großen Städte an. Auch Bremen wird wahrscheinlich wieder bombardiert. Doch anderntags darf Manfred mit einem Soldaten eine Skitour machen. Er bewältigt die Abfahrt von einem hohen Berg. Da ist die Angst um die Heimat wieder vergessen.

Dem Thüringer Ernst Woll stößt am Weihnachtsfest ein Paradoxon auf. Eigentlich heißt es doch »Fest des Lichts«, doch wegen der Verdunklung bleibt das Städtchen schwarz wie ein Grab. Die Familie ist Selbstversorger, und so gibt es Kaninchenbraten und Gans aus eigener Haltung. Das Weihnachtsgeschenk für Ernst sind Schneeschuhe. Die besondere Schwierigkeit: Sie dürfen nicht für den Krieg geeignet sein, sonst müssten sie sofort an die Ostfront geschickt werden. Deshalb kann Ernst auch eigentlich nicht mit ihnen laufen. Heiligabend ist *Wunschkonzert*-Zeit. Über Konferenzschaltungen senden Soldaten von überall her Grüße in die Heimat. Doch das entscheidende Erlebnis des Weihnachtsfestes 1944 hat sich für Ernst schon etwas früher im Advent ereignet. Fähnleinführer Woll musste sich mit seinen Jungvolk-Truppen an einem Bahndamm aufbauen. Strammstehend und mit

Kriegsweihnachten bei Zenon Malec

erhobenem Arm haben sie einen offenen Güterzug gegrüßt, der etwas ganz Besonderes nach Berlin transportierte: den Weihnachtsbaum des Führers.

Einen Weihnachtsbaum besitzt Adolf Hitler 1944 also offensichtlich. Aber wie sieht es mit den versprochenen Wunderwaffen aus? Werden sie auf dem Gabentisch der immer verzweifelteren Deutschen landen, um das Kriegsglück noch zu wenden? Im Haus von Artur Führer gibt es an diesem Weihnachten einen Ehrengast: Onkel Hans, Wehrmachtsoffizier. »Onkel Hans, wie ist das?«, fragt Artur. »Wir gewinnen doch?« Der Onkel stutzt für einen Moment, sein Neffe sieht ihm die Zweifel an. Dann hat sich der Offizier wieder gefangen. »Klar gewinnen wir!« – »Und die Wunderwaffe, wann kommt denn die?« – »Das wird noch nicht verraten«, sagt der Onkel. »Das darf der Feind nicht wissen, das weiß allein der Führer.« Und weil Onkel Hans ein Mann vom Fach ist, glaubt ihm der Junge. Eine Merkwürdigkeit fällt ihm aber auf. Es gibt seit Kurzem ein neues Wort: »Endsieg«. Davon war in den Jahren, als Deutschland Europa noch nach Belieben besetzte, keine Rede. Damals reichte ein einfacher Sieg. Jetzt muss es schon ein »Endsieg« sein.

Die Familie von Hans Hanf-Dressler hat zu Weihnachten 1944 ein Krippenspiel eingeübt. Der Weihnachtstag ist klirrend kalt. Beim Kirchgang vermischen sich die Gefühle: Hoffnung auf den baldigen Sieg der Alliierten und Angst vor neuen Bombenangriffen derselben Alliierten. Auf einmal fliegen amerikanische Bomber über ihre Köpfe hinweg. Das gibt es nicht, lassen die uns nicht einmal zu Weihnachten in Frieden?

Cäcilia Verheyden bekommt zu Weihnachten 1944 keine Geschenke. Es gibt ja nichts mehr zu kaufen. Morgens um fünf gehen sie zur Christmette. Die Kirche ist zerbombt, nur in der Vorhalle kann Christi Geburt noch gefeiert werden. Das schönste Geschenk, die größte Freude, bedeutet tragischerweise das Leiden anderer: Drei Tage lang bleibt das gebeutelte Duisburg von Angriffen verschont, Cäcilia kann endlich wieder einmal durchschlafen, ohne in den Bunker zu müssen. Die Bomben fallen diesmal anderswo nieder.

Bei Wolfgang Pickert in Berlin gibt es 1944 keinen Weihnachtsbaum mehr. Wegen der Brandgefahr ist das verboten. Der Vater hat Urlaub von der russischen Front bekommen. Gemeinsam mit seiner Familie hockt er im Luftschutzkeller – und leidet ebenso wie sie unter Angstgefühlen, zuckt nach jedem Treffer zusammen.

Familie Heinze aus Berlin kümmert sich nicht um das

Weihnachtsbaumverbot. Doch der Baum ist mickriger denn je, und die Fenster der Wohnung sind mit Pappe zugenagelt. Rosemarie bekommt ein wunderschönes Nachthemd aus rosafarbenem Flanell geschenkt, hochgeschlossen, mit winzigen Streublümchen als Muster. Ein schöneres hatte sie nie. Leider kann sie es auf unabsehbare Zeit nicht anziehen, denn wegen des ständigen Alarms muss sie in einem Trainingsanzug schlafen. Seit Stalingrad ist der Fünfzehnjährigen klar, dass der Krieg verloren ist. »Was kommt, wenn der Krieg aus ist?« Diese große Frage steht wie eine schwarze Wand zwischen ihr und der Zukunft. Sie hört den Spruch: »Feiert den Krieg, solange es geht, denn der Frieden wird fürchterlich.« Werden wir alle sterben? Seit Rosemarie beobachtet hat, dass die Mutter Lebensmittel hortet, wird ihr leichter ums Herz. Es gibt also doch noch ein Leben nach der Niederlage.

Der Gabentisch des dreizehnjährigen Alan Rushton aus Coventry fällt 1944 nicht üppig aus, die Eltern müssen mit jedem Pfund Sterling haushalten. Und doch ist es das fröhlichste und unbeschwerteste Fest seit Kriegsbeginn. Die Zerstörung Coventrys im November 1940 hat die Großfamilie durch verschiedene Evakuierungsmaßnahmen in ganz England verstreut. 1944 sind sie erstmals alle wieder um einen Tisch versammelt: Mutter und Vater, Alan, sein Zwillingsbruder, und seine fünf Schwestern, sogar zwei Cousinen vom Land haben sich in die Stadt gewagt. Bombenangriffe gehören der Vergangenheit an, die in London noch gefürchteten »Vergeltungswaffen« V1 und V2 werden nicht gegen Coventry eingesetzt. Dieses Weihnachtsfest gibt Alan das Gefühl, dass die Familie den Krieg auch ohne Siegesfeiern schon überstanden hat.

Für die achtjährige Stéphanie Santamaria ist an diesem Weihnachten der Krieg bereits seit drei Monaten vorbei. Abbeville ist im September 1944 befreit worden, ausgerechnet durch die 1. Polnische Panzerdivision, bei der ein Cousin ihres Vaters kämpft. Der fragt sich durch die halbe Stadt, um Stéphanie zu finden. Und dann steigt sie mit ihrem Vater auf den Panzer des Onkels und wird durch die Straßen gefahren. Dem Mädchen sind die vielen Süßigkeiten fast zu viel, die ihr in den Wochen danach die englischen und amerikanischen Soldaten schenken, die auf dem Weg an die deutsche Front durch Abbeville kommen.

Gisela Ott wird zu Weihnachten 1944 in Böhmen von den Eltern besucht. Zum ersten Mal sieht sie ihren Vater weinen. Sonst ist er doch so stark, so hart im Nehmen. Bald muss er zurück an die Front und fürchtet sich vor einem Einsatz in Russland.

Weihnachten 1943 war für Rosemarie Czitrich noch ein Fest voller Überraschungen. Schildkröt-Puppe, Eisenbahn und Schaukelpferd. Und zur Kirche fuhr man mit dem Schlitten. Im Jahr darauf ist alles wie verwandelt. Es gibt kaum noch Geschenke. Viel schlimmer ist aber, dass der Vater nicht da ist. Die Jahre zuvor hat er immer Urlaub von der Front bekommen. Steckt er etwa in Schwierigkeiten?

Bedrückt und ängstlich ist auch die Familie von Helfried Israel im Zittauer Gebirge. Der Christstollen ist freilich unverzichtbar, doch die Rosinen sind durch grüne Tomaten ersetzt worden. Wenn Helfried die Berichte der *Wochenschau* mit den Schilderungen von verwundeten Soldaten vergleicht, spürt er, dass etwas nicht stimmen kann. Es wird bereits an ganz anderen Orten gekämpft, als die Propaganda weismachen will. Nur die zwei Jahre ältere Schwester glaubt noch unerschütterlich an den Endsieg. Helfried beschimpft sie deshalb als »blöde Gans«. Das neue Jahr 1945 kündigt sich vor allem mit Lazarett- und Flüchtlingszügen an, die durch Ostsachsen rollen. Der Junge wird als Helfer beim Roten Kreuz eingesetzt. Er verteilt belegte Brote in den Zügen. Die ersten Flüchtlinge kommen im Januar aus Ostpreußen, es folgt Oberschlesien, dann Niederschlesien – das ist eigentlich schon am Rand der Stadt. Schlimm sind die Lazarettzüge voller sterbender, zum Teil vor Schmerzen schreiender Soldaten, die in ihrem Blut liegen und sich nichts mehr aus belegten Broten machen. Im

Elternhaus beginnen die Überlegungen, was man tun soll, wenn die Russen kommen. Der Vater absolviert mit seinen Kindern Übungen mit einer Pistole, aber nicht um sich zu verteidigen, sondern um sich notfalls zu erschießen. Als das Kriegsende noch näher kommt, legen die Eltern für ihre Kinder zudem ein Giftfläschchen bereit: »Wenn wir flüchten müssen und ihr fallt in die Hand der Russen, dann trinkt das!« Ist wirklich Gift darin gewesen? Das fragt sich Helfried von diesem Moment an sein Leben lang.

Walter Zierolds Odyssee führt ihn ausgerechnet am Heiligen Abend 1944 zurück nach Waldenburg, wo Mutter und Schwester sind. Er findet die Wohnung, doch niemand öffnet die Tür. Wo sind sie nur? Immerhin verweist man ihn in der Stadtverwaltung an einen Inspektor, der den Jungen mit einem Notschlüssel in die Wohnung lässt. Er bekommt ein wenig Brot, eine Tüte Zucker und etwas Milchpulver. Es sind traurige Festtage. Von den Nachbarn erfährt er, dass die Mutter zweimal versucht hat, sich die Pulsadern aufzuschneiden, und in der Klinik in Meerane als Suizidgefährdete rund um die Uhr überwacht wird. Die Schwester wohnt mittlerweile in einem Arbeitshaus in der Nähe der Munitionsfabrik. Einen Tag vor Silvester fragt sich Walter nach Meerane durch. Er kann die Mutter nur kurz sehen. Sie weint und weint. Auch dem Sohn kommen die Tränen. Er fühlt sich verraten, nicht von seiner Mutter, sondern von der ganzen Welt.

Im Haus von Jutta Boll im ostpreußischen Mohrungen wird sehr viel gesungen. Der Vater ist gelernter Musiker, spielt am Theater, die Mutter hat eine schöne Altstimme. Doch Weihnachten 1944 erklingt bei ihnen kein einziges Lied. Die Großmutter ist schwer krank, sie stirbt am ersten Weihnachtsfeiertag. Ein Onkel ist auf Fronturlaub. Jutta ist auf der Couch eingeschlafen. Als sie noch einmal wach wird, hört sie das flüsternde Gespräch der Erwachsenen. Es geht um die immer näher rückende Front, um Evakuierungspläne für die Kinder. Am 2. Januar wird die Großmutter beerdigt. Am Grab der

Oma bricht die Mutter zusammen und sagt: »Ich weiß ganz genau, dass ich auch bald sterbe.«

Je näher das Jahresende rückt, desto häufiger wandern die Gedanken der fünfzehnjährigen Blandyna Lewińska zu ihrer Familie, von der sie kein Lebenszeichen mehr bekommen hat, seit sie in den Tagen des Warschauer Aufstands von ihr getrennt wurde. Die Ungewissheit, was aus ihr geworden sein mag, wird für Blandyna, die als Zwangsarbeiterin in einer Munitionsfabrik in Werl schuftet, unerträglich. Die völlige Zerstörung Warschaus hat sie noch mit eigenen Augen erlebt. Wie kann sie überhaupt hoffen, dass die Familie das Inferno überlebt hat? Wenn sie sich morgens aus dem Strohsack quält, ist sie unendlich müde. Die Augen schmerzen, der Kopf, der Rücken, die Beine. Blandyna beginnt, an Selbstmord zu denken. In der Fabrikhalle findet sie einen langen Strick und versteckt ihn in ihrem Strohsack. Heiligabend steht vor der Tür. Die unendliche Sehnsucht nach der Familie und den Weihnachtsfeiern früherer Jahre lässt sich nicht abschütteln. Blandyna nimmt den Strick und geht vor die Baracke, auf der Suche nach einem Baum, um ihrem Leben ein Ende zu setzen. Da hört sie die Wächter ein Weihnachtslied singen. Sie kennt die Melodie. »Stille Nacht, heilige Nacht …«, dringt es vom Wachposten herüber.

»Als ich diese Melodie hörte, ist mir vor Schmerz fast das Herz zerbrochen. Im Hals spürte ich einen dicken Kloß. Ich wusste gar nicht, was los war. Mein Gott, ich war so gerührt … Ich fing schrecklich zu weinen an. Ich habe gedacht, dass meine Mutter vielleicht auf mich wartet, dass sie lebt. Ich habe unser Haus gesehen. Ich habe den Strick am Baum gelassen, bin in die Baracke zurück und habe bis zum Ende des Tages geheult. Ich habe nie wieder mit dem Gedanken gespielt, mir etwas anzutun. Diese Melodie hat mir das Leben gerettet. Sie hat mich so sehr berührt, dass das innere Schluchzen endlich herauskonnte. So bin ich am Leben geblieben. Das war meine Weihnacht 1944.«

Flucht – Der lange Weg nach Westen

In der ersten Januarwoche 1945 herrscht an der Front im Osten eine unheimliche Ruhe vor dem Sturm. Seit Monaten stehen die sowjetischen Verbände an der Weichsel. Dass sich Millionen Soldaten sowie Tausende Panzer und Flugzeuge sammeln, um mit ungeheurer Geschwindigkeit auf einer Frontbreite von 1200 Kilometern der Wehrmacht den Todesstoß zu versetzen, können sich die wenigsten vorstellen. Nicht einmal Hitler glaubt den entsprechenden Warnungen seiner Generäle. Die Rote Armee sei durch die verlustreichen Schlachten ausgeblutet. Doch auch wer in Ostpreußen, Schlesien und Pommern diese trügerische Sorglosigkeit nicht teilt, ist zum Bleiben verurteilt. Flucht gilt zu diesem Zeitpunkt als Verrat am Vaterland und kann die Todesstrafe zur Folge haben.

Im Januar 1945 geht für die 1930 geborene Renate Lang aus Berlin die Kinderlandverschickung bereits ins dritte Jahr. Gemeinsam mit ihrer Schwester ist sie nach Murowana Goślina nördlich von Posen gekommen. Sie hausen in einem heruntergekommenen Schloss, schlafen auf Strohsäcken voller Flöhe und sind im Großen und Ganzen doch glücklich. Renate verehrt ihre Lagermädelführerin abgöttisch, obwohl diese den BDM-üblichen Drill mit fanatischer Strenge durchsetzt. Hosen und Hemden müssen, wie beim Militär, genau auf dreißig Zentimeter Breite zusammengelegt werden. Das wird mit dem Lineal überprüft. Und die Polen, die das Lager sauber halten und die Mädchen bekochen, heißen »Polacken«.

Renates Mutter ist während der mehrjährigen Kinderlandverschickung immer in unmittelbarer Nähe. Angesichts der

Flüchtlinge, 1943

Bombenangriffe auf Berlin wollen die Eltern, dass sich wenigstens einer von ihnen weiterhin um die Kinder kümmern kann. So ist die Mutter nach Murowana Goślina gezogen, obwohl sie ihre Töchter kaum zu sehen bekommt. Die Lagerordnung verbietet das. Der Vater ist leitender Angestellter bei den Berliner Verkehrsbetrieben (BVG) und als Asthmatiker vom Kriegsdienst freigestellt. Durch seinen Beruf gelangt er an Informationen, die der deutschen Bevölkerung eigentlich sorgsam vorenthalten werden. Am 12. Januar startet die sowjetische Offensive, die Front der Verteidiger bricht beängstigend rasch zusammen. Als die Rote Armee hundertfünfzig Kilometer vor Posen steht, setzt sich der Vater in einen Zug Richtung Osten. Das ist längst eigentlich nur noch Soldaten vorbehalten, doch wieder hilft ihm hier sein Posten bei der BVG.

»Sie können die Kinder nicht einfach mitnehmen«, erregt sich die Lagermädelführerin, als die Eltern Lang am Zaun des Lagers auftauchen. »Wir sind hier in einer Klassengemeinschaft. Außerdem machen Sie sonst die anderen Kinder nervös.« Das sei ihm egal, erklärt der Vater und fordert seine Töchter auf, sofort mit dem Allernötigsten an den Zaun zu kommen. Sie tun es, klettern über die Absperrung. Die Familie hastet zum Bahnhof. Dort steht der letzte Zug, der noch aus dem Ort fahren kann. Sie sind bereits eingestiegen, als die Lagermädelführerin erscheint und die beiden Mädchen wieder aus dem Zug zerrt. Die wollen eigentlich das Lager am liebsten gar nicht verlassen, und weil sie ihre Führerin verehren, lassen sie sich gern zerren. Der Vater steigt aus, reißt seine Töchter von der Lagermädelführerin weg und gibt ihr links und rechts eine mächtige Ohrfeige. Dieser Moment ist für Renate einer der schlimmsten, hat sie doch eigentlich den friedfertigsten Papa der Welt. Ununterbrochen heulen die beiden Töchter, während sich der Zug vier Tage durch den Bombenhagel nach Berlin kämpft. Sie kommen unversehrt an und fliehen nach kurzer Pause vor dem anstehenden Endkampf zu Verwandten nach Thüringen. Die im Schloss zurückgebliebenen Kinder müssen sich wenig später auf einem Fußmarsch von Posen nach Berlin durchschlagen. Die Glücklichen unter ihnen kommen verletzt oder krank an. Viele andere nie. Nur wenige Kinder haben in diesen Tagen solche klarsichtigen und entschlossenen Eltern.

Im nur wenige Dutzend Kilometer von Murowana Goślina entfernten Schneidemühl werden im Haus von Karlheinz Radatz noch kurz vor dem Einmarsch der Russen drei Volkssturmmänner einquartiert. Einer davon ist sein Onkel. Die armen Kerle wissen, was ihnen bevorsteht, und betrinken sich die ganze Nacht über. Während Gewehre und Panzerfäuste im Wohnzimmer herumliegen, erbrechen sie sich auf dem kostbaren alten Sofa und nässen sich ein. Mitten in dieser Nacht werden die Kinder von der Mutter aus dem Schlaf gerissen. Der Himmel ist rot, die Kanonen sind laut wie Gewitterdonner. Mit dem Schlitten hetzen sie zum Bahnhof, um noch den letzten Zug zu bekommen. Durch den glücklichen Umstand, dass der Großvater von Karlheinz Heizer auf der Lokomotive ist, ergattern sie einen Platz. Dann schlagen Granaten ein, zerfetzte Leichen liegen auf dem Bahnhofsplatz. Doch der Zug kann trotz kaputter Scheiben losfahren, und die Mutter verteilt den restlichen Kognak, den sie vor ihren soldatischen Gästen retten konnte, an die Passagiere. Die Volkssturmmänner liegen zu diesem Zeitpunkt noch immer betrunken im Wohnzimmer. Fliehen dürfen sie ohnehin nicht. Längst haben sie sich aufgegeben.

Die 1929 in Breslau geborene Gisela Hielscher gerät am 18. Januar 1945 in den Sog des deutschen Untergangs. In der überfüllten Straßenbahn, die Gisela von der Schule nach Hause bringt, sitzt ein Verwundeter mit blutigem Kopfverband. Ergriffen machen die Menschen Platz, und einer fragt: »Kamerad, wo hat es dich denn erwischt?« Er antwortet: »In Oppeln, T-34.« – »Was haben Sie da gesagt?« Ein russischer Panzer, neunzig Kilometer von Breslau entfernt? »Machen Sie hier keine Panik, Mann!« Die Stimmung kippt. Eben noch wollten die Menschen den Verletzten am liebsten in Watte packen. Jetzt werden sie aggressiv. Ein Provokateur! An der nächsten Haltestellte wird der Soldat zum Aussteigen gezwungen. In der Ferne hört man es wummern. Das können die Kanonen des Feindes einfach nicht sein. Es ist sicher das Eis der zugefrorenen Oder, das gesprengt wird. Auch Gisela glaubt dieses Märchen. Ihre Mutter nicht. Sie geht aufs Gemeindeamt und fragt nach einer Reiseerlaubnis. Ein dicker SA-Mann brüllt sie an: »Machen Sie hier keine Panik, Frau! Sonst lass ich Sie einsperren!«

Giselas Mutter lässt nicht locker. Mit Skiern fahren sie zu einem abgelegenen Bahnhof, um vielleicht auch ohne Reiseerlaubnis Fahrkarten zu bekommen. Doch hier hält schon längst kein Zug mehr. Und dann sehen sie auf einer Straße die entsetzlichen Überreste eines Flüchtlingstrecks. Zerborstene Leiterwagen, umgestürzte Kinderwagen, aufgeplatzte Koffer. Vor Gisela liegt ein Steckkissen mit einer wunderschönen Babypuppe, wie aus Marzipan. Giselas kleine Schwester hat nur eine aus Lumpen und Watte gebastelte Puppe. Das wäre eine Puppe für sie!, denkt sie. Ist sie vielleicht zu groß? Wird sie in ihr Rucksäckel passen? Doch als sie näher kommt, sieht Gisela, dass die vermeintliche Puppe ein erfrorener Säugling ist. Im ersten Moment ist sie völlig entsetzt. Im zweiten Moment getröstet: »So sieht also der Tod aus? Nicht zum Fürchten. So schön. So lieblich.« Und dann vergisst sie das Bild für lange Zeit. Nicht einmal ihrer Mutter erzählt sie davon. Wenig später wird sie krank, bekommt Nervenfieber und verliert die Erinnerung. Sie empfindet das als Gnade. Erst als die spätere Redakteurin und Schriftstellerin sechzig Jahre danach als Gisela Heller ihre Kindheitserlebnisse zu Papier bringt, tauchen die Bilder von damals wieder auf.

Es fällt den Menschen schwer, zu gehen. Die siebzehnjährige Maria Pohlmann aus Heinrikau im ostpreußischen Ermland muss am 22. Januar 1945 ihren an Parkinson leidenden Vater mit viel Mühe und Überredungskunst auf den Anhänger eines Traktors hieven. Er ist Bauer mit Leib und Seele. Die Tiere im Stich zu lassen ist für ihn das schlimmste Verbrechen. Ein mit Brückensprengungen beauftragter Feldwebel hat ihnen zugeflüstert, die Russen würden westlich vorbeimarschieren, die ganze Gegend vom Land her einschließen. Ein russischer Kriegsgefangener fährt den Traktor. Doch kurz vor Elbling staut sich der Verkehr. Deutsches Militär kommt ihnen in wilder Flucht entgegen, manche reißen sich schon die Abzeichen von der Uniform. Die Familie ist zu spät losgefahren. »Wenn die Russen uns schon erwischen, dann lieber zu Hause«, sagt sich die Familie und dreht um. Als sie zurückkommen, ist ihr Gutshof von einem Generalstab der Wehrmacht besetzt. Im Keller stehen jetzt ein Generator für den ausgefallenen Strom und eine Funkstation. Ein Soldat wacht mit einem Schlüssel draußen an einer Jauchetonne. Wenn sich die sowjetischen Flugzeuge dem Hof nähern, schlägt er Alarm. Und dann sitzen die Pohlmanns neben dem mit Ritterkreuz dekorierten, Panzerschlacht-erfahrenen General von

Kessel im Keller und warten auf das nächste Schlüsselklirren, um wieder nach oben zu gehen.

Am 4. Februar machen ihnen die Generalstabsoffiziere klar, dass sie flüchten müssen. Aber wohin? Ostpreußen ist längst von der Roten Armee eingeschlossen. Sie hören, dass das Frische Haff zugefroren sei. Schon seit Tagen zögen Pferdewagen über das Eis hin zur Frischen Nehrung und weiter nach Danzig. Es ist das einzige Schlupfloch, das es noch gibt. Einen Tag später macht sich die Familie mit einem Pferdefuhrwerk auf den Weg, vollgepackt mit Lebensmitteln, Futter für die Pferde, Kleidung und einer Liege für den Vater. Alle wichtigen Papiere hat die Mutter in eine Bügeltasche gepackt. Sie lässt sie in der Aufregung des Aufbruchs liegen. Die Tiere werden losgebunden, die Raufen noch einmal mit Futter gefüllt.

Sie ziehen erst am Abend los, damit die Tiefflieger sie nicht sehen. Ringsum ist der Himmel glutrot, überall lodern Brände, nur im Norden ist noch ein winziger dunkler Fleck – ihr Ziel, ihre einzige Rettung. Es sind nur dreißig Kilometer bis zum Haff, doch sie benötigen Tage für die Strecke. Tausende Fuhrwerke sind unterwegs, manchmal stauen sie sich an einer Stelle über Stunden hinweg. Am 10. Februar erreichen sie endlich das Frische Haff. Es ist Nachmittag, der Himmel zum Glück bedeckt. Vielleicht hält das die Flieger fern.

Jeder Wagen wird von Soldaten untersucht, bevor er aufs Haff darf. Möbel, Werkbänke, alles Überflüssige wird heruntergeworfen, stattdessen Verwundete auf die Wagen gehoben. Auch sie bekommen zwei Schwerverletzte, die neben dem Vater liegen, und zwei Leichtverletzte, die sich auf dem Kutschbock neben der Mutter zusammendrängen. Und dann geht es aufs Haff. Ein endloser Zug. Eingefrorene Bäumchen, ins Eis gerammt, markieren den Weg. Die Pferde müssen immer wieder gestützt werden, damit sie auf der spiegelglatten Fläche nicht ausrutschen. Der Weg führt vorbei an Blutlachen, ins Eis eingebrochenen Wagen, krepierten Pferden. Und auch an Opfern von Tieffliegerangriffen. Zerschossene Wagen, Pferde mit heraushängendem Gedärm. Marias Bruder zählt die toten Tiere. Bei hundert hört er auf. So geht es stundenlang. Sie sehen schon das Ufer, doch von rechts stößt ein weiterer Treck hinzu. Die Wagen stauen sich, rücken von hinten immer dichter nach, beachten nicht die nötigen Abstände, damit das Eis hält. Es dämmert, sie stehen plötzlich bis zu den Knöcheln im Wasser. Das Eis trägt die Last nicht mehr. Sie retten sich auf eine kleine Landzunge vor der Küste, indem sie mit Laternen über die Risse springen.

Kaum herunter vom Eis, suchen Marias erschöpfte Brüder etwas Schilf für ein Nachtlager. Sie werden wieder hochgejagt, müssen stattdessen den Rest der Nacht im Kreis marschieren, um nicht zu erfrieren. Wach halten sie vor allem auch der Klang der Stalinorgel, ein sowjetischer Raketenwerfer, und die Schreie der Getroffenen auf dem Eis. Jetzt zwar an Land, geht es dennoch fünf Tage nicht weiter. Russische Spähtrupps treffen schon auf die Trecks und rauben die Flüchtlinge aus. Glücklicherweise ist das Eis für die Panzer zu dünn. In Kahlberg auf der Frischen Nehrung zeigt sich, dass Marias Brüder erfrorene Füße haben und der Vater nach einem Herzanfall dem Tod nahe ist. Eine Spritze rettet ihm in letzter Minute das Leben.

Auf getrennten Wegen schlagen sie sich nach Danzig durch. Die Stadt ist vom Land her bereits vollständig von der Roten Armee eingekreist. Nur der Seeweg ist noch offen. Maria bemüht sich täglich bei der NSV um Schiffskarten. Immer wieder vergeblich. »Nur Frauen mit Kindern!« – »Wir haben zwei Kinder.« – »Wie alt sind die?« Sie setzt das Alter ihrer Brüder etwas herunter. Es hilft trotzdem nichts: »Dreizehn Jahre? Das sind doch keine Kinder mehr!«

Einmal gelingt es Maria, den NSV-Mann allein in seinem Büro zu sprechen. »Jetzt sage ich Ihnen mal was«, meint dieser. »Wir kriegen gar keine Schiffskarten. Wir sind nur dazu da, die Leute zu beruhigen, damit sie nicht in Panik geraten.« Er empfiehlt dem Mädchen, sich an die Marinekommandantur zu wenden, obwohl die nur Karten an Angehörige von Marinesoldaten ausgibt. »Sie schaffen das schon«, macht er ihr Mut.

»Warum möchten Sie denn weg?«, wird sie in der Kommandantur gefragt. »Danzig wird doch verteidigt.« – »Dort, wo ich herkomme, wurde auch verteidigt«, antwortet die Siebzehnjährige. Der Tod anderer ist für ihre Familie ein Glücksfall: Da die *Wilhelm Gustloff* mit Tausenden von Flüchtlingen an Bord bereits untergegangen ist, geben viele aus Angst ihre Karten für die Passage zurück. Auf einem alten Kohlefrachter können sie Danzig mit unbekanntem Ziel verlassen. Nach fünf Tagen auf See erreichen sie Kopenhagen. Es ist Mittag, als sie anlegen. Glocken läuten. Es klingt nach Frieden.

Seit dem Sommer 1944 ziehen die ersten Trecks am Haus der Bolls in Mohrungen im Ermland vorbei, später ist es nur noch ein einziger Zug, der nicht mehr abreißt. Unter Russen stellt sich die 1933 geborene Jutta mordende Mongolenstämme vor. Seitdem ist unbezähmbare Angst ihr ständiger Begleiter. Alle Neffen ihres Vaters sind bereits in Russland gefallen, sie waren jeweils die einzigen Kinder ihrer Familien.

Karlheinz Radatz mit seinen Eltern: Noch ist die Familie vereint

Im Januar hören sie die dumpfen Einschläge der Geschütze. Vor den Kindern versuchen die Eltern, die Gefahr herunterzuspielen: »Das sind nur unsere Soldaten, die üben.« Sie wissen, dass sie fortmüssen. Doch wie? Die ältere Schwester ist Luftschutzhelferin in Königsberg; bliebe sie fort, würde ihr die Erschießung drohen. Am 20. Januar ist es noch Verrat, zu fliehen, aber am 22. Januar wird bereits die ganze Region evakuiert. An dem Sonntag, der zwischen beiden Tagen liegt, versucht die Mutter, mit den kleineren Kindern wegzukommen. Für sechsundvierzig Kilometer Zugfahrt nach Elbing benötigen sie neun Stunden. An den Bahnübergängen liegen zerschossene Wagen, tote Pferde, zerfetzte Leichen, die erst beiseitegeräumt werden müssen. In Elbing ist der nächtliche Bahnhof voller Menschen, die vor Kälte wimmern. Dennoch bekommen sie Plätze in einem Zug Richtung Dresden. Sie sitzen erst seit fünf Minuten im Abteil, als die Mutter wieder aufspringt. Ohne den Vater und die große Schwester würde sie nicht in den Westen fahren. Bis zum Morgen müssen sie auf einen Zug warten, der sie zurück nach Mohrungen bringt. »Was wollen Sie dort?«, fragt der Lokomotivführer eines Lazarettzuges entgeistert. »In Mohrungen ist doch schon der Russe.« Auf dem Rückweg das gleiche Bild. Elf Stunden sind sie unterwegs. Als sie ankommen, ist das Städtchen verlassen, bis auf Soldaten, die in gebückter Haltung und mit dem Karabiner im Anschlag an Häuserwänden Deckung suchen. Auf dem Küchentisch ihres Hauses liegt ein Zettel des Vaters, er würde sich auf eigene Faust durchschlagen. Eine halbe Stunde später sind die Russen da – der Häuserkampf beginnt.

Verzweifelt versucht Jutta, ihre Mutter zum schnellen Aufbruch zu bewegen. Doch die kniet im Wohnzimmer und rollt den Teppich ein. Der Heizer habe versprochen, nicht vor dreiundzwanzig Uhr den Ort zu verlassen. So lange würde das Verladen der Verwundeten dauern. Jutta packt sie an den Schultern. »Mutti, hörst du das nicht? Wir müssen los.« – »Das sind unsere Soldaten, die schießen«, meint die Mutter. »Lauf du schon vor. Nimm aber die Hannelore mit. Dann kann ich schneller nachkommen.« Doch die kleine Schwester will sich nicht von der Mutter trennen. So rennt Jutta allein los. Um sie herum pfeifen die Kugeln. Am Bahnhof bereitet sich der Zug zur Abfahrt vor. Auf die Mutter können sie nicht warten. Jutta will zurück, doch der Heizer duldet nicht, dass sie den Zug in solch einer Todesgefahr wieder verlässt. »Die Mutter kommt mit dem nächsten Zug.«

Allein, ohne Geld, Ausweise, Lebensmittel muss sich die Elfjährige in Richtung Westen durchschlagen. Nichts als ein kleines Notizbuch hat sie bei sich. Sie überlebt ein Zugunglück mit über hundert Toten, kommt über Danzig nach Stargard. »Niemals kommt der Russe bis nach Pommern«, heißt es dort. Die Zuversicht hält nur bis zum 8. Februar, dann geht die Flucht weiter in Richtung Berlin. Ihre Tage verbringt sie auf Bahnhöfen, in der Hoffnung, die Familie wiederzufinden. Manchmal trifft sie auf Menschen aus Mohrungen, die ihre Eltern kennen, doch gesehen haben sie diese seit dem Ausbruch des Infernos nicht.

Ende Februar erreicht sie Norddeutschland. In den Flüchtlingslagern ist sich jeder selbst der Nächste. Niemand fühlt sich für die Elfjährige zuständig, stattdessen wird sie von Frauen beiseitegeschoben, wenn sie um Essen ansteht. Nirgendwo kann sie lange bleiben, auch nicht bei den eigenen Verwandten. »Jetzt hab ich noch einen Fresser mehr am Hals«, ist die Reaktion des Hamburger Onkels. Über einen Suchdienst findet sie 1952 schließlich den Vater. Dürr und elend sieht er aus, aber er ist am Leben.

Was mit ihrer Mutter geschehen ist, an deren Rettung sie bis zuletzt geglaubt hat, erfährt Jutta von einer Augenzeugin aus Mohrungen. Auf dem Weg zum Bahnhof wird die Mutter gemeinsam mit anderen Frauen in eine Villa getrieben und tagelang vergewaltigt. Danach schleppt sie sich zurück zu ihrem Haus. Auf der Treppe des Hauses wird sie vor den Augen ihrer kleinen Tochter erschossen. Mit ihrer jüngeren Schwester, die sie Jahre später ausfindig macht, kann Jutta erst 2006 über den Tod der Mutter sprechen. Die Schwester sagt: »Ich sehe sie noch, wie sie dalag, sie hatte eine blaue Strickjacke mit goldenen Knöpfen an.«

Bis zum Januar 1945 hat der sechsjährige Dieter Gröning aus Mednicken bei Königsberg keine Vorstellung davon, was Krieg bedeutet. Er weiß nicht einmal, dass überhaupt Krieg ist. Als der Vater einberufen wurde, war er gerade zwei Jahre alt. Seine Abwesenheit ist Normalität. Das erste beunruhigende Bild für ihn ist der brennende Himmel über Ostpreußen. Über Monate hinweg wird er den Himmel nicht mehr anders sehen.

Dann gibt es einen Abend, an dem sich die Familie im Keller versteckt. Neben der Mutter und Dieter sind das drei kleinere Schwestern und ein älterer Bruder. Mitten in der Nacht wird die Tür aufgerissen, und unbekannte Menschen stürmen herein, die eine fremde Sprache sprechen. Sie müssen den Keller verlassen. Es ist eine Nacht voller Rufe und Geschrei. Dieter weiß nicht, weshalb die Frauen so laut schreien. Als es hell wird, soll die Familie packen, doch es gibt nichts zu packen. Obwohl sie Pferde und Kühe besitzen, ziehen sie mit nichts als einem Kinderwagen los. Das ganze Dorf ist versammelt, dann setzt sich der Treck mit ungewissem Ziel in Bewegung. Vor ihnen müssen schon viele andere Flüchtlinge durchgekommen sein – die Straßenränder sind voller Kadaver.

Lange können sie nicht mit dem Treck mithalten. Die Mutter wird krank, bekommt Fieber, leidet unter Kopfschmerzen und Erschöpfung. Sie bleiben zurück, ziehen erst weiter, als sich die Mutter etwas erholt hat. Manchmal holen sie den Treck wieder ein, verlieren ihn dann aber erneut. Die meisten Orte bleiben für den Kleinen namenlos. Ob vor oder hinter den Frontlinien, ob in deutscher oder russischer Hand, weiß er nicht. Einmal übernachten sie in einem Ort, den sich Dieter wegen seines kuriosen Namens einprägt: Mehlsack. Das liegt im Ermland. Schließlich kann die Mutter nicht mehr weiter. Sie finden eine Stadt mit einem Krankenhaus, in dem noch deutsche Ärzte arbeiten. Namenlos bleibt auch diese für den Jungen. Hier stirbt die Mutter. Sie bekommt eine ordentliche Beerdigung; die fünf Waisen stehen vor der Grube, als der Sarg in die Erde gelassen wird. Der ältere Bruder Gerhard ist auch nur ein Schatten seiner selbst, er zeigt ähnliche Krankheitssymptome wie die Mutter. Im selben Ort folgt er der Mutter nach; auch er bekommt noch einen Sarg, doch zur Beerdigung darf Dieter nicht gehen.

Was nun geschieht, ist für Dieter Gröning nur noch ein Durcheinander wirrer Erinnerungsfetzen, ohne eine Ordnung in Raum und Zeit. Wie lange bleiben sie an diesem Ort? Wann ziehen sie weiter? Und wem folgen sie dabei? Die Erinnerung daran ist kaum mehr als ein schwarzes Loch. Der Junge, vielleicht noch sechs, vielleicht inzwischen sieben Jahre alt, hat jetzt nicht nur für sich, sondern auch für drei jüngere Schwestern zu sorgen. Eine von ihnen stirbt in seinen Armen. Kein Sarg mehr, keine Beerdigung, kein Abschied. Heute vermutet Dieter Gröning, dass es sich in allen Fällen um eine Typhusinfektion gehandelt hat.

In dem auf den Tod der Schwester folgenden Chaos verlieren die Geschwister einander. Der Junge hat keine Idee, wie es weitergehen soll, kein Ziel, nicht einmal das, zu überleben. Mit anderen Kindern zieht er durch Ostpreußen, ohne eine Richtung vor Augen zu haben. Ist noch Krieg oder schon Frieden? Verirren sie sich zufällig, als sie wieder in Richtung Osten laufen? Oder ist im Westen kein Durchkommen?

Im Sommer verrichtet der Junge Feldarbeit. Gemeinsam mit anderen Kindern wird er von russischen Soldaten auf Kohlfelder getrieben, um Disteln und Unkraut herauszureißen. Am Anfang tun sie es freiwillig, weil sie hoffen, auf diese Weise etwas zu essen zu bekommen. Doch als sie ohne Nahrung bleiben, verstecken sie sich schließlich vor den Soldaten. Es ist eine chaotische, gnadenlose Zeit. Russische »Flintenweiber«, wie der Junge sie nennt, machen sich einen

Spaß daraus, das Gewehr auf ihn anzulegen und so zu tun, als würden sie abdrücken. Die Kinder bauen aus Trümmern und Waffenschrott Hindernisse und Türme, platzieren gefundene Granaten darunter und zünden diese mittels einer langen Pulverspur, die sie in Brand setzen. Viele werden bei diesen Spielen zerfetzt, verlieren Arme und Beine.

Mit einer Gruppe von fünfzehn Gleichaltrigen gelangt Dieter Gröning nach Tilsit im Grenzland zwischen Ostpreußen und Litauen: »Wie wir dorthin gekommen sind, warum wir dorthin gekommen sind, weiß ich nicht. Das war ein allgemeines Ziel. Wir mussten ja irgendwohin.« Anderthalb Jahre lang kämpft er täglich ums nackte Überleben. Erst leben sie auf der Straße, später in einem Haus ohne Fenster, ohne Türen, mit einem Bett. In den zwei harten Wintern wärmen sie sich nachts gegenseitig, um nicht zu erfrieren. Jeder darf nur für eine bestimmte Zeit in der Mitte liegen und muss dann wieder nach außen wechseln. Für solche wie Dieter wird später der Begriff »Wolfskinder« geprägt.

Inzwischen wohnen russische Familien in Tilsit, das seit 1946 Sowjetsk heißt. Auch sie haben nichts zu essen. Die Kinder graben die Misthaufen hinter den Häusern um, auf der Suche nach Kartoffelschalen, Heringsköpfen oder -schwänzen. Im ersten Sommer finden sie noch Obst, im Jahr darauf werden sie von den Erwachsenen geschlagen, getreten und vertrieben, wenn sie sich an einen Apfelbaum wagen. Sie ernähren sich von Akazienblüten und rohen Brennnesseln, die sie mit Wasser überschütten, damit es nicht so brennt. Einer von ihnen beobachtet, wie ein Pferd krepiert, gräbt den Kadaver aus und isst davon. Der Junge stirbt.

Drei Jahre lang lebt Dieter in denselben zerrissenen Kleidern, wäscht sich kein einziges Mal. Zum Jahresende 1947 werden die Kinder von den sowjetischen Behörden eingesammelt und in einen verplombten Viehwaggon verfrachtet. Zehn Tage dauert die Fahrt, das wenige Fleisch und die Kannen mit Milch sind längst aufgebraucht, sie leben inzwischen von aufgefangenen Regentropfen, als sie die deutsche Ostzone erreichen. Der Junge hat Keuchhusten, landet nach der Genesung in Stendal in einem Waisenhaus. Es gibt wenig zu essen. Doch die Heimeltern setzen sich mit den Kindern auf die Treppe – dort wird Mandoline gespielt und »der Hunger versungen«. Ohne Hoffnung zu haben, beginnt Dieter, nach seinem Vater zu suchen. Und wirklich, im November 1948 kreuzen sich die Suchkarten, die beide aufgegeben haben. Der Vater schreibt: »Mein lieber, lieber Dieter, ich freue mich richtig, dass ich Dich gefunden habe. Hoffentlich kommst Du nun bald zu mir und bringst noch wen mit. Ich kann schon gar nicht mehr so lange warten, bis Du bei mir bist und mir erzählst, wie es Dir ergangen ist. Ja, und wo hast Du Gerhard, Brigitte, Elfriede, Gisela und Mutti gelassen? Es grüßt und küsst Dich herzlich Dein Papa.« Als Dieter diesen Brief aus Goslar erhält, bricht er zusammen. Er braucht Tage, um Kraft für eine Antwort zu finden.

Mein lieber Papa, nach langer Zeit haben wir uns beide gefunden. Lieber Papa, Elfriede, Brigitte, Gisela, Gerhard und meine Mutti sind gestorben. Lieber Papa, ich habe gar keine Hoffnung mehr gehabt, dass Du noch am Leben bist. Ich möchte so gern bei Dir sein. Lieber Papa, ich habe nicht gewusst, wann ich geboren bin, denn Mutti hat mir nicht gesagt, wann ich geboren bin, denn Mutti hat gedacht, wir bleiben immer zusammen, und wir sind doch nicht zusammengeblieben.

Das letzte Aufgebot

Ende August 1944 ist Hitlers Krieg für jeden militärisch Bewanderten unrettbar verloren. Mögen sich die vielen Verblendeten noch in den Glauben an Wunderwaffen retten, so ändert der Krieg doch grundlegend sein Gesicht. Weitere militärische Siege zu erringen tritt für die Heere in den Hintergrund. Hitler ist von nun an bestrebt, das unausweichliche Ende für alle Seiten so schreckenerregend wie möglich zu gestalten, die Deutschen, unfähig seine Visionen umzusetzen, in ihren – aus seiner Sicht verdienten – Untergang zu führen. Für die Alliierten dagegen tritt das Motiv der Rache in den Vordergrund.

Nur nicht in die Hände der Russen fallen! Dieser Gedanke beherrscht die Angst vieler Familien, die gegen Kriegsende nach Westen fliehen. Amerikaner, Franzosen, Engländer sind den Deutschen niemals als »Untermenschen« erschienen, wie das bei Juden, Polen und Russen war. Vielleicht haben die Deutschen gegen Kriegsende auch das Gefühl, das Strafgericht des Westens durch die völlige Vernichtung der deutschen Städte im Bombenkrieg bereits hinter sich zu haben. Die Russen haben ihre Rache noch vor sich.

Die Verlustquote der alliierten Bomberpiloten im Zweiten Weltkrieg ist extrem hoch. Zum Schluss, als die deutsche Luftabwehr praktisch nicht mehr existiert, steht ihr ein Aufgebot von jungen Fliegern gegenüber, die mit derselben Naivität in den Krieg ziehen wie die deutschen Hitlerjungen. Bei Tieffliegerangriffen suchen sie sich ihre Opfer, wo immer sie sie finden. Und je weniger kriegswichtige Ziele noch existieren – da

Deutschland bereits in Trümmern liegt –, desto mehr richten sich die Attacken auf die Wehrlosesten der Wehrlosen. Ob sie töten oder ihre Opfer verschonen, ist im Einzelfall kaum vorherzusagen. Sie spielen Gott.

Im Sommer 1944 wird Elfriede Wilhelm aus Stettin gemeinsam mit mehreren Mädchen und Jungen bei einer Radtour von Tieffliegern überrascht. Sie sind auf freiem Feld. Es gibt nichts, wo sie Deckung finden könnten. Die Jagdbomber fliegen mehrmals über die Köpfe der Kinder hinweg. Doch ohne zu schießen.

So viel Glück hat der achtjährige Manfred Schmidt aus Kiel nicht, als er in den Sommerferien 1944 mit fünf Freunden eine Faltboot-Tour auf dem Eutiner See unternimmt. Plötzlich tauchen drei britische Tiefflieger auf, die weniger als zwanzig Meter von der Wasseroberfläche entfernt die Jungen ansteuern und die Boote mit ihren Maschinengewehren beharken. Manfred graben sich die grinsenden Gesichter der lederbehelmten Piloten in die Erinnerung ein. Die Bootswände sind binnen weniger Sekunden völlig durchlöchert, sofort sinken die Boote. Die Jungen versuchen, sich schwimmend zu retten, bis auf einen, der von den Kugeln tödlich getroffen ist – und bis auf Manfred, der nicht schwimmen kann. Marinesoldaten kommen den Jungen zu Hilfe. Sie ziehen den bereits unter Wasser treibenden Manfred aus dem Wasser und reanimieren den bewusstlosen Jungen. »Eigentlich bin ich auch gestorben«, erinnert er sich. Nie wieder im Leben ist er später geschwommen, noch heute kann er nicht ohne Panikgefühle ins Wasser steigen.

Im Frühjahr 1945 wird Manfred Hitlerjunge, ein Jahr früher als eigentlich vorgesehen. Vielleicht will die HJ den Jungen angesichts seines systemkritischen Vaters möglichst schnell in die ideologischen Fänge bekommen; vielleicht ahnen die Jungvolk-Führer aber auch schon, dass es ein Jahr später keine Hitlerjugend mehr geben wird. Sicher ist nur: Im Wahnsinn der letzten Kriegstage ist kein Deutscher für einen letzten Opfergang zu jung.

Anfang Mai 1945 sammeln Hitlerjungen auf drei schweren Motorrädern mit Beiwagen das gesamte Jungvolk des Dorfes ein, in dem Manfreds Familie seit der Ausbombung lebt. Die Beiwagen sind mit Planen zugedeckt, darunter liegt je ein Zentner Dynamitstangen. Als Manfreds Mutter sieht, dass ihr Neunjähriger in ein Himmelfahrtskommando geschickt werden soll, mobilisiert sie die Nachbarsfrauen zur Unterstützung und verweigert die Herausgabe ihres Sohnes. Die Hitlerjungen können sich mit ihren siebzehn Jahren der Energie der Schleswiger Mütter nicht erwehren und holen Unterstützung: Gestapo. Manfreds Mutter wird festgenommen und geschlagen, weil sie sich wehrt. Der Junge muss nun auf eines der Motorräder steigen, ob er will oder nicht. Auf dem Dynamithaufen sitzend, erfährt er jetzt auch das Ziel des Einsatzes. Die Rendsburger Hochbrücke soll gesprengt werden, eine der berühmtesten Brückenkonstruktionen Deutschlands, die in einer Länge von über dreihundert Metern den Nord-Ostsee-Kanal überspannt. Doch Manfreds Mutter hat mit ihrem Widerstand das Unternehmen in einen zweistündigen Zeitverzug gebracht. Als das Sprengkommando die Brücke erreicht, wird diese bereits von den ersten britischen Panzerspähwagen und Panzern befahren. Den Hitlerjungen bleibt nichts anderes übrig, als hektisch umzudrehen und die Motorräder samt Dynamit in einen Wassergraben zu lenken. Manfreds Mutter hat auf diese Weise sowohl die Brücke als auch das Leben ihres Sohnes gerettet.

Eigentlich schwebte dem vierzehnjährigen Wolfgang Pickert aus Berlin vor, einmal Kapitän oder wenigstens Schiffsingenieur auf hoher See zu werden, als er sich 1944 um einen Ausbildungsplatz an der Seeberufsfachschule in Görlitz bewirbt. Dass die Schule trotz des zivilen Anstrichs in Wahrheit der Kriegsmarine unterstellt ist, stört ihn wenig. Mit der schicken Marineuniform kann er im Görlitzer Kino all die aufregenden Revuefilme mit Marika Rökk anschauen, obwohl sie für Zuschauer unter achtzehn Jahren verboten sind. Kurz vor dem Weihnachtsurlaub 1944 beginnt die Schießausbildung. Die Jungen werden von verwundeten Soldaten eingewiesen, die Waffen sind Karabiner aus dem Ersten Weltkrieg, und sie schießen mit Platzpatronen. Dass aus diesem Spiel in wenigen Wochen Ernst werden wird, vermag der Junge nicht abzusehen.

Aus dem Weihnachtsurlaub kehren viele nicht nach Görlitz zurück. Allmählich sickert durch, dass in ihren Heimatorten wohl schon die Russen sind. Und weil die Rote Armee immer näher rückt, wird der fünfzehnjährige Wolfgang Pickert Soldat. Tag und Nacht hört er schon das Grollen der Geschütze. Und dann ist es so weit. Sie werden eingekleidet, erhalten Gamaschen über die Stiefel, die blaue Uniform haben sie ja schon. Ihre persönliche Habe bleibt zurück. Es geht nach Schlesien. Wolfgangs Ausrüstung besteht aus Brotbeutel, Feldflasche, Gasmaske und Koppel mit Patronentaschen sowie dem Karabiner, an dem er ausgebildet wurde. Auf einer freien Ebene treffen sie auf SS-Männer und alte Leute mit Stahlhelmen, Volkssturm. Dazwischen werden die Marineschüler verteilt.

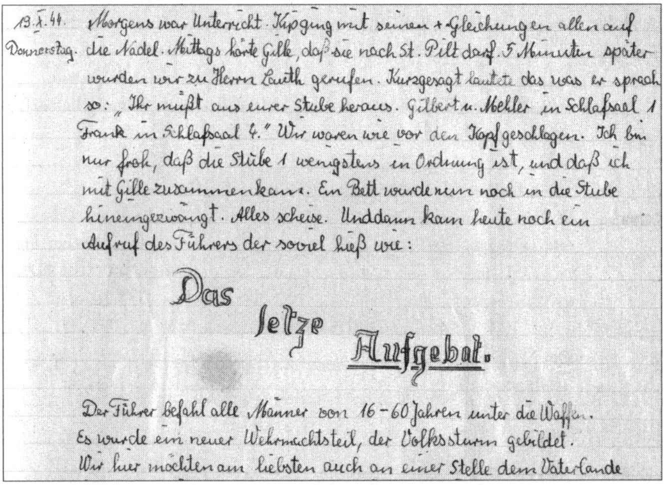
13.X.44. Donnerstag. Morgens war Unterricht. Kip ging mit seinen + Gleichungen allen auf die Nadel. Mittags hörte Gille, daß sie nach St. Pilt darf. 5 Minuten später wurden wir zu Herrn Lauth gerufen. Kurzgesagt lautete das was er sprach so: „Ihr müßt aus eurer Stube heraus. Gilbert u. Mehler in Schlafsaal 1 Frank in Schlafsaal 4.“ Wir waren wie vor den Kopf geschlagen. Ich bin nur froh, daß die Stube 1 wenigstens in Ordnung ist, und daß ich mit Gille zusammenkam. Ein Bett wurde nun noch in die Stube hineingezwängt. Alles scheise. Unddann kam heute noch ein Aufruf des Führers der soviel hieß wie:

Das letze Aufgebot.

Der Führer befahl alle Männer von 16–60 Jahren unter die Waffen. Es wurde ein neuer Wehrmachtsteil, der Volkssturm gebildet. Wir hier möchten am liebsten auch an einer Stelle dem Vaterlande

Tagebuch von Karl Heinz Mehler, Oktober 1944

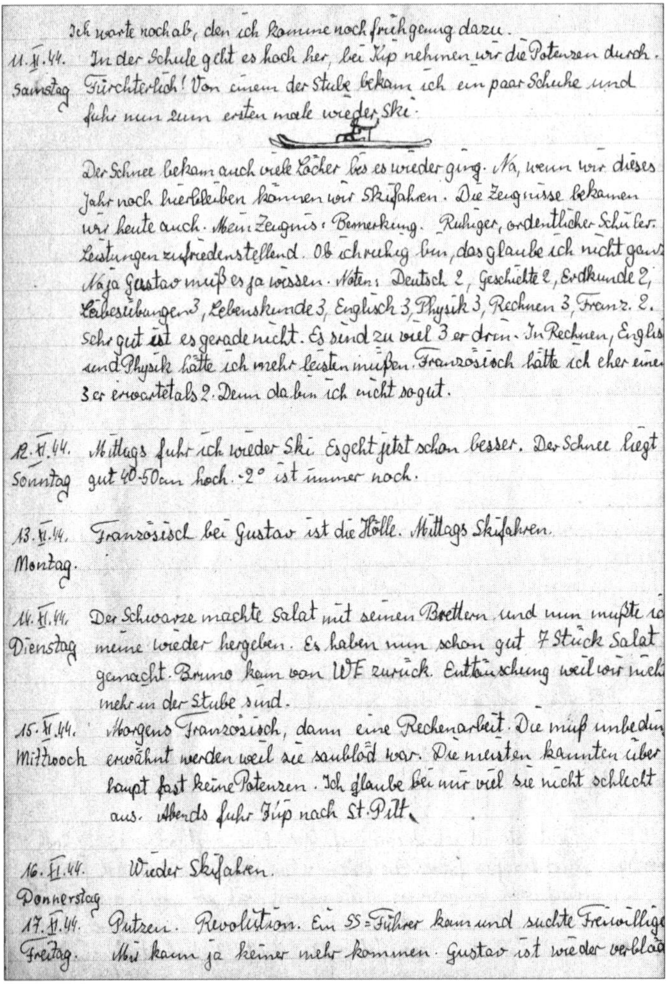
Ich warte noch ab, den ich komme noch früh genug dazu.
11.XI.44. Samstag In der Schule geht es hoch her, bei Jup nehmen wir die Potenzen durch. Fürchterlich! Von einem der Stube bekam ich ein paar Schuhe und fuhr nun zum ersten male wieder Ski.

Der Schnee bekam auch viele Löcher bis es wieder ging. Na, wenn wir dieses Jahr noch hierbleiben können wir Skifahren. Die Zeugnisse bekamen wir heute auch. Mein Zeugnis: Bemerkung. Ruhiger, ordentlicher Schüler. Leistungen zufriedenstellend. Ob ich ruhig bin, das glaube ich nicht ganz Naja Gustav muß es ja wissen. Noten: Deutsch 2, Geschichte 2, Erdkunde 2, Leibesübungen 3, Lebenskunde 3, Englisch 3, Physik 3, Rechnen 3, Franz. 2. Sehr gut ist es gerade nicht. Es sind zu viel 3er drin. In Rechnen, Englis[ch] und Physik hätte ich mehr leisten mußen. Französisch hätte ich eher eine 3er erwartet als 2. Denn da bin ich nicht so gut.

12.XI.44. Sonntag Mittags fuhr ich wieder Ski. Es geht jetzt schon besser. Der Schnee liegt gut 40-50 cm hoch. -2° ist immer noch.

13.XI.44. Montag. Französisch bei Gustav ist die Hölle. Mittags Skifahren.

14.XI.44. Dienstag Der Schwarze machte Salat mit seinen Brettern und nun mußte ic[h] meine wieder hergeben. Es haben nun schon gut 7 Stück Salat gemacht. Bruno kam von WE zurück. Enttäuschung weil wir nich[t] mehr in der Stube sind.

15.XI.44. Mittwoch Morgens Französisch, dann eine Rechenarbeit. Die muß unbedin[gt] erwähnt werden weil sie saublöd war. Die meisten kannten überhaupt fast keine Potenzen. Ich glaube bei mir viel sie nicht schlecht aus. Abends fuhr Jup nach St. Pölt.

16.XI.44. Donnerstag Wieder Skifahren.

17.XI.44. Freitag. Putzen. Revolution. Ein SS=Führer kam und suchte Freiwillige Mir kann ja keiner mehr kommen. Gustav ist wieder verbla[…]

Tagebuch von Karl Heinz Mehler, November 1944

In der ersten Nacht schlagen bereits Granaten ein. Am Morgen sehen sie die ersten Toten und Verletzten. So geht es Nacht um Nacht, nur dass die Russen immer näher kommen. Sie hören die Hurrarufe der sowjetischen Soldaten, feuern in ihrer Angst die Karabiner ab, die sie schließlich gegen ein Sturmgewehr 44 eintauschen dürfen. Dann erst organisiert jemand Spaten. Jetzt können sie wenigstens provisorische Gräben anlegen und vor den Granateinschlägen etwas Schutz finden. Drei Wochen liegt Wolfgang da im Dreck und schießt. Er schießt ins Blinde hinein, in die Nacht, mitten hinein in das Furcht einflößende Siegesgeschrei der Rotarmisten. Zum ersten Mal springt den Jungen ein Antikriegsgefühl an. Es fühlt sich plötzlich an, als wären sie Besiegte, nicht Sieger. Statt sich, wie in der Wochenschau berichtet, stetig »nach vorn zu entwickeln«, graben sich die deutschen Helden ein und warten ängstlich ab, wen die Granate treffen wird. Wolfgang, der schon durch den Bombenkrieg gegangen ist, erlebt dabei einen Tod, der auf ihn noch schrecklicher wirkt: Mit dem zerfetzten Torso, dem Arme, Beine und Kopf fehlen, hat er doch gerade eben noch gesprochen!

Nach drei Wochen Hölle werden die Marineschüler zurückbeordert. Sie überlassen SS und Volkssturm dem absehbaren Untergang. Auf dem schnellsten Wege soll nach dem unerforschlichen Ratschluss des Führers die jugendliche Elite nunmehr an der Westfront verheizt werden. Dort kommen sie zu ihrem Glück nicht mehr an. Ein Tieffliegerangriff stoppt den Zug. Als Wolfgang in Deckung springt, futtert er anschließend hektisch den restlichen Speck aus seinem Brotbeutel. »Wenn du den Speck jetzt nicht isst«, denkt er, »ist es zu spät.« Kurz darauf wird er von Engländern gefangen genommen. Der Krieg ist aus.

Im März 1945 überbringt der einbeinige Ortsdiener im thüringischen Großensee dem fünfzehnjährigen Artur Führer den Einberufungsbefehl: »Feldmarschmäßig« habe sich dieser noch am selben Abend um einundzwanzig Uhr an der Ortslinde einzufinden. Die Eltern helfen ihm, den Tornister zu packen. Die Mutter will ihm den Kuchen mitgeben, den er besonders gern isst, doch der Vater sagt: »Lass den Kuchen weg. Was die Jungs da draußen brauchen, ist eher Wurst und so etwas.« Artur hat eben noch Schularbeiten gemacht, er ist in Gedanken mit Vokabeln und Gleichungen beschäftigt.

Dann kommt der Abschied. Die Mutter läuft ihm bis zum Hoftor nach, will ihn nicht fortlassen. Ihre Tränen kann der Junge nicht ertragen.

In der General-Fuchs-Kaserne werden sie eingekleidet und auf den Führer und militärischen Oberbefehlshaber Adolf Hitler vereidigt. Nun tragen sie Kampfanzüge und Stahlhelme, die viel zu groß sind. Sowohl evangelische als auch katholische Geistliche stehen zur Betreuung der Jungen bereit. Trommelwirbel beendet die Vereidigung, dann sehen die frischgebackenen Soldaten im Kino den patriotischen Heimatfilm *Wetterleuchten um Barbara*. Die Stimmung ist gedrückt, bis jemand »Wir werden schon endsiegen!« schreit und ein Lied anstimmt: »In der Heimat, in der Heimat, / da gibt's ein Wiederseh'n!« Alle singen mit. Dann fahren sie durch die Nacht. Wohin, das ist ein militärisches Geheimnis.

An einer Brücke müssen sie aussteigen und sich eingraben. Jetzt erfahren sie auch, dass ihre Truppe den fantasievollen Namen »Panzerbekämpfung Thomas Müntzer« trägt und gegen amerikanische Panzer zum Einsatz kommt. »Hoffentlich ist kein Neger dabei«, sagt einer. »Die kommen ja mit einem Messer im Mund.« Wann der Feind eintreffen wird, kann ihnen niemand sagen. Sie hören das Rasseln der Ketten, das Dröhnen der Motoren, das Donnern der Geschütze in der Tat früh genug. Die Kindersoldaten sind in Reihen gestaffelt. Ihnen wird eingeschärft, nur auf Kommando zu schießen, keinesfalls zu früh, um dem Feind kein leichtes Ziel zu bieten. Dann sind die Panzer da. Die erste Reihe feuert die Panzerfäuste ab, nur einer trifft einen Panzer. Sein Schrei der Freude und des Stolzes geht über in einen Todesschrei, eine MG-Salve hat ihn getroffen. Während die Jungen ihre Panzerfäuste abschießen, geraten sie unter den Beschuss der hinteren Panzer, die noch nicht in Reichweite sind. So geht es Stunde um Stunde. Artur erlebt, wie seinen Kameraden in nächster Nähe Gliedmaßen zerschmettert werden, Gedärme herausquellen. Und was ihn besonders verwirrt: Sie alle schreien im

Todeskampf nach ihrer Mutter. Aber die Mutter kann ihnen doch nicht helfen, denkt Artur. Warum rufen sie nicht besser um Hilfe? Plötzlich versteht er, dass es keine Hilfe mehr gibt.

Und ebenso plötzlich sieht der Junge, dass der Zugführer ihnen keine Befehle mehr erteilt, sondern längst getürmt ist. Nun bricht auch bei einigen Hitlerjungen der Wille zur Vernichtung des Feindes in sich zusammen. Artur und vier weitere Kameraden werfen ihre Waffen fort und verdrücken sich. Prompt laufen sie den »Kettenhunden«, der berüchtigten Feldgendarmerie, in die Arme. Ihre Ausreden, sie seien versprengt und suchten ihre Einheit, fruchten nichts. Sie werden nach dem Verhör in eine Scheune gesperrt, dann wird das Schnellverfahren vor einem provisorischen Kriegsgericht eröffnet. Sogar eine gewisse Art von Jurist ist anwesend, der ihnen ihr Verbrechen paragrafenweise erläutert und auch die Strafe verhängt. Tod durch ein Erschießungskommando am nächsten Morgen.

Ihre militärische Ausbildung hat den todgeweihten Jungen nicht unbedingt geholfen, um gegen die Amerikaner zu bestehen. Aber sie hilft nun bei dem Versuch, der Erschießung als Deserteure zu entkommen. Artur kennt die Art Scheune, in der sie gefangen gehalten werden, besser als die Bewacher. Dort gibt es einen Riegel, der einem hilft, auf der Rückseite nach draußen zu gelangen. Die Jungen bewaffnen sich mit den langen hölzernen Rungen der in der Scheune abgestellten Wagen und füllen einen Kübel mit Spreu, um ihn dem Wachmann in die Augen zu werfen. Dann horchen sie auf die Schritte der Wachen, um den richtigen Zeitpunkt zu erwischen, stürmen hinten aus der Scheune und knüppeln einen Wachmann mit ihren Stangen nieder. Der bleibt wie tot liegen, während der zweite Feldgendarm hinter ihnen herschießt. Doch da verschwinden sie schon in der Dunkelheit und geben kein Ziel mehr ab. Auf seiner Flucht sucht Artur nun nach Häusern, aus denen schon das weiße Laken der Kapitulation hängt. Zu Hause kommt er am Ostersamstag an.

Die Mutter nimmt ihn in die Arme und weint. Dann sagt sie nur: »Jetzt kann es Ostern werden – Zeit der Auferstehung.«

Der zwölfjährige Walter Zierold erlebt das Kriegsende im sächsischen Waldenburg, wohin er auf eigene Faust geflüchtet ist, um der Mutter und der Schwester möglichst nahe zu sein. Weitere Kinderlandverschickungen lehnt er strikt ab. Im April kommt die Front immer näher. Die Geschütze sind schon zu hören, als auf dem Marktplatz eine Tribüne aufgebaut wird. Die Jungen müssen ihre HJ-Uniform anziehen, und Feldgendarmerie streift umher, um potenzielle Deserteure ausfindig zu machen. Der NSDAP-Kreisleiter hält eine flammende Durchhalterede: »Bis zum letzten Tropfen Blut!« Danach wird er nicht mehr gesehen.

Gegen Abend zieht ein gespenstischer Zug in Waldenburg ein. Der Todesmarsch von 500 Männern und 2500 Frauen aus dem Außenlager Altenburg des KZ Buchenwald findet auf dem Markplatz ein Ende. Eine Wagenburg wird errichtet, innen die Häftlinge, außen die SS. Die Soldaten geben noch etwas Brot an die Häftlinge aus. Dann setzen auch sie sich ab. Die Häftlinge können in die Wohnungen am Marktplatz fliehen, deren Besitzer sich in die Keller zurückgezogen haben. Nur die Hitlerjungen und einige Volkssturmleute halten noch die Stellung. Ihnen wird eingeredet, die Russen seien im Anmarsch. Und so ist auch Walter hoch motiviert, seine Mutter und seine Schwester gegen die mongolischen Horden zu verteidigen. In diesem Moment ist er bereit, für sie sein Leben zu opfern – wie es seine Brüder schon getan haben. In Wahrheit sind es aber die Amerikaner, die am 13. April Waldenburg angreifen.

Ein Flakfeldwebel drückt dem Jungen eine Panzerfaust in die Hand und weist ihn kurz in deren Gebrauch ein. »Man hört das Kommen der Panzer schon kilometerweit«, erinnert sich Walter Zierold. »Das Schlimmste ist das Dröhnen. Da zittert die Erde. Und wenn die Panzer auch noch während der Fahrt aus allen Rohren schießen und die Granaten einschlagen, ist das unvorstellbar schlimm. Ich bin danach ein Eigenbrötler geworden, ich habe später kaum Kontakt gesucht. Das war wahrscheinlich für meine Seele zu viel.«

Walter feuert die Panzerfaust ab; ob er getroffen hat, weiß er nicht. Seine Nebenleute werden von Maschinengewehrfeuer zerfetzt. Dann hört der Junge einen jungen Leutnant brüllen: »Macht, dass ihr hier rauskommt! Ab in den nächsten Keller mit euch!« Er rettet den jungen Fanatikern das Leben. Am anderen Morgen sind die Straßen mit Toten und Verwundeten übersät. Auch die Leiche des Leutnants mit einem Kopfschuss liegt da. Er soll noch in letzter Sekunde von den Feldgendarmen erschossen worden sein, weil er, nachdem die Vorgesetzten gefallen waren, als ranghöchster Offizier die sinnlose Verteidigung der Stadt abbrechen wollte.

Walter und die anderen Hitlerjungen vergessen angesichts der Niederlage, dass deutsche Jungen nicht weinen. Ihnen allen fließen die Tränen über das Gesicht. Denn jetzt ist alles vorbei. Alles war umsonst. Walters Brüder sind umsonst gefallen; dass inzwischen auch der Vater gefallen ist, weiß er noch nicht. Alles Leiden war ohne Sinn.

— Ich war mit neun Jahren die Älteste, und mein Papa war der Meinung, dass meine Mutter ein bisschen lebensfremd sei. Dann rief er mich zu sich, bevor er ging: »Heidi, du musst dafür sorgen, dass die Mama mit den Lebensmittelkarten vernünftig umgeht! Und du bist die Einzige, die den Radioapparat bedienen darf.« Da habe ich mich richtig geadelt gefühlt. Es war aber auch eine fürchterliche Belastung. Ich weiß, wie ich gezittert habe, wenn es am Monatsanfang die Lebensmittelmarken gab und die Mama einkaufen ging. »Mama, aber nicht zu viel! Mama, nur hundert Gramm Wurst! Mama, der Papa hat gesagt ...«

Heidi Hummler, Jahrgang 1933

— Wir mussten, auch als Jungs und wenn wir noch so klein waren, unsere Knöpfe selbst annähen, Socken stopfen, alles selber machen. Wenn wir zu unserer Mutter gesagt haben: »Das kann ich nicht«, hieß es nur: »Kann ich nicht, will ich nicht – die liegen auf dem Friedhof.« Damit war die Diskussion zu Ende.

Manfred Kühn, Jahrgang 1934

— Ich hatte keine Kindheit vom zehnten bis zum achtzehnten Lebensjahr. Als Elfjähriger war ich schon ein erwachsener Mann. Ich weiß nicht, was Kindheit bedeutet.

Zenon Malec, Jahrgang 1928

— Stundenlang ist um diesen unwichtigen Ort Boxberg gekämpft worden, und wir waren lange im Keller. Um die Mutter hatten sich meine drei kleinen Geschwister geschart und dazu ein Flüchtlingsmädchen aus der Nachbarschaft, die ein Jahr älter war als ich, aber einen Kopf kleiner. Für mich war am Ende des Krieges das Schlimmste, dass ich gedacht habe: »Ich muss immer so groß sein, ich habe doch auch Angst! Ich möchte jetzt auch zur Mama schlüpfen.« Aber da war kein Platz, sodass ich mich zum ersten Mal furchtbar allein gefühlt habe.

Heidi Hummler, Jahrgang 1933

Die vielen Gesichter der Sieger

Am 21. April 1945 dringen die ersten sowjetischen Verbände in das Stadtgebiet von Berlin vor. Die Reichshauptstadt liegt bereits fast vollständig in Trümmern, dennoch schlagen noch einmal nahezu 100 000 deutsche Soldaten, darunter Tausende Hitlerjungen, die jünger als sechzehn Jahre sind, zwei Wochen lang eine sinnlose Schlacht gegen die erdrückende Übermacht der Roten Armee. Dem sechzehnjährigen Günter Kunert bleibt die zweifelhafte Ehre erspart, in den letzten Tagen für den Führer den Heldentod zu sterben. Obwohl ihm bei der routinemäßigen Musterung beste Eignung zum Soldaten bescheinigt wurde, ist er wegen seiner jüdischen Mutter »wehrunwürdig«. Er verbringt das Finale des Zweiten Weltkriegs im Schutz des Hauskellers und auf unvorsichtigen, der Neugier geschuldeten Ausflügen.

Während er im Nebenkeller – von den »reinrassigen« Volksgenossen abgesondert – sitzt, gesellt sich in diesen Tagen eine attraktive, junge »arische« Frau aus dem Haus zu ihm, auf die der Halbwüchsige schon länger ein Auge geworfen hat. Schüchterne Berührungen finden statt, sehr zur Empörung der übrigen Bewohner, die die Frau anschließend mit heftigen Worten zur Rede stellen. Doch bei wem können sie sie jetzt noch denunzieren oder anzeigen? Schräg gegenüber dem Haus, an der Ecke Greifswalder und Danziger Straße, befindet sich das Polizeirevier. Dort sind zwei Polizisten Tag und Nacht nur noch damit beschäftigt, Akten zu vernichten.

Einer der Bewohner besitzt ein Detektorradio, das es ihm ermöglicht, ohne Stromquelle leise Funksignale über Kopfhörer zu empfangen. Am 1. Mai gegen dreiundzwanzig Uhr wird die Nachricht verbreitet, der Führer sei im Kampf gegen den Bolschewismus gefallen. Der Mann hat das Gehörte kaum laut wiedergegeben, als sich der Hauswart mit den Worten erhebt: »Wir haben im Heizungskeller ein Feuer gemacht – wenn jemand etwas zu verbrennen hat?« Sofort stehen zwanzig Hausbewohner auf. Günter Kunert läuft nach oben in den Hausflur, um den Jungen vom Volkssturm die Nachricht zu überbringen. Doch da liegt nur noch ein großer Haufen von Panzerfäusten, Karabinern und Helmen, deren Besitzer schon über alle Berge sind. Eilig machen sich die Hausbewohner daran, die Hinterlassenschaft des Volkssturms im Löschteich hinter dem Haus zu versenken.

Zwei Tage später begegnet Günter seinem ersten Russen. Der deutet mit der Maschinenpistole auf ihn und fordert seine Uhr. Der Junge kommt ungeschoren davon, da er keine trägt, zumindest nicht sichtbar, denn er hat sie sich um das Fußgelenk geschnallt. Heikler wird es, als zwei junge Sowjetsoldaten auf der Suche nach vergrabenen Waffen mit langen Eisenstangen das Erdreich rund um den Löschteich des Hauses durchstochern. Die Waffen im Löschteich finden sie nicht. Einige Frauen des Hauses gesellen sich zu ihnen und verwickeln die beiden Deutsch sprechenden Rotarmisten in einen freundlichen Schwatz, als handele es sich um nette neue Nachbarn. »Was machen Sie hier?« – »Schauen, ob etwas in der Erde ist.« – »Ach so.« Was geschieht denn da? Der junge Kunert wundert sich. War da nicht eben noch Krieg? Nein, anscheinend nicht. Sehr eigentümlich.

Überall im Deutschen Reich betreiben jetzt die Menschen ihre ganz persönliche Entnazifizierung. Familie Lang aus Berlin, die bei Verwandten im thüringischen Schmölln Zuflucht gesucht hat, hat etwas zu jener Zeit sehr Begehrtes im Haus: große runde Kanonenöfen. Das halbe Dorf steht bei ihnen Schlange, um verfängliche Bücher zu verbrennen. Draußen ist es frühlingshaft warm, die bulligen Öfen glühen, verbreiten eine unerträgliche Hitze. Doch angesichts einer massiven Hitlerbüste aus Bronze ist guter Rat teuer. Fasziniert beobachtet die vierzehnjährige Renate, wie im Hof der Gully geöffnet wird und der Charakterkopf des geliebten Führers alsbald in den Fäkalien versinkt.

Um der Einberufung zum Volkssturm zu entgehen, versteckt sich der Vater von Manfred Kühn zum Kriegsende hin jeden Abend in den Wäldern. SA-Männer erscheinen an ihrer Wohnungstür und drohen mit Kriegsgericht und Erschießung, falls der Vater anderntags nicht beim Volkssturm einträfe. Doch an dem beschworenen nächsten Tag rücken die Amerikaner in Ilmenau ein, wohin die Berliner Familie Kühn kurz vor Kriegsende geflohen ist. Plötzlich trägt aus dem gestrigen SA-Kommando niemand mehr eine Uniform, jeder von ihnen ist geläutert, nie Nazi gewesen. In der Ilm verrotten inzwischen schon so viele Waffen, dass man damit eine ganze Kompanie hätte ausrüsten können. Hakenkreuzfahnen und Uniformen mit Parteiabzeichen treiben im Wasser.

Der neunjährige Dieter Hallervorden sieht das alles weniger eng. Als am 19. April 1945 amerikanische Truppenverbände in Quedlinburg einziehen, begrüßt er die Befreier auf ungewöhnliche Art und Weise: in einem erbeuteten Wintermantel der SA mit Hakenkreuzbinde und steil zum Hitlergruß erhobenem Arm. Es ist die Lust an der Verkleidung, ein leichtsinniges Spiel mit der Provokation, aber auch das kindliche Selbstbewusstsein, diese komische Sorte von Panzern und Soldaten doch eben noch in Miniaturform mit kleinen Bleikugeln umgeschubst zu haben. Bevor Schlimmeres geschieht, zerrt ihn der Vater von der Straße weg.

Der vierzehnjährige Ernst Woll aus Thüringen ist prädestiniert dafür, noch kurz vor Kriegsende eines sinnlosen Todes zu sterben. Im März 1945 hat er sich zum Entsetzen seiner Eltern freiwillig zur Waffen-SS gemeldet und sich gemeinsam mit den Kameraden ausgemalt, was die Mädchen für Augen machen werden, wenn sie als SS-Offiziere mit Orden behangen nach siegreich bestandenen Kämpfen in die Heimat zurückkehren. Für den Volkssturm transportiert der HJ-Fähnleinführer Woll unter Tieffliegerbeschuss mit dem Fahrrad Munitionskisten. Als die Amerikaner Mitte April näher rücken, ist der Bürgermeister von Hohenleuben bemüht, seinen Ort ohne Volkssturmwahnsinn zu übergeben. Ernsts gleichaltriger Kamerad aus dem Nachbarort, Fähnleinführer auch er, versucht jedoch noch, eine Werwolf-Einheit zu gründen. Hitler hat viele Maßnahmen zur Zerstörung der Familienbindungen getroffen, um so »seine« Jugend auf Opferbereitschaft und Skrupellosigkeit drillen zu können. Dass im Fall der Familie Woll diese Saat nicht aufgegangen ist, rettet Ernst das Leben. Denn als ihm die Eltern verbieten, an dem selbstmörderischen Werwolf-Kommando teilzunehmen, unterwirft er sich deren Autorität. Er widersetzt sich auch nicht, als aus ihrem Gehöft die weiße Fahne gehängt wird. Sein Kamerad dagegen verschanzt sich im Schulgebäude und feuert als Einzelner gegen eine ganze Einheit. Er wird von den Amerikanern gefangen genommen. Niemand aus der Gegend hat danach je wieder etwas von ihm gehört.

Drei Amerikaner durchsuchen nach der Einnahme des Städtchens jedes Haus. Zu den Wolls kommen zwei Soldaten und ein Offizier. Für den Pimpf ist es ein Schock: Der Vorgesetzte ist ein Schwarzer – und befiehlt über Weiße! Sie halten ihre Waffen auf die Familie gerichtet, durchsuchen jede Stube und die Scheune. Ernsts Pistole finden sie nicht, stattdessen jedoch seinen feldmarschmäßig gepackten Tornister. Jungvolkbefehl. Daher glauben die Amerikaner, Ernst und sein Vater seien Soldaten. Der schwarze Offizier spricht Deutsch und lässt sich von der Mutter, die wie eine Löwin um ihre Männer kämpft, genau erklären, was für die Harmlosigkeit der Verdächtigen spricht. Für Ernst Woll ist es bedrückend, zu erleben, dass ein Schwarzer, ein »Nigger«, über ihn, den »Herrenmenschen«, Gericht hält. Verkehrte Welt! Den Jungen empört dieser Umstand so sehr, dass er nicht registriert, wie es seiner Mutter gelingt, Vater und Sohn vor der Kriegsgefangenschaft zu bewahren.

Acht Tage vor dem Einmarsch der Amerikaner haben die Hitlerjungen auf höheren Befehl hin ihre Fähnleinfahne vergraben, passenderweise in der Nähe des Friedhofs. Die heilige Fahne darf unter keinen Umständen in die Hände des Feindes fallen; das eigene Leben ist dagegen vergleichsweise verzichtbar. Doch die Verlockungen des Feindes siegen am Ende über die Prinzipien. Die Amerikaner entpuppen sich als begeisterte Sammler von Nazidevotionalien. Und so wird die HJ-Fahne wieder ausgebuddelt und gegen Corned Beef getauscht. Für das Pimpfabzeichen gibt es Kaugummis. Ernst ist enttäuscht, dass diese Feinde, die so lasch daherkommen und vor der Kommandantur den ganzen Tag »Lili Marleen« hören, die zackigen deutschen Truppen besiegt haben. Der Junge ändert indes seine Meinung grundlegend, als der Großvater stirbt. Viele aus dem Ort geben ihm das letzte Geleit. Als der Leichenzug die Kommandantur passiert, stellen die Amerikaner ihre Musik ab und salutieren vor dem Sarg. Diese Geste bewegt den Jungen zutiefst und ist der erste Anstoß, den eigenen Fanatismus infrage zu stellen.

Im Juli wird Thüringen an die Russen übergeben, vor denen eine so panische Furcht geherrscht hat. Zunächst ändert sich für Ernst Woll durch den Machtwechsel nicht viel. Lediglich die Uhren müssen um zwei Stunden vorgestellt werden. Ab jetzt gilt Moskauer Zeit.

Anfang Mai macht sich die in Ostsachsen lebende Familie von Helfried Israel auf die Flucht ins Zittauer Gebirge. Sie packen einen kleinen Leiterwagen, die Mutter kippt alle Marmeladengläser aus dem Keller in eine große Milchkanne; ein Schauspieler aus dem Haus, der im Krieg ein Bein verloren hat, wird obendrauf gehievt. Dann ziehen sie in die gebirgigen Wälder, um sich vor den Russen zu verstecken. Von allen Seiten her sammeln sich flüchtende Soldaten, bereits ohne Hoheitsabzeichen, im Wald stolpern sie über Waffenarsenale, vom verlassenen Panzer bis zur einfachen Pistole. Die reichen Bauern transportieren auf Zweispännern ihren Hausstand, doch bald kommen die Fuhrwerke nicht mehr durch die engen Gebirgspfade. Damastwäsche, Radios und Silberbesteck säumen bald die Fluchtwege. Von einer Bergkuppe können sie hinab ins Dorf blicken und werden so Zeuge des Einmarsches der Roten Armee. Endlose Kolonnen von zerlumpten Soldaten und Panjewagen, auf denen Marketenderinnen sitzen und die häufig noch eine Kuh hinter sich herziehen. Es ist wie ein Panoramabild aus dem Dreißigjährigen Krieg.

Zwei Nächte bleiben sie im Gebirge, hören aus dem Tal Ziehharmonikaklänge und das Johlen der Soldaten, die ihren Sieg feiern. Schließlich wird ein alter Mann aus der Gruppe als Vorbote ins Dorf geschickt, der nach drei Stunden mit der Nachricht zurückkommt, es sei ganz ruhig im Dorf und die Russen würden ihnen schon nichts tun. Dann erblickt Helfried den ersten Russen, einen gut aussehenden Offizier in einem Jeep. Der Junge zieht mit dem Leiterwagen an ihm vorbei, der Offizier nickt ihm zu, anstatt die Pistole zu ziehen und zu schießen. Außer über die lautstarken nächtlichen Gesänge betrunkener Soldaten kann sich der Junge nicht beklagen, zu Kindern und vor allem Jungen sind die Sieger freundlich, ja sogar herzlich. Er darf seinen Vater, einen Tierarzt, begleiten, wenn der von Russen zu einer Fleischbeschau gerufen wird. Dann gibt es ein Festessen mit Erbensuppe, Kartoffelbrei, Braten und Milch, und sie bekommen Fleisch mit nach Hause, von dem sich die Familie tagelang ernähren kann. Helfrieds Schwester und seine Mutter verstecken sich dagegen häufig in einem Verschlag auf dem Dachboden. Warum, weiß Helfried nicht. Darüber wird nicht gesprochen.

Bei Heinzes wird in der Waschküche schon zehn Tage vor Hitlers Untergang angeheizt, denn Lichtenberg ist eines der Berliner Stadtviertel, die von der Roten Armee am frühesten erreicht werden. Die BDM-Uniform der Sechzehnjährigen wird ebenso verbrannt wie jedes einzelne Foto, auf dem auch nur ein Hakenkreuz zu sehen ist. Rosemarie trauert ihren Liederbüchern nach, doch die Mutter durchsucht die Wohnung unerbittlich bis in den letzten Winkel. Dann ziehen sie in den Bunker. Im benachbarten Schlosspark Friedrichsfelde hat sich die SS mit getarnten Panzern verschanzt. Der Endkampf um Berlin tobt tagelang unmittelbar über ihnen. Der Himmel ist von einem Getöse erfüllt, als ginge die Welt unter. Der Gestank des verbrannten Öls der Panzer dringt in den Bunker ein und verunreinigt die Atemluft, sodass die Luken des Bunkers geschlossen werden müssen. Langsam geht ihnen der Sauerstoff aus, Kerzen brennen kaum noch, geben nur ein winziges Licht her. Strom und Wasser sind, wie in ganz Berlin, ausgefallen. Drei Tage lang kämpfen sie im Bunker gegen den Erstickungstod, die anwesenden Jungen hängen rund um die Uhr an einer Kurbel, um manuell etwas Luft in die Kellerräume zu pumpen. Irgendwann hält es Rosemarie im Bunker nicht mehr aus, draußen in der Wohnung ist ihr Hündchen, das versorgt werden muss. Sie wagt sich auf die Straße, das Haus ist nur einige Schritte entfernt. Ein Tiefflieger braust über sie hinweg. Sie wirft sich in die Sträucher, gelangt in die Wohnung und kocht für die Familie Kartoffeln, während eine Granate die Wand des Nachbarhauses durchschlägt. Doch den Topf Kartoffeln rettet sie in den Bunker.

Nach drei Tagen und Nächten im Bunker ist plötzlich Totenstille. »Was wird nun mit uns?« Niemand wagt sich nach oben. Stundenlang spricht niemand ein Wort. Dann gehen die Bunkertüren auf, ein junger Russe mit bäuerlichen Zügen erscheint. Er hält einen Korb in der Hand, geht im Bunker von Kabine zu Kabine und sammelt die Uhren ein. Rosemarie wird auf diese Weise ihre heiß geliebte Konfirmationsuhr los. Wieder geschieht lange Zeit nichts. Dann Gebrüll: »Dawai, dawai!« Wie eine Kolonne Ameisen setzen sich die Bunkerinsassen in Bewegung. Das Tageslicht blendet sie. Die deutschen Panzer im Schlosspark sind ausgebrannt, eine zerschossene Straßenbahn ist umgestürzt. Solche Bilder ist Rosemarie gewohnt, doch als sie den Einmarsch der Sieger sieht, glaubt sie in einer Operette zu sein. Kleine struppige Pferde und Hunde laufen inmitten der Soldaten. Kosaken mit Umhängen und roten Mützen reiten vorüber. Aus der Sedina-Fleischfabrik, in der Rosemaries Vater arbeitet, kommen Russen, die auf langen Spießen Würste tragen und an die Bevölkerung verteilen. Dann zieht die kämpfende Truppe weiter, noch sind große Teile Berlins nicht unter sowjetischer Kontrolle.

Ihre Wohnung ist bereits von Offizieren der Roten Armee belegt. Die Familie siedelt in den Luftschutzkeller um, wo es immerhin einen kleinen Kanonenofen gibt. Die Mutter brüht Tee auf. Die Sedina-Werke nehmen schnell den Betrieb wieder auf, Rosemaries Vater wird als Fachmann auch von den neuen Machthabern gebraucht. Wenn seine Familie bedrängt würde, so versprechen die Sowjets, würden sie sofort aus der Fabrik in die Wohnung kommen und für Ordnung sorgen. Zusätzlich verbarrikadieren die Männer die Haustür und richten einen Wachdienst ein.

Doch auch das hilft nicht. Gruppen von Soldaten durchstreifen die Straßen, schlagen mit den Gewehrkolben gegen die Türen und drohen zu schießen. Dann dringen sie in die Keller ein. Rosemarie versteckt sich – in ein hässliches Kopftuch gehüllt und mit schmutzig gemachtem Gesicht – in der finstersten Ecke des Kellers. Die Heinzes sind eine prüde Familie; trotz ihrer fünfzehn Jahre ist sie nicht aufgeklärt und hat nur eine ungefähre Ahnung von sexuellen Angelegenheiten. Eines Tages wird sie von einer Gruppe sowjetischer Soldaten geholt, in einen anderen Keller geführt, auf eine Plane gelegt.

Von diesem Moment an tritt das Mädchen neben sich, als ginge es nicht um sie selbst. Dennoch sieht sie, hört sie, riecht sie. Die Männer haben den Geruch ihrer Pferde an sich. Rosemarie setzt sich noch einmal auf und streicht sich den Rock über dem Knie glatt: Sie will einen anständigen Eindruck machen. Der Soldat, mit dem sie es zu tun bekommt, bemüht sich um Zärtlichkeit. Ihm scheint die Angelegenheit auch nicht geheuer. Sie liegt stocksteif da, findet seine Küssversuche fast komisch. Dann wird es im Vorraum laut, ein heftiger Disput wird auf Russisch geführt, und ein Kommando von Soldaten aus der Fabrik des Vaters verjagt die Horde der Vergewaltiger.

Beim zweiten Mal läuft es nicht so glimpflich ab. Rosemaries Vater geht tränenüberströmt dazwischen, als seine Tochter aus dem Keller gezerrt wird. Die Soldaten rammen ihn gegen die Wand und drücken ihm eine Maschinenpistole in den Bauch. Zufällig wird das Mädchen ausgerechnet in das Schlafzimmer ihrer Eltern geschleppt. Die dort eigentlich wohnenden Offiziere sind nicht da. Diesmal wehrt sie sich. Sie schreit, beißt, kämpft wie besessen. Der Vergewaltiger würgt sie, bis ihr die Augen hervorquellen. Dann hält sie still. Wieder ist es dem Mädchen, als hätte ihr Körper nichts mit ihr selbst zu tun. Voller Hass blicken sich Soldat und Opfer unverwandt in die Augen – sekundenlang. Der Mann verschwindet durchs Fenster. Später öffnet sich die Tür einen Spalt, die versammelte Hausgemeinschaft steht dahinter. Sie halten wegen der plötzlichen Stille Rosemarie für tot. Doch niemand nimmt sich ihrer an. »Mutti, ich blute ja so«, klagt sie. Die Antwort ist denkbar lapidar. »Ja Kind, das ist dann so.« Niemand tröstet, niemand nimmt die Fünfzehnjährige in den Arm.

Eine Freundin der Mutter empfiehlt, das Kind nicht im Keller zu verstecken. »Sie müssen die Rosie unter die Menschen lassen, dann passiert das nicht. Im Keller finden sie sie, und dann wächst die Begierde.« Deshalb besucht Rosemarie ihre Freundinnen. Die sitzen bunt gemischt in einer großen Runde zwischen sowjetischen Soldaten, es wird gefeiert, getrunken, zur Gitarre gesungen. Der Ranghöchste der Rotarmisten fixiert Rosemarie. Er spricht Deutsch. Sie soll ihren Mantel ausziehen, was sie nicht tut, Wodka trinken, was sie ablehnt, rauchen, was sie auch verweigert. Was sie davon halten würde, seine Geliebte zu werden, fragt er unvermittelt: Essen und Trinken für die ganze Familie würde das bedeuten und Schutz

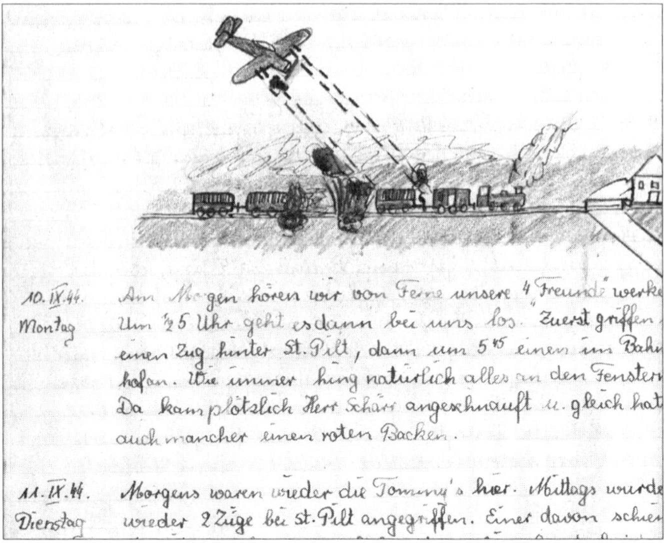
10. IX. 44. Montag — Am Morgen hören wir von Ferne unsere 4 „Freunde" werke
Um ½ 5 Uhr geht es dann bei uns los. Zuerst griffen
einen Zug hinter St. Pilt, dann um 5^{45} einen im Bahn
hofan. Wie immer hing natürlich alles an den Fenstern
Da kam plötzlich Herr Schärr angeschnauft u. gleich hat
auch mancher einen roten Backen.

11. IX. 44. Dienstag — Morgens waren wieder die Tommy's hier. Mittags wurde
wieder 2 Züge bei St. Pilt angegriffen. Einer davon schie

Tieffliegerangriff, dokumentiert im Tagebuch von Karl Heinz Mehler

vor den Horden der Vergewaltiger. Sie wagt es nicht, ihm die Ablehnung direkt ins Gesicht zu sagen, will nach Hause. Ein Soldat begleitet sie auf Befehl ihres neuen Verehrers. Er donnert an die Tür des Hauses, um sie abzugeben, was die Offiziere in Rosemaries Wohnung hören. Sie reimen sich schnell zusammen, was geschehen ist, und nehmen sich den Soldaten vor. Weder er noch Rosemaries Verehrer wagen sich danach auch nur in die Nähe des Hauses.

Letztlich gibt es keine Regel, um sich zu schützen. Beim Brotholen in einer der wenigen Bäckereien, die noch Mehl haben, läuft das Mädchen in Karlshorst einem sowjetischen Posten und einem ehemaligen Zwangsarbeiter, den sie vor Kriegsende mit dem weiß-blauen Aufnäher »OST« öfter auf der Straße gesehen hat, in die Arme. Die Männer verschleppen sie in einen Keller und vergewaltigen sie. Sie sperren sie in dem Verließ ein. Vergeblich versucht Rosemarie, sich zu befreien. Und die Männer kommen wieder … Eine junge Frau beobachtet das Geschehen. Nach einer halben Ewigkeit kann ihr Vater mit anderen Männern aus der Fabrik die Tochter in Sicherheit bringen.

Angesichts solcher Erfahrungen, die eher die Regel als die Ausnahme sind, ist es kein Wunder, dass sich die Anstrengungen vieler Deutscher im letzten Kriegsjahr eher darauf richten, in amerikanische Gefangenschaft zu kommen, anstatt fanatisch am sogenannten Endsieg mitzutun. Die Kinder bereiten sich mit Heftchen wie *Tausend Worte Englisch* auf das Kriegsende vor und reimen: »*Give me please / a chocolate piece.*« Vor den riesigen Sherman-Panzern haben sie dann zwar kurzzeitig Angst, aber wenn man den GIs nur lange genug nachläuft, bekommt man in kleinen Mengen Kekse, Schokolade, Kaffee, Zigaretten oder Kaugummi. Und am meisten geben die eben noch halb gefürchteten, halb verachteten »Untermenschen«, die »Nigger«. Sie sind am warmherzigsten zu den Kindern, helfen bei Krankheiten mit Medikamenten oder besorgen einen Arzt.

Cäcilia Verheyden aus Duisburg wartet seit dem D-Day, dem 6. Juni 1944, fieberhaft auf die Befreiung. Täglich informiert sie sich über BBC London, wie die Westalliierten vorrücken. Nie wieder ihre Behinderung unter einem Cape verbergen! Frei durch die Stadt laufen können, ohne Scheu! Nie wieder hören: »Du bist lebensunwert, dich müssen wir mitnehmen! Du darfst gar nicht leben, du bist ein Krüppel!« Und das Schönste: Nicht mehr im Keller schlafen müssen, wegen der Bombenangriffe, sondern unter dem Dach im eigenen Bett, wo ein Rotschwänzchen sein Nest hat und morgens fiept, schlafen ohne Angst, ohne nächtliche Fluchten! Das ist der Frieden, wie ihn Cäcilia sich erträumt.

Zunächst jedoch kommt er sehr viel prosaischer als vorgestellt. Eine der ersten Taten der amerikanischen Befreier ist die Besetzung der Schachtanlage in Hamborn. Dort stoßen sie auf ein großes Schnapslager und betrinken sich. Es ist komisch mitanzusehen, wie sie anschließend durch die Siedlung torkeln. Doch dann hört Cäcilia plötzlich die Mutter jammern und die Amerikaner feixen. Sie schleicht sich durch die Küche ins Wohnzimmer, bewaffnet mit einem Schrubber. Einer der Soldaten hat sich schon die Hose heruntergezogen und will gerade zur Tat schreiten. Im Bedürfnis, der Mutter beizustehen, vergisst die Zehnjährige ihre Angst. Sie schreit, so laut es ihre kleinen Lungen hergeben: »Du gottverdammter alter Hurensack, du verrückter Kerl, lässt du das jetzt!« Die Worte hat sie sich gemerkt, als ihr Pastor sie einst gegen ein Euthanasiekommando verteidigt hat. Und mit aller Wucht, zu der sie fähig ist, haut sie den Schrubber auf den nackten Hintern des Vergewaltigers. Innerhalb eines Augenblicks sind die Amerikaner wieder nüchtern. Als sie das behinderte Kind sehen, ziehen sie beschämt die Köpfe ein und stehlen sich davon. Dann kommen die Großeltern dazu, und die Oma regt sich vor allem über eins auf: »Das Kind! Was hat das Kind erlebt?«

Drei Tage danach kommt der Vater, der vom Volkssturm geflohen ist, nach Hause. Als er von dem Vorfall hört, weint er hemmungslos. Aber es ist doch alles noch gut gegangen, denkt Cäcilia. Dann begreift sie, dass der Vater deshalb weint, weil sein Kind, das er ein Leben lang tapfer beschützt hat, diesmal selbst zur Beschützerin der Familie werden musste. Er ahnt nicht, dass es bei diesem einen mutigen Einsatz nicht bleiben wird. Eines Morgens früh um fünf wird der Vater von den Amerikanern verhaftet, auf einem Lastwagen abtransportiert. Er ist als angeblicher Nazi denunziert worden.

Cäcilia hat sich mit einem jungen Besatzungssoldaten angefreundet, einem deutschen Juden, der in den frühen Dreißigerjahren in die USA emigriert ist. David findet heraus, dass der Vater nach Rheinberg gebracht worden ist. Das liegt auf der anderen Seite des Rheins, zwanzig Kilometer von Duisburg entfernt. Sie bittet David, ihr einige Sätze Englisch beizubringen, deren Inhalt sie sich zuvor genau überlegt hat. Dann weiht sie den Großvater in das Unternehmen ein. Er muss die Mutter mit einer erfundenen Geschichte hinhalten, damit diese über Cäcilias Abwesenheit nicht beunruhigt ist.

Kompass und Wanderkarte hat sich das Kind schon besorgt. Es ist Ende Mai. Sehr früh, noch vor Ablauf der Sperrstunde, läuft sie los, dunkel gekleidet, an Hauswänden entlang, um nicht einer Streife in die Arme zu laufen. Bei Walsum gibt es eine Schwimmbrücke, dort will sie über den Rhein. Doch die Pontons sind nicht mehr da. Das Mädchen ist verzweifelt, muss weinen, reißt sich aber sofort wieder zusammen. Sie läuft so lange rheinabwärts, bis sie einen Ruderkahn findet. Der Besitzer kennt ihren Vater und bringt sie auf die andere Seite des Flusses. Durch die Strömung werden sie weit abgetrieben. Obwohl ihre Route nun nicht mehr stimmt, kämpft sich die Kleine mit Kompass und Karte durch. Mal darf sie auf einem Fahrradgepäckträger ein Stück mitfahren, mal auf einem Heuwagen.

Am späten Nachmittag ist sie in Rheinberg. Sie fragt nach dem Lager. »Da kannst du nicht hin!«, sagen die Leute. »Die erschießen dich!« Cäcilia denkt: »Die Deutschen, die spinnen doch. Als wenn Amerikaner ein behindertes Kind erschießen.« Am Eingang gibt sie ihre einstudierten Sätze wieder: *»Please send me your Commander! Cause my father is here and he never has been a Nazi.«* Unerschütterlich wiederholt sie die Sätze so lange, bis der Commander erscheint. *»Please give me my father«*, fordert sie. *»He never has been a Nazi because of me. I was not worth to live.«* Der Commander holt einen Übersetzer, hört aufmerksam und lange zu. Den Vater kann er erst am nächsten Tag nach einer Rücksprache mit den Vorgesetzten freigeben. Ein Jeep bringt Cäcilia zurück, es ist eine lange Fahrt, denn die Brücken über den Rhein und die Ruhr sind zerstört. Der nächste Tag wird der längste ihres Lebens. Erst am Abend beweist die Ankunft des Vaters, dass der Commander Wort gehalten hat. Die Denunziation hat dennoch ihren Zweck erfüllt – der Vater verliert seine Arbeit im Bergwerk. Ein anderer ist schon an seine Stelle gerückt, als dem Vater von amerikanischer Seite bestätigt wird, man könne ihn nicht entnazifizieren, weil er nie ein Nazi gewesen sei.

Der fünfzehnjährige Karl Heinz Mehler wird noch in den letzten Kriegstagen mit einem Himmelfahrtskommando namens »Panzervernichtungsregiment der Hitlerjugend Nummer 21 – Baden« in den Untergang geschickt. Doch er kommt mit dem Leben davon und gerät am 1. Mai 1945 im Oberallgäu in französische Kriegsgefangenschaft. In einem Lager in Tuttlingen sammeln die Franzosen um die 30 000 deutsche Soldaten. Der Junge rechnet mit einer baldigen Entlassung. Unvorstellbar, als Minderjähriger in die Kriegsgefangenschaft zu kommen! Doch als er Tage später mitten in einer großen Gefangenenkolonne über eine Pontonbrücke nach Straßburg marschiert, wird ihm bang ums Herz. Von der Bevölkerung werden sie mit Schmährufen in Empfang genommen. In einem offenen Waggon geht es in Richtung Süden. Die Sonne brennt, tagelang fahren sie ohne Essen und Trinken. Der Transport ist noch aus einem anderen Grund eine Höllentour: Von den Brücken werden Steine auf sie geworfen. Wenn der Zug hält, prügeln die Menschen mit Stöcken auf sie ein, bespucken die Gefangenen. Karl Heinz versteht die Welt nicht mehr. Was haben sie denn den Franzosen getan, dass die so aufgebracht sind?

Endstation ist das zentralfranzösische Tulle. Der Transport wird bereits von einer aufgebrachten Menschenmenge erwartet. Der Marsch vom Bahnhof ins Gefangenenlager wird ein Spießrutenlauf. Mit Stangen und Peitschen wird auf die Soldaten eingeschlagen, Urin wird aus Fenstern auf sie gekippt. Die Posten schießen in die Luft, um die Menge davon abzuhalten, die Deutschen auf der Stelle zu lynchen. Wer hinfällt, über den wird hinweggetrampelt. Am nächsten Morgen entschuldigt sich die Lagerleitung für die Ausschreitungen. Die Bevölkerung habe geglaubt, es handele sich um einen Zug von gefangenen SS-Männern. Und angesichts dessen, was in Tulle geschehen sei, möge man den Zorn der Menschen verstehen. Der Fünfzehnjährige erfährt, dass der Ort im Juni 1944 Schauplatz eines Massakers war, verübt von der SS-Panzerdivision »Das Reich«. Neunundneunzig willkürlich ausgewählte Männer aus Tulle wurden an Balkonen und Laternenpfählen aufgehängt. Der Junge glaubt davon kein Wort, er hält das für Gräuelpropaganda des Feindes. Die Gefangenen werden registriert, ihnen werden Glatzen geschoren. Auf die Uniform wird ein »PG« gemalt. Das steht für *»Prisonnier de guerre«*. Karl Heinz Mehler sieht einer ungewissen Zukunft entgegen.

In den letzten Kriegstagen werden die Zwangsarbeiterinnen der Munitionsfabrik in Werl bei Soest von den Wachmannschaften zusammengetrieben. Die Lagerführerin entdeckt, dass Blandyna Lewińska ein Kleid trägt, das sie sich notdürftig aus einer Schlafsaaldecke geschneidert hat, und reißt es ihr wütend vom Leib. In zerfetzter Unterwäsche muss sie mit den anderen einen Marsch antreten, deren Ziel sie nicht kennt. Die bewaffneten Begleiter reißen grobe Witze über das halbnackte Mädchen. Eine Arbeiterin gibt Blandyna ein Handtuch, mit dem sich diese notdürftig bedecken kann.

Sie laufen den ganzen Tag und die ganze Nacht. Immer wieder brechen Einzelne vor Erschöpfung zusammen. Keiner kümmert sich mehr um sie. Sie bleiben am Wegesrand liegen. Irgendwann in der Nacht beschließen die Frauen, dass sie nicht weiterkönnen. Sie setzen sich auf ein Feld und legen sich schlafen. Als sie am nächsten Morgen erwachen, ist von den deutschen Wachen keine Spur mehr zu sehen. Gemeinsam mit einigen anderen Frauen findet Blandyna Unterkunft bei einem Bauern, bis sie kurze Zeit später von den Amerikanern befreit wird.

Zurück in Polen, kann Blandyna ihre Mutter wieder in die Arme schließen. Doch auch die Mutter weiß nichts über den Verbleib des Vaters, der Blandyna verbieten wollte, während des Warschauer Aufstands die Wohnung zu verlassen. Erst 1959 werden bei Bauarbeiten in einer Markthalle seine sterblichen Überreste gefunden. Der Schädel weist ein Einschussloch auf. Später macht Blandyna einen Augenzeugen ausfindig, der mitansehen musste, wie Blandynas Vater von Wehrmachtssoldaten während des Aufstands hingerichtet wurde.

Die Deutschen sind die Besiegten. Aber wer sind die Sieger? Kann es nach diesem Krieg überhaupt Sieger geben?

— Ich weiß noch, Ende 43 hatten wir viele Kartoffeln und Heringe, und nur noch das. Da hat einer aus unserer Familie bei Tisch gesagt: »Komm, Führer, sei unser Gast / und gib uns, was du uns bescheret hast. / Aber nicht Kartoffeln und Hering, / sondern was du frisst und der Göring.«

Manfred Kühn, Jahrgang 1934

— Meine Mutter war eine fantasievolle Frau. Bei uns gab es oft »Alpenlandschaft«. Da hat sie Kartoffeln zerstampft, zu weißen Bergen aufgehäuft und ringsherum dieses grüne Spinat- oder Brennnesselgemüse gelegt: »Das sind die grünen Matten und die Berge!«

Heidi Hummler, Jahrgang 1933

— Das war eine Zeit, in der es einer Mutter schwerfiel, drei hungrige Jungs satt zu kriegen. Ich habe meinen Grips dahingehend angestrengt, mir einen passenden Schraubenzieher zu suchen, damit ich den verschlossenen Kühlschrank aufkriegte. Es war ein Erlebnis, wenn ich dann eine Stulle mit Butter, die mir nicht gehörte, runtergeschlungen habe und einen Moment lang das Gefühl der Sättigung genoss. Ich wusste aber auch, dass das meinen Brüdern oder meiner Mutter fehlen wird. Und natürlich haben sie es gemerkt.

Joachim Fuchsberger, Jahrgang 1927

— Nach dem Krieg haben wir Blätter von den Bäumen gegessen. Dann gingen wir in die Wälder, Bucheckern waren ganz begehrt, kann man Öl draus machen. Eicheln und Kastanien wurden gemahlen, da kann man Brot von backen. Nachdem das Korn gemäht und gelesen war, durfte die Bevölkerung noch ein paar Körner sammeln. Eine Handvoll Körner hat Essen gegeben für die ganze Familie. Das wurde in der Kaffeemühle gemahlen und in einen Topf mit heißem Wasser gerührt. Das war dann unsere Suppe.

Manfred Kühn, Jahrgang 1934

Verlorene Heimat – Das Schicksal der Vertriebenen

Bärenbusch bei Posen ist ein Idyll. Den Bauernhof, den die Familie von Rosemarie Sailer bewirtschaftet, gibt es weitgehend unverändert seit 1661. Das Herrenhaus mit den vielen Räumen, die Stallungen, Wiesen, Felder, der Obstgarten mit den dicken Kirschen im Sommer. In den Heuschobern bauen die Kinder Burgen und spielen Verstecken. Die 1937 geborene Rosemarie ist die Älteste der fünf Geschwister. Die Schule ist vier Kilometer entfernt, aber auch das ist kaum eine Sorge, im Sommer vielmehr ein Vergnügen, barfuß über den warmen Sandboden zu laufen. Als Älteste darf Rosemarie auf dem Kutschbock mitfahren, wenn die Mutter auf dem Markt die Produkte des Hofes feilbietet. Auf dem Gut arbeiten seit jeher polnische Knechte und Mägde, die die Mutter respektvoll »Pani« nennen, »Herrin«. Man nennt sie »Heuerlinge«, schon ihre Eltern und Großeltern haben hier gearbeitet. Sie haben ihre eigenen Häuschen samt Garten auf dem Anwesen. Die Polen sprechen Deutsch, wenn es sein muss, die Deutschen Polnisch.

Rosemarie spielt besonders gern mit einem polnischen Mädchen, das blond und blauäugig ist, während sie selbst schwarzes Haar hat. Zwischen 1919 und 1939 war das Gebiet um Posen gemäß dem Versailler Vertrag polnisch, die deutschen Schulen wurden aufgelöst. Der aufgeregte Nationalismus von damals hat das Gut ebenso betroffen wie der auf Vernichtung bedachte Nationalismus der Nationalsozialisten. Es gibt hier keine Zwangsarbeiter, keine Kriegsgefangenen. Der Krieg ist gleichbedeutend mit singenden Soldaten, denen man von der Veranda aus zuwinken kann. Abends schließt man die vier Tore nach allen Himmelsrichtungen, lässt den Hund von der Kette, ist sicher wie in Abrahams Schoß.

Allerdings achtet der NS-Ortsgruppenleiter streng darauf, dass die Höfe ihr kriegswichtiges Soll an Lebensmitteln abliefern. Dafür stehen die Frauen und Kinder gerade – denn die Männer sind im Krieg. Im Januar 1945 kommt der Ortsgruppenleiter zu Besuch, die Tür zum Kinderzimmer ist angelehnt, und so hört die eben acht Jahre alt Gewordene zum ersten Mal ein ihr zuvor unbekanntes Wort: »Flüchtlinge«. Anderntags schlachtet die Mutter, pökelt und räuchert. Dann sehen sie die Flüchtlinge, die in der Gastwirtschaft des Ortes auf Stroh liegen, verdreckt und abgehärmt. Ein schrecklicher Anblick für Rosemarie. Prophezeite ihr jemand, dass sie binnen zwei Wochen an exakt demselben Platz genauso liegen werde, würde sie lauthals lachen. Doch genau das geschieht.

»Wir haben niemandem etwas getan, warum sollen wir flüchten?«, fragt die Mutter, als am 16. Januar evakuiert wird. Da ist sie gerade in Posen. Als sie zurückkehrt, gibt es außer ihnen keinen einzigen Deutschen mehr im Dorf. Nun will sie doch noch dem Treck hinterherfahren, aber die Knechte weigern sich: »Mach das nicht, Pani, die Trecks werden von den Panzern der Russen überrollt.« Sie haben recht. Auf ihrem atemberaubend schnellen Vormarsch von der Weichsel zur Oder im Januar 1945 werden Flüchtlingstrecks, die den Panzerarmeen im Weg sind, niedergewalzt. Das berichten auch einige Überlebende, die nach Bärenbusch zurückkehren. Also warten sie auf den Einmarsch der Russen. Die hauen, kaum angekommen, den Hühnern die Köpfe ab, rauben die Pferde und die Schweine. Sie holen das Getreide vom Speicher und das Gepökelte aus der Vorratskammer. Der Familie bleiben nur eine kranke Kuh und ein alter lahmender Wallach. Die polnischen Mägde und Knechte fliehen vor der Willkür der Russen. Die Kinder schreien vor Angst, werden mit den Gewehrkolben geschlagen – und lernen so, zu schweigen. Von nun an sind sie stumm.

Flüchtlingstreck in Ostpreußen, 1944

In Bärenbusch wird ein Pole, der aus einer entfernten Woiwodschaft stammt, als Bürgermeister eingesetzt. Seine erste Amtshandlung ist es, alles vom Hof zu holen, was die Rotarmisten dagelassen haben, vor allem die Möbel. Kurz danach muss die Familie den Hof verlassen. In die eine Hälfte des Wohnhauses zieht eine ortsansässige polnische Familie, in die andere junge Flüchtlinge aus Ostpolen. Nun lagern die Mutter und die fünf Kinder im Saal derselben Gastwirtschaft wie noch vor Kurzem die Rastenden aus den Trecks.

Am 7. April wird Rosemaries zweitjüngster Bruder vier Jahre alt. An diesem Tag erscheint die polnische Miliz in der Gastwirtschaft. Frauen, Greise, Verwundete, Kinder ab dreizehn Jahren werden mit Fußtritten und Bajonetten auf einen Lkw gezwungen. Die Kinder schreien nach der Mutter, vergeblich. Sie kommt an einen jener Orte, deren Existenz lange Zeit verschwiegen wird: ein polnisches Konzentrationslager, in dem die einstigen Opfer wahllos Rache an Deutschen nehmen. Die Methoden der Folter und Vernichtung ähneln auf fatale Weise denen der SS-Kommandos in Buchenwald oder Dachau.

Die fünf elternlosen Kinder werden auf Höfe in verschiedenen Dörfern verteilt. Rosemarie kommt zufällig auf ihren alten Hof, wo nach den Plünderungen allerdings kaum noch etwas an das frühere Leben erinnert. Die Kinder bekommen polnische Namen. Aus Rosemarie wird Rosa, aus ihrem Bruder Georg wird Jurek. »Rosa« geht nun auf einen polnische Schule und singt mit den anderen die polnische Nationalhymne. Auch das Wort »Mutti«, das die protestantischen Deutschen benutzen, soll sie vergessen. Die katholischen Polen sagen »Mama«. Trotz dieses Versuchs der Assimilierung wird sie von den polnischen Kindern mit Knüppeln gejagt, mit Steinen beworfen und, was für sie das Schlimmste ist, bespuckt. Die Kinder der alteingesessenen Familien beteiligen sich nicht an den Ausschreitungen, doch sie bilden im Ort nur noch eine Minderheit, seitdem die polnischen Umsiedler gekommen sind, denen die Sowjets die Heimat geraubt haben. Es sind auch die alteingesessenen Polen, die Rosemarie vor dem Lynchmord durch Partisanen schützen, die im Dorf umherstreifen und fragen, ob Rosemarie eine Deutsche ist. »Rosa?«, wundert sich eine Frau, die dem Mädchen bei anderer Gelegenheit öfter etwas Essen zusteckt, in gespielter Überraschung. »Natürlich ist sie Polin!«

Mit acht Jahren ist Rosemarie die Älteste der Familie, versucht, mit den jüngeren Geschwistern Kontakt zu halten. Deutsch dürfen sie nur in aller Heimlichkeit sprechen. »Doch eigentlich«, erinnert sich Rosemarie Czitrich, »haben wir meistens gar nicht gesprochen. Wir waren so voller Wut und Angst, dass wir nicht sprechen konnten. Von da an war die Kindheit vorbei. Sie wurde brutal zerstört. Ich habe seitdem nur noch funktioniert wie ein Erwachsener.«

Rosemarie muss Kühe hüten, soll sie über den deutschen Friedhof treiben, wo die Gräber ihrer Großeltern und Verwandten sind, auf denen sie noch vor einem Jahr Vergissmeinnicht und Stiefmütterchen gepflanzt hat. Stattdessen baut sie sich vor den Gräbern auf, verjagt die Kühe, wenn sie sich anschicken, den Friedhof niederzutrampeln. Kühe hütet auch ihr zweitjüngster Bruder. Trotz seiner vier Jahre wird ihm die Verantwortung für fünf Kühe auferlegt. Das Gelände ist unwegsam und gefährlich. Eine Kuh ertrinkt ihm im Moorteich einer Torfwiese. Zur Strafe verprügelt ihn der polnische Bauer mit einer Kuhkette und sperrt ihn die ganze Nacht über in einen Kellerverschlag, in dem Ratten und Ungeziefer hausen. Der Kleine wird fast wahnsinnig vor Angst. Am nächsten Tag hört Rosemarie, was geschehen ist. Sie geht zum Hof, ist so voller Hass, dass sie kein Wort herausbringt. Der unverwandte Blick der Achtjährigen muss schreckenerregend sein, denn der Bauer holt sofort ihren Bruder aus dem Verschlag.

Im November 1945 wird die Mutter nach acht Monaten aus dem Konzentrationslager entlassen. Die ehemaligen polnischen Angestellten sind befragt worden und haben zu ihren Gunsten ausgesagt, sie sei eine gerechte »Pani« gewesen. Sonst hätte sie das Lager nicht überlebt. Rosemarie hört den alten Wallach auf eine Art wiehern, wie er es sonst nie tut. Dann hört sie die Stimme ihrer Mutter. Erst ruft Rosemarie »Mutti«, dann ruft sie auf Polnisch als Rosa »Mama«, dann wieder »Mutti« und »Mama«, »Mama« und »Mutti«. Die Mutter ist nicht wiederzuerkennen. Ihre Vorderzähne sind ausgeschlagen, der Körper ist blau von Peitschenstriemen, der Schädel vernarbt von Hieben mit einem Stuhl. Sie ist fünfunddreißig Jahre alt – und nun fast schon eine alte Frau. Sie führt ein Papier mit sich, das ihr befiehlt, Polen binnen vier Wochen zu verlassen.

Ein Viehwaggon bringt sie über die Grenze. Von einem heimlichen Passagier weiß nur die Mutter. Der Vater hat Stalingrad mit einem Lungensteckschuss überlebt, ist wegen der Verletzung schnell aus britischer Gefangenschaft entlassen worden. Unter falschem Namen ist er als angeblicher Pole nach Posen gefahren, um die Familie zu suchen. In einem Flüchtlingslager in Sachsen-Anhalt dürfen nun auch die Kinder erfahren, dass die Familie wieder vereint ist. Doch ihnen bleibt nur eine kurze gemeinsame Zeit. Der Vater stirbt, fünfunddreißigjährig, im Januar 1946 an einer Lungenentzündung. Rosemarie weiß noch, wie sie den toten Vater immer und immer wieder geküsst hat und von den Umstehenden zurückgezerrt wurde, um sich nicht anzustecken. Über viele Jahre hinweg haben die Kinder noch Albträume und schämen sich dafür, dass sie in Betten einnässen. Sie brauchen viel Zeit, um ihre Sprache wiederzufinden.

Elfriede Wilhelm erlebt das Kriegsende im pommerschen Ostseebad Misdroy, wo die Großeltern zwei Läden betreiben. Dies ist auch der Grund, weshalb die Familie bleibt. Die alten Leute können sich nicht vorstellen, noch einmal an einen anderen Ort verpflanzt zu werden, und in den Läden steckt ihr Lebenswerk. »Die Russen sind auch nur Menschen«, denken sie. »So schlimm kann es doch nicht sein.« Als die Rote Armee in Richtung Westen vorstößt, kommen sie recht glimpflich davon; es wird zwar geplündert, doch nicht nur von Sowjetsoldaten, auch von Deutschen, die das Chaos ausnutzen, um sich zu bereichern. Eine Frau trägt plötzlich einen Mantel von Elfriedes Tante: »Ist doch egal, ob ich den jetzt habe oder die Russen!«

Als die ruhmreiche Sowjetarmee siegesberauscht in die Heimat zurückgeführt wird, laufen Boten mit Megafonen durch die Straßen und fordern die deutsche Bevölkerung auf, den Ort im Umkreis von acht Kilometern vorläufig zu verlassen, um Übergriffe zu vermeiden. Aber auch das nützt nichts. Elfriedes Familie versteckt sich in einem Jagdunterstand. Dort findet sie ein sowjetischer Soldat. Er schleppt die sechzehnjährige Elfriede in eine Schonung. Nicht einmal die Maschinenpistole mit aufgepflanztem Bajonett legt er ab, als er über sie herfällt.

»Ich hatte wahnsinnige Schmerzen und hab laut geschrien. Ich war noch unberührt, ich war sogar noch ungeküsst. Und dann hat er mich gewürgt, dass mir die ganze Zeit die Zunge aus dem Hals hing. Und als er von mir abgelassen hat und in den Wald lief, habe ich dagesessen, auf einem umgefallenen Baumstamm, und ich konnte es nicht fassen. Das war so friedlich alles, wie im tiefsten Frieden. Der Wald, die Vögel sangen, und der Himmel war so blau und die Sonne schien so schön. Und ich hatte das Gefühl, in mir war alles tot. Als wäre ich nur wie eine Hülle, und innen war gar nichts mehr. Dann bin ich aufgestanden und habe erst jetzt gesehen, dass mir das Blut in Strömen in die Schuhe lief.« Als das Mädchen in den Unterstand zurückkehrt, springt der Opa auf: »Ich geh jetzt zur Kommandantur und werde mich beschweren.« – »Opa, dass nützt nichts«, erwidert die Enkelin. »Es ist passiert. Sie werden dich nur erschießen.« Die Mutter nimmt sich ihrer Tochter an, gießt Wasser in eine Schüssel, holt ein sauberes Tuch: »Putz dich, soweit es geht. Vielleicht wirst du wenigstens nicht schwanger.«

Später wird auch die Mutter Opfer einer Vergewaltigung. Doch die Großmutter sagt: »Kein Unglück ist so groß, dass nicht auch noch ein bisschen Glück dabei ist.« Sie haben das Glück, weder geschlechtskrank noch schwanger zu werden. Sie werden von russischen Ärztinnen versorgt, die mitfühlend und fürsorglich sind. Und Elfriede hat das in diesen Tagen seltene Glück, mit ihrer Mutter über das Vorgefallene sprechen zu können. Guten Bekannten aus dem Heimatdorf widerfährt in diesen Tagen das Gleiche, doch wie anders geht diese Familie damit um: Der Vater, dessen Gattin und Tochter vergewaltigt wurden, erschießt seine fünf Kinder, seine Frau und sich selbst. Elfriede sagt sich: »Gut, das ist eben mein Beitrag zum verlorenen Krieg. Ich habe den Krieg nicht gewollt, ich habe für den Krieg bezahlt, obwohl ich das nicht verdient habe, aber jetzt habe ich nichts mehr damit zu tun.«

Eines Tages erscheint ein Pole mit seiner hochschwangeren Braut bei den Großeltern und sagt: »Das Geschäft gehört jetzt mir.« Dagegen ist nichts zu machen. Elfriede muss im Brückenbau Schwerstarbeit leisten. Sie erhält dafür nicht einmal Essen. An ihrer Seite arbeitet ein abgehärmter Mann, der im früheren Leben ein angesehener Professor war. In der Verzweiflung, dem Hungertod zu entkommen, wird das Letzte versetzt, was die Menschen besitzen. Ein Trauring ist ein Pfund Salz wert. Elfriedes Großeltern ziehen schwere Fischkarren für einen polnischen Händler durch die Straßen, gleichermaßen niedergebückt von der Last und ihrer Trauer. Elfriede zerreißt der Anblick das Herz. Zum Lohn für die Schlepperei bekommen die alten Leute manchmal etwas Dorschleber. Die rühren sie selbst nicht an, sie soll den Kindern helfen, zu überleben. Dennoch denkt keiner von ihnen daran, wegzugehen.

»Wenn Wasser warm, alle Deutschen raus«, erklärt ein gut informierter Politoffizier Elfriede im Januar 1946. Sie glaubt, sein unbeholfenes Deutsch falsch verstanden zu haben. Doch dann, im Sommer, kommt tatsächlich der Bescheid: Ihnen bleiben vierundzwanzig Stunden, um Polen zu verlassen. Zwanzig Kilogramm Gepäck dürfen sie mitnehmen, Wertsachen und Geld allerdings sind verboten. Als sie nach verschiedenen Durchgangslagern, Entlausungsaktionen und Tauschgeschäften in Bad Segeberg ankommen, besteht ihr einziger Besitz in einer Emailleschüssel, aus der sie essen und in der sie sich waschen. Mangels Seife wird die Schüssel mit Asche gereinigt.

Die 1932 geborene Jutta Schneider glaubt, in letzter Sekunde mit heiler Haut davongekommen zu sein, als sie mit der schwangeren Mutter im Sonderzug sitzt, der sie aus dem niederschlesischen Liegnitz in Richtung Westen bringt. Doch in der Oberlausitz zwingt die Mutter ihre Familie, die Fahrt zu unterbrechen. Dort ist der Vater stationiert, sie sehen ihn kurz, aber auch er ist entsetzt über den Abbruch der Flucht. Ohnehin muss er gleich wieder weg, nach vorn an die Front. Und dann sind schon die Russen da. Die Mutter fasst einen folgenschweren Entschluss. Sie will nach Liegnitz, in ihre Heimat, zurückkehren. Anderswo, so fühlt sie, kann sie das Kind nicht auf die Welt bringen. Mit einem Karren, auf den die Koffer geladen sind, laufen sie nun dreihundert Kilometer in Richtung Osten.

Im Sommer 1945 kommen sie wieder in der alten Heimat zwischen Görlitz und Breslau an. In ihre Wohnung sind längst Polen eingezogen. Doch sie haben Glück. Nebenan wohnt eine polnische Hebamme, die die Familie aufnimmt. Es gelingt ihnen, wenigstens einige Habseligkeiten aus der alten Wohnung herauszubekommen. Juttas Puppenwagen aber nicht – den will der polnische Neubesitzer für seine eigene Tochter, und die Tränen des deutschen Kindes sind ihm herzlich gleichgültig. In den darauffolgenden Tagen zieht Juttas schwangere Mutter durch die Stadt und versucht, ihren Schmuck in Złoty umzutauschen, denn für die deutsche Reichsmark bekommt man hier nichts mehr. Jutta findet eine Anstellung als Kindermädchen. Die Dreizehnjährige versorgt drei Kinder einer Bäckersfrau, wäscht deren Wäsche, kocht ihnen Brei. Sie bekommt dafür Brot, etwas Mehl, ein paar Złoty und – am wichtigsten – etwas Milch für das Baby. Jutta ist nun die alleinige Ernährerin ihrer Familie, zu der neben einem kleinen Bruder seit dem 12. Dezember 1945 auch die neugeborene Schwester Sigrid gehört. Die Mutter kann das Baby in ihrem unterernährten Zustand nicht stillen. Die kleine Sigrid leidet an Rachitis, und die polnische Hebamme warnt: »Wenn Sie jetzt nicht bald hier rauskommen, dann stirbt Ihnen das Kind.«

Jutta hat schreckliche Angst vor der polnischen Miliz. Sie muss eine weiße Armbinde tragen, damit sie als Deutsche, ein Mensch zweiter Klasse also, jederzeit erkennbar ist. An einem Tag hat sie unabsichtlich eine Jacke über das Symbol ihrer Minderwertigkeit gezogen, läuft einer Streife in die Arme und soll auf die Wache. Sie flieht, rennt durch die halbe Stadt, verkriecht sich tagelang, während die jungen Milizionäre versuchen, sie aufzuspüren. Die polnische Hebamme versteckt sie und belügt die Miliz, um sie zu decken. Nicht bewahren kann sie das Mädchen aber, als junge Polen an ihre Tür hämmern und sie zum »Hitlermarsch« wegschleppen. Jutta hat eine Mandelentzündung und hohes Fieber, dennoch wird sie bei Androhung der Erschießung, Gewehr im Anschlag, einen Tag und eine Nacht dreißig Kilometer lang über Stoppelfelder gehetzt.

Wäre das Leben des Babys nicht in Gefahr, Juttas Mutter würde allen Repressalien zum Trotz weiter daran festhalten, in Liegnitz zu bleiben. Doch so geht es nicht mehr. Gegen Geld sind sowjetische Soldaten bereit, Deutsche auf ihren Lastwagen über die Grenze zu bringen. Wie die Mutter die geforderte Summe aufbringt, erfährt Jutta nie. Schmuck und Trauring jedenfalls sind längst versetzt.

Die siebzehnjährige Gisela Ott wird gemeinsam mit ihrer Mutter und ihrer kleinen Schwester im Sommer 1945 aus Böhmen vertrieben, obwohl die Mutter Tschechin ist und erst seit Ende der Zwanzigerjahre die deutsche Staatsbürgerschaft besitzt. Seit 1943, bis kurz vor Kriegsende, war Gisela bei den tschechischen Onkeln noch herzlich willkommen, als die Familie die Tochter vor den Bombenangriffen in Sicherheit bringen wollte. Doch angesichts der aufgeheizten antideut-

Gisela Frei, geb. Ott, mit ihrer kleinen Schwester. 1944, kurz vor der Vertreibung

schen Stimmung bekommen die Verwandten plötzlich kalte Füße. Es hilft nichts, sie müssen zurück nach Deutschland, zu Fuß. Es wird ein Spießrutenlauf. Tschechische Frauen stehen an den Wegesrändern und bewerfen die Kinderwagen des Flüchtlingszugs mit Steinen.

Das schlesische Grünberg ist eine Weinstadt und hat tiefe Keller. In denen versteckt sich die Familie des zwölfjährigen Karlheinz Kuba zunächst nicht vor den Russen, sondern vor der SS. Denn Grünberg wird in den letzten Kriegstagen zur Festung erklärt, alle Zivilisten müssen daher eigentlich die Stadt verlassen. Die Mutter kann sich nicht vorstellen, mit nur zwei Koffern in die Welt zu ziehen und alles zurückzulassen, was sie sich in ihrem Leben in Grünberg aufgebaut hat. Anfangs lässt es sich ganz gut mit den Sowjets auskommen. Ein Soldat nimmt Karlheinz den Wehrpass ab und sagt: »Woina kaput – geh nach Hause.« Ein anderer kommt nach der Einnahme Grünbergs in die Wohnung und bittet um Wasser. Doch der Junge muss als Erster trinken, bevor sich der Soldat sicher ist, nicht vergiftet zu werden. Schwieriger wird es, als in der Stadt Truppen zum Sturm auf Berlin zusammengezogen werden. Ein Offiziersstab quartiert sich bei der Familie ein, sie zieht in die Waschküche und schläft in Badewannen – bis auf die Mutter, die der Kommandeur der Einheit als sein privates Beutestück betrachtet. Rücksicht auf die Kinder gibt es dabei nicht.

Seit sie die Radios abgeben mussten, wissen sie nicht, was in der Welt vor sich geht. Auch die Nachrichten über die neue Oder-Neiße-Grenze zwischen Deutschland und Polen sind für sie missverständlich. Welcher Flussverlauf ist denn nun genau gemeint? Doch wenn Karlheinz durch die Straßen streift, bemerkt er, dass alle anderen Deutschen längst verschwunden sind. Im Juli wird die Stadt offiziell an die polnische Verwaltung übergeben. Ihr Haus wird Sitz der kommunistischen Arbeiterpartei. Die ersten polnischen Vertriebenen aus dem Osten kommen. Deren Kinder verprügeln Karlheinz, machen

Jagd auf die Deutschen. Die Erwachsenen sehen es aufgrund ihrer Leidensgeschichte anders. Sie wissen, was Heimatverlust bedeutet. »Jetzt lernt mal schön Polnisch«, sagen die freundlich, »dann wird das schon.« Doch auch ihnen ist es nicht in die Hand gegeben. Die sowjetische Kommandantur bietet der Familie an, sie bis an die Grenze zu fahren. Weiter reichen ihre Befugnisse nicht. Mit einem Leiterwagen geht es über die Grenze. Dort werden ihnen noch einmal fast alle letzten Habseligkeiten abgenommen. »*Ein* Bett ist für euch Deutsche genug«, sagen die polnischen Milizionäre. Besonderes Augenmerk legen sie darauf, die Fotoalben und Andenken der Familie einzuziehen. Schlesien? Das hat mit ihnen nun nie wieder etwas zu tun. Denn das ist wichtiger als alles andere, und es ist zugleich der letzte grausame Akt an den Vertriebenen: ihre Erinnerungen zu stehlen und zu vernichten.

»Dann war ich erwachsen« – Die Jahre nach dem Krieg

Die Familie von Elfriede Wilhelm muss nach der Vertreibung aus Pommern 1946 eine neue Existenz in Schleswig-Holstein aufbauen. Die Stationen sind Bad Segeberg und Neumünster. Doch die Vergangenheit lässt sie nicht los. Gemeinsam mit der Mutter besucht sie eine Ausstellung, in der die Verbrechen in den deutschen Konzentrationslagern dokumentiert werden. Fassungslos erfährt sie von Menschenversuchen, Schrumpfköpfen, von aus Menschenhaut gefertigten Lampen. »Mama, das kann nicht sein«, meint Elfriede. »Kein Mensch kann so etwas tun.« – »Doch, das haben sie gemacht«, erwidert die Mutter. – »Und du hast das gewusst?« – »Papa hat es mir gesagt.« – »Und warum hast du nichts getan?« – »Was hätte ich denn tun sollen? Ich hatte vier Kinder.« Darüber, was der Vater wirklich wusste und welche Haltung er als SA-Offizier zu den perversen Verbrechen der KZ-Aufseher bezog, kann ihn die Tochter nicht mehr befragen. Im März 1945 ist er in russische Kriegsgefangenschaft geraten, hat Erfrierungen, Rippenfell- und Lungenentzündung überstanden, ist über Posen bis an die Wolga gebracht worden und dort 1946 verhungert.

Die harten Winter der Nachkriegszeit fordern der Familie viel ab. Die Außentemperaturen liegen oft um die fünfundzwanzig Grad unter null, genügend Winterkleidung haben sie nicht. In ihrem Zimmer beträgt die Temperatur minus acht Grad. Armdicke Eiszapfen berühren fast das Gesicht des Mädchens, wenn sie im Doppelstockbett oben liegt. Immerhin haben sie zu essen, und wenn es auch sieben Tage in der

Woche immer das Gleiche gibt, so beschwert sich doch niemand. Die Steckrüben schmecken Elfriede in dieser Situation köstlich. Der Frühling kommt und macht die Lage nicht besser. Die Eiszapfen schmelzen, die Wände verfaulen, werden schwarz. Die Fenster quellen so stark auf, dass sie sich nicht mehr öffnen lassen. Die Mutter zieht sich eine Nierenbeckenvereiterung zu und muss sich dennoch mit über vierzig Grad Fieber ihr Bett mit Elfriedes jüngstem Bruder teilen. Aber sie gibt sich nicht auf.

Zum Symbol dieses Nichtaufgebens wird für Elfriede später die Karnevalszeit. Mittlerweile hat sie Arbeit und geht in einen Sportverein. Der Verein lädt zu einem Kostümball ein. Noch nie ist das Mädchen auf einem Ball gewesen. »Wir nähen dir was«, sagt die Mutter. Von der Arbeit kann die Tochter schwarzen Molton besorgen, die Mutter treibt grüne Farbe auf. Am Ende wird ein Röckchen daraus, und behangen mit etwas vergoldeter Weihnachtsdekoration geht Elfriede voller Stolz als Zirkusprinzessin auf das Fest. Sie kann vom Tanzen nicht genug bekommen, verdreht den Burschen die Köpfe. Doch obwohl der Weg nach Hause mitten in der Nacht durch einen Wald führt, lehnt Elfriede jede Begleitung eines der jungen Männer rigoros ab. Am Morgen schwärmt sie der Mutter von dem wunderschönen Abend vor. Solche Momente sind es, die ihnen Kraft verleihen, das Gefühl geben: »Wir kommen voran. Das Leben geht weiter.«

Elfriede wächst zu einem schlanken, hübschen Mädchen heran. Sie strahlt Fröhlichkeit aus und hat etliche Verehrer. Dass ihre bislang einzige sexuelle Erfahrung eine Vergewaltigung ist, sieht man ihr nicht an. Und doch bestimmt das auf lange Zeit ihr Verhältnis zum anderen Geschlecht. Auch künftig lässt sie sich niemals und unter keinen Umständen durch den Wald nach Hause begleiten. Männern kann sie nicht mehr vertrauen. Elfriedes Mutter empfindet genau, wie es der Tochter geht. Als ihre jüngeren Brüder beginnen, sich mit Freundinnen zu treffen, schärft ihnen die Mutter regelmäßig ein: »Wenn ihr mit einem Mädchen zusammen seid, denkt immer daran, dass eure Mutter auch einmal ein Mädchen war.«

Maria Pohlmann hat die Flucht aus Ostpreußen zunächst in ein Flüchtlingslager in Dänemark verschlagen. Erst 1947 dürfen sie und ihre Familie nach Deutschland zurückkehren. Die französische Besatzungszone nimmt wieder Flüchtlinge auf, wenn sie sich verpflichten, in der Landwirtschaft zu arbeiten. Ihr Ziel ist das Dorf Schweinhausen bei Biberach in Württemberg. Die Familie muss den gelähmten Vater auf eine Hügelkuppe schleppen, wo der Bauer, bei dem sie arbeiten werden, schon wartet und mit Luchsaugen Marias Brüder auf ihre Tauglichkeit hin taxiert.

Sie sollen ein Gesindehäuschen, sechs mal sechs Meter groß, beziehen. Doch da wohnen schon andere Flüchtlinge, die sich zunächst weigern, auszuziehen. Die Familie sitzt in der sengenden Augusthitze und wartet darauf, in ihr neues Heim zu dürfen, untätig angestarrt von der Frau des Bauern, die es nicht einmal über sich bringt, den völlig erschöpften neuen Arbeitskräften ein Glas Wasser zu bringen. Am Ende dieses Nervenkrieges kapitulieren die Hausbesetzer schließlich. Pohlmanns beziehen ihr neues Heim. Außer einer kleinen Bank ohne Lehne befindet sich kein einziges Möbelstück darin. Auch über Matratzen und Betten verfügen sie nicht, nur über einige alte Militärdecken. »Wo sollen wir denn schlafen?«, fragt sich Maria.

»Dann gingen wir rüber zu dem Bauern, bei dem meine Brüder nun arbeiten sollten, und fragten, ob wir nicht einen Strohballen kriegen könnten, um darauf zu schlafen. Und dann sagte der: ›Ha, wissen Sie, ich habe das schon knapp für mein Vieh. Da kann ich nichts abgeben.‹ Na ja, da wussten wir Bescheid. Das war sehr demütigend, vor allem für meine Eltern, wenn ich bedenke, wie sie jetzt als Bettler völlig verarmt dastehen und um ein bisschen Stroh bitten müssen. Und nicht mal das kriegen. Das war schon hart.«

Ihren Strohballen bekommen sie schließlich von einem weniger hartherzigen Nachbarbauern, der mit den Flüchtlingen eigentlich nichts zu schaffen hat. Eine große Munitionskiste wird ihr Tisch. Auf einer kleinen Munitionskiste sitzt die Mutter. Das Bänkchen müssen sich die drei Geschwister teilen. Die Kleider werden mit Nägeln an der Wand aufgehängt. Weil es auch an Töpfen und Behältnissen mangelt, geht die Mutter auf den Schweinhausener Müllplatz und sammelt alte Konservendosen auf, um Mehl, Zucker und Grieß aufzubewahren. Die Familie braucht Jahre, um mit den Einheimischen Kontakt aufzubauen. Anfangs verstehen sie auch den schwäbischen Dialekt kaum. So wie ihnen geht es vielen Vertriebenen in Deutschland. Aus Ostpreußen nach Bayern Geflüchtete wagen es zunächst kaum, den Mund aufzumachen, um nicht diskriminiert oder verspottet zu werden.

Für die Familie von Rosemarie Sailer scheint es nach dem Tod des Vaters zunächst ein Glücksfall zu sein, dass die Vertreibung sie in den sowjetisch besetzten Teil Deutschlands geführt hat. Denn dort sind im Zuge der Bodenreform seit 1945 alle Bauern mit mehr als einhundert Hektar Grundbesitz enteignet worden. Rosemaries Mutter wird wegen ihrer ländlichen Erfahrungen aus »Neubäuerin« eingestuft und bekommt ein kleines Stück zur Bewirtschaftung zugeteilt. Die Familie teilt sich mit vielen anderen Flüchtlingen das zum Land dazugehörige Schloss als Wohnsitz. Eine Kuh, zwei Schweine und einige Hühner nennen sie ihr Eigen. Die Nutzung der wenigen Pferde teilen sich die Neubauern. Doch Rosemaries Mutter kann, völlig auf sich allein gestellt, nicht zugleich das Land bewirtschaften und fünf Kinder versorgen. Die anderen Neubauern überbieten sich in ihrem Egoismus. Wenn die Mutter die Pferde dringend zum Pflügen braucht, werden sie ihr vorenthalten. 1947 ist der Versuch, sich eine neue ländliche Existenz aufzubauen, gescheitert. Die Familie zieht nach Stendal.

Eigentlich ist ihnen dort eine große Wohnung mit Garten in

einer Siedlung für kinderreiche Familien zugewiesen worden. Doch die ist durch die lokale Obrigkeit schon anderweitig belegt; die Proteste der Mutter helfen nicht. Als Flüchtlingsfrau ist sie ohnehin nicht willkommen, als Witwe mit fünf Kindern hat sie keine Möglichkeiten, sich an höherer Stelle über die Kungelei zu beschweren. So müssen sie zu sechst mit einer winzigen Zweizimmerwohnung mit schrägen Wänden und ohne Küche vorliebnehmen. Sie schlafen alle in einem Bett, zwei Kinder zum Kopfende hin, drei Kinder zum Fußende hin, die Mutter zwischendrin. Diese nutzt mit unermüdlicher Energie jede Gelegenheit, um ihre Lage zu verbessern, zimmert bald aus einfachen Brettern einen Kleiderschrank.

Als für die Zehnjährige die Schule wieder beginnt, ist sie täglich Anfeindungen und Demütigungen ausgesetzt. Wegen ihrer dunklen Haare und ihrer durch die Entbehrungen gegerbten Haut wird sie als »Polacke« oder »Zigeunerin« beschimpft. Ihre Erzählungen vom großen heimischen Bauernhof in der Nähe von Posen lösen Gelächter aus: »Jeder Flüchtling hat ja ein ganzes Rittergut gehabt, das wissen wir schon!« Rosemarie ist dem Spott hilflos ausgeliefert, denn es gibt keinen einzigen Beweis mehr für ihr einstiges Leben in Bärenbusch, keine Ausweise, keine Unterlagen, keine Fotos. Es ist, als würde sie sich immer aufs Neue fragen müssen: Gibt es mich eigentlich wirklich?

Mit einem armseligen Flüchtlingskind mögen sich die Kinder nicht abgeben. Sie haben kaum Kleidung zum Wechseln. Sonntags müssen die Kinder im Bett bleiben, damit die Mutter ihre Sachen waschen und am Ofen trocknen kann. Aus Wolldecken steppt sie ihnen gestopfte Joppen gegen die Kälte. Bis in die Nacht hinein näht die Mutter Kleidung für andere Leute, um ein wenig Geld zu verdienen. Anfangs müssen sie bei Bauern um Essen betteln, später gehen die älteren Kinder zu den Bauern arbeiten. Morgens ist Schule, nachmittags hacken sie Rüben oder Kartoffen, misten Ställe auf den Höfen aus, wo es nach dem Krieg auch keine Männer mehr gibt. Als

Lohn gibt es warme Suppe mit etwas Fleisch oder ein Butterbrot mit dickem Speck. Nach einiger Zeit können sie eine Ziege anschaffen, Kaninchen, ein paar Hühner. Endlich können sie sicher sein, überlebt zu haben.

Der fünfzehnjährige Helfried Israel hat es da besser. Die Familie ist in der sächsischen Heimat geblieben und nicht verstreut. Man kann sich gegenseitig beistehen. Die Mutter muss aus Kartoffelschalen eine Art Knäckebrot backen, das zwar den Magen füllt, doch den Hunger nicht beseitigt. Aber immer wieder gibt es Gelegenheiten, um satt zu werden. Im Geburtsdorf des Vaters gibt es die Sitte des Federschleißens. Nach Weihnachten, meist im Februar, kommen die Frauen des Dorfes zusammen, um gemeinsam mit den Kindern die Federn der Weihnachtsgänse in kleine Stücke zu zerreißen, damit sie für Kissen und Betten verwendet werden können. Männer haben dort nichts zu suchen. Für alle gibt es reichlich zu essen. Helfried verdrückt zwanzig Stück Kuchen. Das muss ein paar Tage reichen.

So wie viele seiner Generation muss sich auch Helfried erst wieder an die Schule gewöhnen. Manche Kinder sind um das Kriegsende herum zwei oder mehr Jahre ohne jede Bildungsmöglichkeit geblieben. Anfangs mag es noch gefreut haben, wenn die Schule ausfiel. Später wird die Sorge, wann endlich der Schulbetrieb wieder aufgenommen werden kann, zu einem dringlichen Anliegen. Vor dem Krieg war Helfried ein recht fauler Schüler, jetzt entwickelt er Ehrgeiz und Fleiß. Doch der neue Bildungsdrang stößt auf Hindernisse. Viele Lehrer sind im Krieg gefallen, und diejenigen, die überlebt haben, werden unter einem recht pauschalen Naziverdacht aus dem Schuldienst entfernt. Die sogenannten »Neulehrer«, die jetzt unterrichten sollen, sind zuvor alles Mögliche gewesen, nur keine Lehrer. Physik hört Helfried jetzt bei einem hoch qualifizierten Diplom-Ingenieur, der an der Entwicklung der »Wunderwaffe« V2 beteiligt war. Weil er nicht über das pädagogische Rüstzeug verfügt, sein Wissen verständlich weiterzugeben, nimmt der Großteil der Klasse Nachhilfeunterricht bei dem alten, entlassenen Physiklehrer. Der ist froh, etwas dazuverdienen zu können. Manche Schüler in der Klasse kommen aus sowjetischer Kriegsgefangenschaft und sind älter als die Neulehrer. »Wenn einer dieser Lehrer große Sprüche führte«, erinnert sich Helfried Israel, »haben die sich von so einem, der sich vor dem Krieg gedrückt hatte, nichts sagen lassen. Den haben sie verhauen.« In der Nachbarklasse wird ein Lehrer so heftig verprügelt, dass er die Schule nie wieder betritt.

Die ideologisch unbelasteten Neulehrer sind nur ein Teil des Großversuchs, die orientierungslose, ihrer Ideale beraubte Generation ehemaliger Hitlerjungen und BDM-Mädel für die neue sozialistische Gesellschaft zu begeistern. Wer in die Antifa-Jugend eintritt, dem wird versprochen, wegen früherer Entgleisungen bei der HJ nicht mehr belangt zu werden. Pioniere und FDJ werben um die Herzen der Kinder und Jugendlichen, teilweise mit Methoden, die denen der Jugendverbände der Nazizeit zum Verwechseln ähnlich sind. Gruppenerleben, Lagerfeuer, Fackelzüge – und wieder Uniformen. Für manche, die soeben das Braunhemd abgelegt haben, ein Grund, sich zu verweigern. Es wird gedichtet: »Bonzen gingen, Bonzen kamen – Amen!«

Ein Klassenkamerad Helfrieds ist mutig genug gewesen, sich auch während der Nazizeit zum Kommunismus zu bekennen. Bei einem dörflichen Tanzvergnügen wurde ihm deshalb von den Hitlerjungen unter großem Gejohle ein Eimer mit roter Farbe über den Kopf gegossen. Eigentlich sollte er doch über den Anbruch der neuen Zeit froh sein, doch schon bald kommen ihm angesichts von Parteibürokratie und Gesinnungsterror Zweifel. »Das ist doch kein Kommunismus«, schimpft er. »Das ist nicht das, was Marx gesagt hat.« 1948 haben die neuen Machthaber von solchen Sprüchen genug. Er landet an einem Ort, den manche Kriegsgefangene gerade wieder verlassen: Workuta, Sibirien.

Die Familie von Karlheinz Radatz hat die Flucht aus Schneidemühl bei Posen nach Haldensleben, in das sowjetisch kontrollierte Sachsen-Anhalt, geführt. 1947 wird dem Vierzehnjährigen klar, dass ihre Flucht noch nicht zu Ende ist, sondern weiter in die Westzone gehen wird. Weder die neuen Parolen noch die Lebensbedingungen behagen dem Jungen. Zudem ist der Vater aus der amerikanischen Kriegsgefangenschaft nach Göttingen entlassen worden. Doch nicht nur hundertachtzig Kilometer trennen sie vom Vater, sondern auch die Grenze zwischen zwei Systemen, die sich im aufkommenden Kalten Krieg feindlich gegenüberstehen. Nachts bricht die Familie zum Güterbahnhof auf, wo Züge ins niedersächsische Helmstedt abgehen sollen, das in der britischen Besatzungszone liegt. Eine große Gruppe von Menschen schleicht sich in einen der Güterwagen. Ein weinendes Baby ist darunter. Verzweifelt versuchen die Erwachsenen, es zu beruhigen, zum Einschlafen zu bewegen. Da kommen schon die Russen und schlagen mit ihren Gewehrkolben gegen die

Schüler in Süddeutschland haben eine Kette gebildet und beseitigen die Trümmer vor ihrem Schulhaus

Schiebetür des Waggons. Alle Männer und Frauen im Innern stemmen sich dagegen. Es gelingt den sowjetischen Soldaten nicht, den schon anfahrenden Zug zu stoppen. Ungehindert passieren sie die Grenze.

Das Leben im westlichen Teil Deutschlands ist 1947 noch alles andere als leicht und besteht für den Jungen fast ausschließlich aus Arbeit, doch er beschwert sich nie. Das gehört zum Leben einfach dazu. Weil es im Wald keine Bäume mehr gibt, gräbt er mit dem Vater die verbliebenen Wurzelstöcke der Bäume aus und zerhackt sie mit der Axt. Einmal trifft er dabei in ein Wespennest. Die Wespen greifen ihn an und kriechen in seine kurze Hose. Der Vater lacht sich halb tot, als sein Sohn wie Rumpelstilzchen umherspringt. Man darf nicht zimperlich sein.

Karlheinz lernt schnell, dass man keine hohen moralischen Maßstäbe haben darf, wenn man mit den Nachkriegsbedingungen zurechtkommen will. An die zehn Mal nacheinander stellt sich der Junge bei der Molkerei an und wechselt dabei ständig das Aussehen, um wieder und wieder etwas zu bekommen, setzt eine Brille auf, die Mütze ab, dreht die Jacke um … »Warst du nicht schon mal hier, Junge?« – »Wer? Ich?« Nur auf diese Weise erhält er genügend Molke, damit die Mutter zu Hause Quarkklöße und Käse bereiten kann. Auf solchen Gaunereien ist Karlheinz stolz.

Sogar ein Selbstmord kann sich, wenn man es nur von der richtigen Seite her betrachtet, als Glücksfall erweisen. Sie teilen sich die Wohnung in Göttingen mit einer reichen Offizierswitwe, die zwar Schränke voller Damastwäsche und Meißner Porzellan besitzt, es aber dennoch dulden muss, dass ihr die Flüchtlinge zugewiesen werden. Für solchen Abschaum hat sie kein gutes Wort übrig, nicht einmal einen Blick. Es ist Pfingsten, als sie die Frau im Badezimmer finden, erhängt an einem Haken. Der Abschied ist sorgfältig inszeniert. Sie hat Blumen auf ihr Bett gelegt und einen Brief: »Offizierswitwen sind in dieser Nachkriegszeit nicht mehr erwünscht.« Der

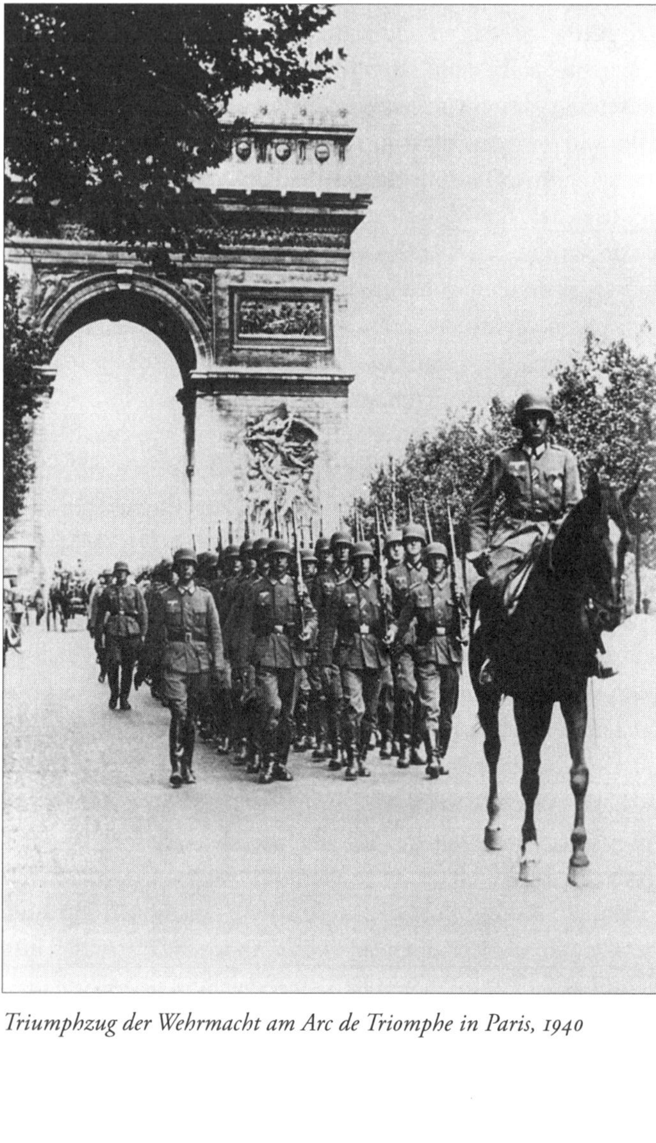

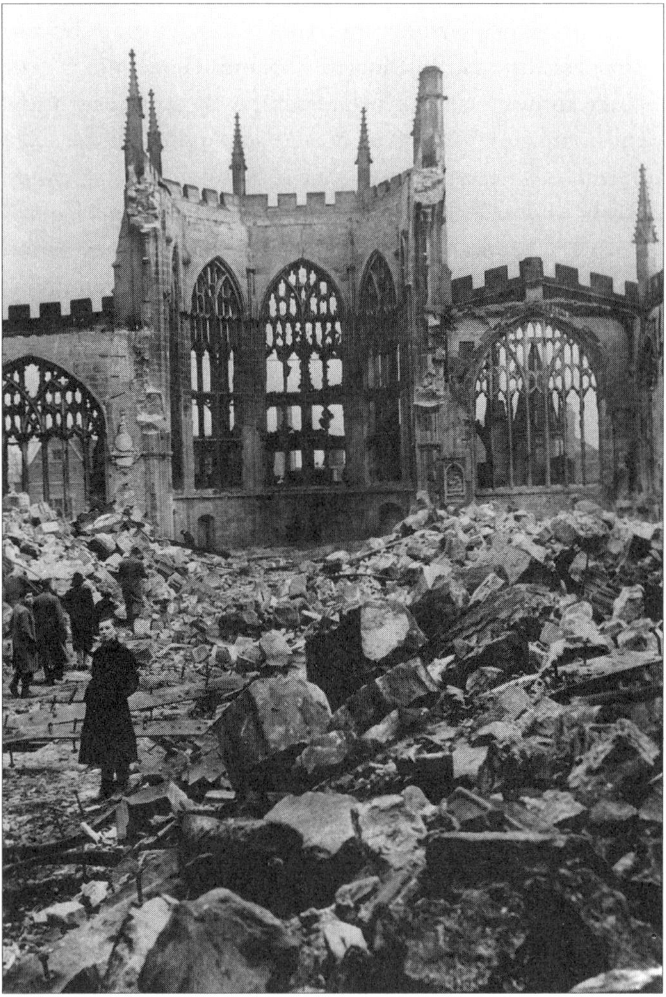

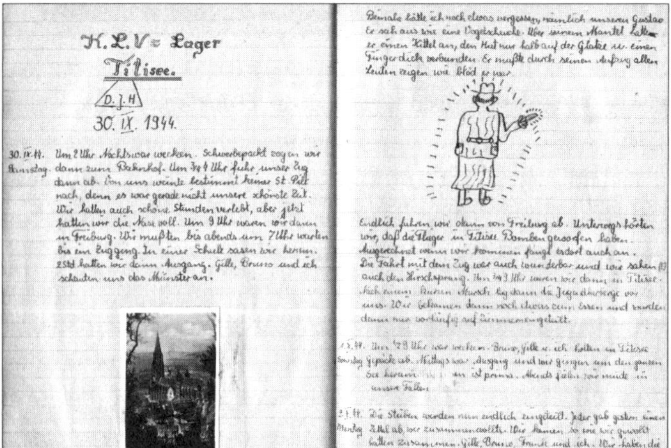

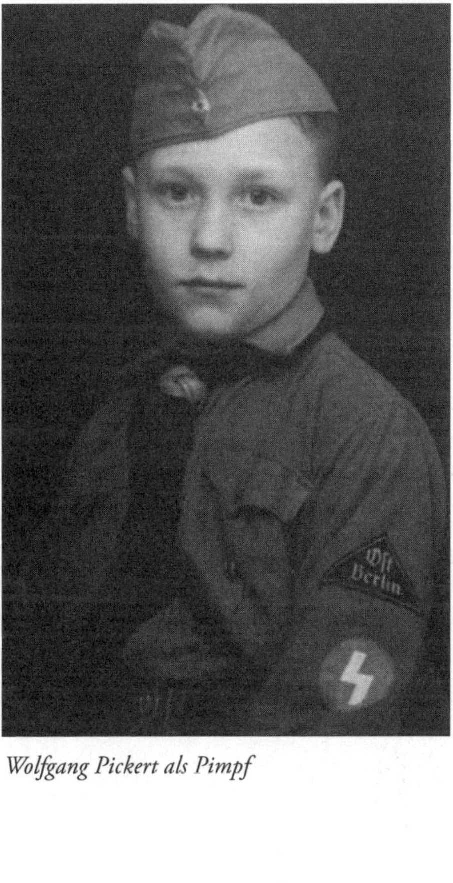

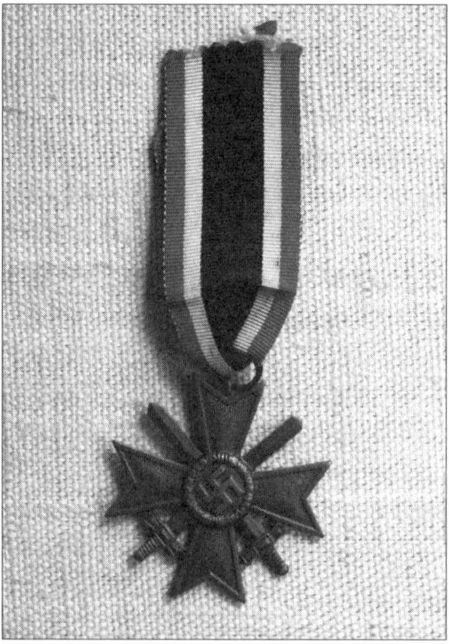

16.XI.44. Wieder Skifahren.
Donnerstag
17.XI.44. Putzen. Revolution. Ein SS=Führer kam und suchte Freiwillige
Freitag. Mir kam ja keiner mehr kommen. Gustav ist wieder verbla

Sohn der Toten holt ihre Besitztümer ab. Danach haben sie die Wohnung ganz für sich.

Kurz vor Kriegsende ist der Vater des 1936 geborenen Manfred Schmidt noch als Soldat an die Ostfront gekommen. In der Kriegsgefangenschaft nützt es ihm nichts, dass er als überzeugter Hitler-Gegner in Kiel Verfolgte versteckt und ihnen zur Flucht verholfen hat. Wie sollte er in Russland auch beweisen, dass er von der SA mehrfach verhaftet und verprügelt wurde! Ihm gelingt eine abenteuerliche Flucht, die ihn schließlich wieder in die Heimat führt. Bis es jedoch so weit ist, muss der neunjährige Manfred gemeinsam mit seinem Großvater für die Familie sorgen und Schwarzmarktgeschäfte tätigen, für die sich die Mutter nicht eignet.

Manfreds Großvater ist Schuhmacher. In seiner Werkstatt stehen viele Soldatenstiefel zur Reparatur. Sobald Kameraden von der Front oder das Rote Kreuz den Hinterbliebenen die Nachricht vom Tod eines dieser Soldaten überbringen, verhökert Manfred die nunmehr besitzerlosen Stiefel auf dem Schwarzmarkt. Zehn Pfund Mehl bekommt er für ein Paar. Bei diesen Geschäften bemerkt der Junge, dass Feuersteine eine begehrte Ware zu sein scheinen. Er besorgt sich einen und überlegt, wie man ihn fälschen könnte. Von zersägten Fahrradspeichen kratzt er das Chrom ab und packt jeweils zehn Stück in eine Streichholzschachtel. Dafür gibt es zwei amerikanische Zigaretten oder fünfzig Gramm Butter. Der Betrug fliegt schnell auf, der Junge wird fürchterlich zusammengeschlagen. Doch immer wieder sind es solche Einfälle, die das Überleben für kurze Zeit sichern.

Und dann steht eines Tages tatsächlich der schon tot geglaubte Vater vor der Tür. Die Familie ist wieder zusammen, und mit vereinten Kräften meistert sie die Herausforderungen. Manfred bekommt von seinem Onkel Boxhandschuhe geschenkt, die mit Bindfäden umwickelt einen Fußball ergeben. Es könnte eine unbeschwerte Zeit sein, und mehr und mehr wird sie es auch. Nur die Mutter ist durch die Strapazen jener Jahre psychisch schwer angeschlagen, wird immer reizbarer und unbeherrschter. Wenn die Kinder etwas angestellt haben, werden sie von ihr mit Holzlöffeln, einem Besenstiel oder dem Feuerhaken traktiert. Kommt dann der Vater nach Hause, soll dieser die beiden Söhne ein zweites Mal züchtigen. Die Mutter gibt keine Ruhe, bis der Vater zum Schein darauf eingeht. Er begibt sich in das Zimmer der Kinder und sagt leise zu ihnen: »Wenn ich jetzt mit dem Holzlöffel auf die Bettdecke haue, dann fängt ihr an zu schreien.« In Wahrheit könnte er die beiden niemals züchtigen. Also schlägt er auf das Bett ein und schimpft die Jungen aus, die wie auf Kommando zu brüllen beginnen. Erst dann ist der Haussegen wiederhergestellt.

So, wie die Familie Schmidt in Kiel auf den Vater wartet, wartet Familie Mehler in Mannheim auf den Sohn. Karl Heinz Mehler hofft im Mai 1945 vergeblich, als Minderjähriger aus dem Kriegsgefangenenlager im französischen Tulle nach Hause geschickt zu werden. Da er am 27. Mai sechzehn Jahre alt wird, hat er vorsichtshalber in seinem HJ-Ausweis das Geburtsjahr von 1929 auf 1930 heraufgesetzt. Die plumpe Fälschung scheint niemandem aufzufallen, aber sie nützt auch nichts. Eine Entlassung steht nicht auf der Tagesordnung. Die Lebensbedingungen im Lager sind absichtlich spartanisch gestaltet, um die Gefangenen zu freiwilligen Arbeitsdiensten außerhalb des Stacheldrahts zu motivieren. Auch Karl Heinz meldet sich.

Ein Lkw bringt ihn mit dreißig weiteren Jugendlichen in das Örtchen Pompadour. Dort stehen schon die Bauern bereit, betrachten die menschliche Ware und befühlen die Muskeln der Jungen. Die Kräftigsten gehen sofort weg; am Ende ist Karl-Heinz einer von dreien, die noch übrig sind. Doch es gibt keine Interessenten mehr für sie. Schon befürchten sie, wieder ins Lager zurückzumüssen, als ein Franzose mit einer Obstkarre auf dem Markplatz erscheint und wissen will, was denn hier los sei. Das seien Gefangene, heißt es. Drei seien noch im Angebot. Der Obsthändler zeigt auf Karl Heinz: Den nehme ich. Der wild aussehende Mann mit zerfurchtem Gesicht, dicken Brillengläsern und abstehendem schwarzem Haar heißt Roger Soirat. Der Junge denkt: Der wird mich totschlagen! Er traut seinem Patron nicht über den Weg, der ihn als Erstes den Obstkarren nach Hause schieben lässt. Die Frau des Obsthändlers schaut erstaunt. So wie Karl Heinz es versteht, sagt Roger Soirat zu ihr: »Das ist ein Kriegsgefangener, der arbeitet jetzt für mich. Mach dem mal was zu essen.« In der Schule hat der Junge den Französischunterricht verflucht, jetzt ist er dankbar für jede gelernte Vokabel.

Es gibt Bratkartoffeln mit Ei und selbstgemachten Ziegenkäse. Für den Deutschen ist es das erste gute Essen seit langer Zeit. Als er sich zu Tisch setzt, behält er seine Mütze auf. Roger weist ihn darauf hin, dass man bei ihnen am Tisch nicht mit Mütze sitzt. Als er sieht, dass der Junge darunter einen kahl geschorenen Schädel hat, springt er empört auf, wütend darüber, wie seine Landsleute so etwas Barbarisches tun können. Roger widerspricht auf drastische Weise dem Feindbild, das Karl Heinz bisher von Franzosen hatte. Auch die Uniform mit der Kennzeichnung des Kriegsgefangenen ärgert Roger. »Ich will hier keine Uniformen«, sagt er und stattet den Jungen mit Zivilkleidung und einer Baskenmütze aus. Bald sieht dieser wie ein Franzose aus. Auf der Straße dreht sich nun niemand mehr nach ihm um.

Fast wichtiger noch als die Arbeit, die der Deutsche verrichtet, scheinen dem Patron die allabendlichen Gespräche mit dem Jungen zu sein. Unermüdlich diskutiert er mit dem Hitlerjungen, reißt ihm allmählich Stück um Stück den Schleier von den Augen. Roger erzählt von der Résistance, von de Gaulle, von den Konzentrationslagern, davon, was in Russland, was in Deutschland geschehen ist. All diese Geschichten sind ihm noch vor Kurzem als Feindpropaganda erschienen, doch aus dem Mund des Menschenfreundes Roger Soirat erhalten sie einen ganz anderen Stellenwert.

Der 14. Juli 1945 wird für Karl Heinz Mehler zu einem unvergesslichen Tag. Es ist der erste Nationalfeiertag in Frankreich nach dem Krieg. Roger will die Feststimmung gemeinsam mit dem Deutschen bei einem Glas Wein vor dem Schloss in Pompadour genießen. Der Platz ist voller feiernder Franzosen, die auf Bänken an langen Tischen sitzen. Ein fein angezogener Herr unterhält sich lange mit Roger Soirat. Es ist der Bürgermeister von Pompadour. Nach einiger Zeit fragt er: »Wer ist denn der junge Mann neben dir? Der sagt ja gar nichts.« – »Das ist mein Kriegsgefangener.« Außer sich vor Rage springt der Bürgermeister auf. »Du bist wohl wahnsinnig, am Nationalfeiertag einen *Boche* hierher zu bringen! Schick ihn sofort weg!« Roger bleibt seelenruhig sitzen. »Der arbeitet mit mir, also feiert er auch mit mir. Und wenn das jemandem nicht passt, dann kann er ja gehen.« Rot vor Zorn verlässt der Herr Bürgermeister den Tisch, doch niemand folgt ihm. Jeder am Tisch gibt dem Obsthändler recht.

Es ist für den Deutschen eine grundlegende Lektion in Zivilcourage. So ein Bürgermeister ist doch wie ein Vorgesetzter, dem man keinesfalls widersprechen darf, dem man gehorchen muss, glaubt der Junge – und beginnt zugleich an diesem Glauben zu zweifeln. Das Leben mit Roger Soirat bedeutet für Karl Heinz die Befreiung seines Geistes von aller Indoktrination, die er in der Nazizeit erfahren hat. Von da an, so empfindet er es, ist der Kopf frei. Im Februar 1947 können die Eltern ihren Sohn in Mannheim endlich wieder in die Arme schließen. Das letzte Mal haben sie ihn als Kind gesehen. Als Mann kehrt er heim.

»Wann wird Vater endlich wieder bei uns sein?«, lautet über Jahre hinweg die bange Frage von Heidi Hoss. Weihnachten 1943 hat sie ihn zuletzt gesehen. Im Jahr darauf sind die Briefe aus Russland irgendwann ausgeblieben. Dennoch glaubt die Familie fest daran, dass er noch lebt; sie spüren es einfach. Lieber hungern sie, als dass sie auch nur ein Besitzstück des Vaters hergeben würden. Für sein Akkordeon würden auf dem Schwarzmarkt reichlich Lebensmittel geboten, doch sie widerstehen der Versuchung. Je länger der Vater fernbleibt, desto mehr verherrlichen ihn die Kinder. Wenn er zurück ist, wird alles besser werden.

Nach ihrer Ausbombung ist die Familie von Heilbronn nach Boxberg gezogen. An den Rathäusern vieler Städte hängen die Amerikaner nach Kriegsende Bilder aus den Konzentrationslagern auf, um die Deutschen mit der verleugneten Realität des Massenmordes zu konfrontieren. So auch in Boxberg. Die Erwachsenen werden verpflichtet, sich die Bilder anzuschauen, die Kinder nicht. Doch Heidi geht entgegen dem Rat der Mutter hin, ist mit sich allein, als sie die Leichenberge unvorstellbaren Ausmaßes sieht. Nun erinnert sie sich auch an die unheilschwangeren Briefe des Vaters von der Front, daran, dass er bei seinem letzten Besuch den Kindern ganz fremd war, kaum Zeit mit ihnen verbrachte, endlose Gespräche mit der Mutter hinter verschlossenen Türen führte. Von der Mutter erfährt Heidi jetzt, dass der Vater damals von Massakern und Kriegsverbrechen erzählt hat, die er mitansehen musste. Warum hat niemand Heidi etwas davon erzählt? Warum haben die Erwachsenen bis zuletzt das Bild von den »edlen Deutschen« aufrechterhalten, die sich gegen die »Untermenschen« verteidigen müssen? »Dich hat man so sehr belogen«, sagt sie zu sich selbst. »Nie wieder im Leben darfst du glauben, was man dir erzählt!«

Die Zwölfjährige ist wütend, dass ab Mai 1945 praktisch über Nacht niemand in Boxberg ein Nazi gewesen sein will. Dieselben Leute, die eben noch ihren Großvater erschießen wollten, weil der beim Anmarsch der Amerikaner eine weiße Fahne aus dem Fenster gehängt hat, sind plötzlich niemals Nazis gewesen. Bei einem Lehrer, der Heidi noch vor Kurzem angeschnauzt hat, wenn sie die Hand nicht zackig genug zum Hitlergruß erhob, rächt sie sich regelmäßig, indem sie laut »Heil Hitler!« brüllt, sobald er auf dem Schulhof erscheint. Über das Dritte Reich und über den Krieg wird in der Schule ebenso wenig gesprochen wie über die aktuelle Weltlage. »Wir hatten zum Beispiel nach 1945 keine Landkarten mit den richtigen Grenzen. Es war ja alles noch ›Großdeutsches Reich‹. Ich habe nie richtig Geografie gelernt, weil die Lehrer selbst noch nicht wussten, wie die Welt jetzt eigentlich aussah.«

Ostern 1949 erhält die Mutter eine Postkarte mit der Nachricht, wann und wo der Vater ums Leben gekommen ist. Sie sitzt grau und erstarrt am Tisch, die kleineren Geschwister verstehen nicht gleich, was vorgefallen ist. Heidi läuft weg, aus dem Haus, in den Wald.

»Es war ein wunderschöner Frühlingstag, und ich habe gesagt: ›Lieber Gott, dich gibt es nicht! Das kann einfach nicht sein. Es gibt dich gar nicht.‹ Später habe ich das dann eingeschränkt: ›Wenn es dich doch gibt, weißt du, dass ich ein guter Mensch sein will, aber ich glaube nicht mehr an dich!‹ Und dann war ich erwachsen.«

DAS LACHEN VERLERNT

— Wenn ich im Garten sitze und mir anschaue, wie die Blümchen blühen und die Vöglein zwitschern, ist das ganz schön. Aber der Schrecken bleibt stärker haften, weil ich dadurch bis an eine Grenze gefordert werde.

Günter Kunert, Jahrgang 1929

— Das größte Problem nach dem Krieg war, dass man selbst denken musste. Es wurde nicht mehr für einen gedacht, und das war damals neu für mich. Ich bekam furchtbare Depressionen, lag tagelang nur auf der Couch. Da war eine innere Leere, wie in einem luftleeren Raum. Ein halbes Jahr hat das gedauert.

Rosemarie Merling, geb. Stamer, Jahrgang 1932

— Der Hass ist vielleicht vergangen, aber das Leid, der Schmerz, die Abneigung gegen die Deutschen steckt in mir. Wenn Sie einen Deutschen bitten – er macht es nicht. Wenn Sie es ihm befehlen – er macht es. Das ist jetzt vielleicht bei den Enkeln und Urenkeln anders. Ich bin aber nicht ganz davon überzeugt.

Zenon Malec, Jahrgang 1928

— Ich habe das Lachen verlernt. Sie sehen kein Bild von mir, auf dem ich lache. Und wenn man sagt: »Lach doch mal«, dann sieht das immer so verzerrt aus. Ich kann einfach nicht lachen.

Walter Zierold, Jahrgang 1933

Weiterführende Literatur

Bode, Sabine, *Die vergessene Generation. Die Kriegskinder brechen ihr Schweigen*, Stuttgart 2004

Dörr, Margarete, *»Der Krieg hat uns geprägt«. Wie Kinder den Zweiten Weltkrieg erlebten*, Frankfurt am Main 2007

Friedrich, Jörg, *Der Brand. Deutschland im Bombenkrieg 1940–1945*, München 2002

Freud, Anna, *Schriften, Band II. Kriegskinder. Berichte aus den Kriegskinderheimen »Hampstead Nurseries« 1941 und 1942*, München 1980

Gross, Raphael / Lezzi, Eva / Richter, Marc R. (Hrsg.), *»Eine Welt, die ihre Wirklichkeit verloren hatte …« Jüdische Überlebende des Holocaust in der Schweiz*, Zürich 1999

Heller, Gisela, *Mit Glück ins Leben. Schlesische Kindheit, sächsische Jugend*, Würzburg 2007

Hirsch, Helga, *Schweres Gepäck. Flucht und Vertreibung als Lebensthema*, Hamburg 2004

Kaiser, Reinhard / Holzman, Margarete (Hrsg.), *»Dies Kind soll leben«. Die Aufzeichnungen der Helene Holzman, 1941–1944*, Frankfurt am Main 2000

Kibelka, Ruth, *Wolfskinder. Grenzgänger an der Memel*, Berlin 2004

Klönne, Arno, *Jugend im Dritten Reich. Die Hitler-Jugend und ihre Gegner*, München, Zürich 1995

Kock, Gerhard, *»Der Führer sorgt für unsere Kinder …«. Die Kinderlandverschickung im Zweiten Weltkrieg*, Paderborn 1997

Lee, Carol Ann, *Anne Frank and the children of the Holocaust*, London 2006

Lorenz, Hilke, *Kriegskinder. Das Schicksal einer Generation*, München 2003
Mehler, Karl Heinz, *Davongekommen. Jugendzeit eines Mannheimers, 1929–1950*, Mannheim 1999
Stargardt, Nicholas, *»Maikäfer flieg!« Hitlers Krieg und die Kinder*, München 2006
Werner, Emmy E., *Unschuldige Zeugen. Der Zweite Weltkrieg in den Augen von Kindern*, Hamburg 2001

Danksagung

Unser besonderer Dank gilt den Autoren der Dokumentationsreihe, Martin Hübner (MDR) und Gabriele Trost (SWR) sowie den Redakteuren des MDR Fernsehens und des Südwestrundfunks, Dr. Katja Wildermuth (MDR) und Gerolf Karwath (SWR).

Ganz herzlicher Dank geht auch an die vielen Zeitzeugen, die mit bewundernswerter Offenheit über ihre – zum Teil schmerzhaften – Erfahrungen berichtet haben:

Deutschland

Rosemarie Czitrich (geb. Sailer)
Renate Doufexis (geb. Lang)
Rosemarie Erdmann (geb. Heinze)
Gisela Frei (geb. Ott)
Joachim Fuchsberger
Artur Führer
Dieter Gröning
Dieter Hallervorden
Tiglio Hans Hanf-Dressler
Peter Hartmann
Jutta Hartwig (geb. Boll)
Gisela Heller (geb. Hielscher)
Jutta Hoffmann (geb. Schneider)
Heidi Hummler (geb. Hoss)
Heinz Hummler
Helfried Israel

Klaus Kammerichs
Gerhard Krone
Karlheinz Kuba
Manfred Kühn
Günter Kunert
Karl Heinz Mehler
Rosemarie Merling (geb. Stamer)
Wolfgang Pickert
Maria Pohlmann
Karlheinz Radatz
Margarethe Schmid
Manfred Schmidt
Klaus-Dieter Schmidt-Rudloff
Elfriede Wilhelm
Manfred Stiering
Dr. Cäcilia Verheyden
Hella Wertheim (geb. Sass)
Ernst Woll
Walter Zierold

Frankreich
Jean-Louis Cholet
Stéphanie Santamaria

Großbritannien
Louise Griffiths
Kenneth Lester
Doris Pails
Alan Rushton

Polen
Waclaw Jamroz
Janusz Karpiński
Janusz Krasiński
Blandyna Lewińska

Zenon Malec
Ruth Wermuth-Burak

Russland
Tamara Gratschewa Romanowa
Cecilia Leodinowna Tobianskaja

Ukraine
Maria Joffe

Weißrussland
Iwan Antonow
Tatjana Popkowitsch

Sie alle haben sich darum bemüht, uns die entschwundene Welt ihrer Kindheit und Jugend so anschaulich und präzise wie möglich zu schildern. *Oral history*, die mündlich erfragte und erzählte Geschichte, ist immer auch von der Gegenwart geprägt. Die Atmosphäre in der gegenwärtigen Gesellschaft, die persönliche familiäre und soziale Situation, die politische Einstellung und emotionale Befindlichkeit der Zeitzeugen beeinflussen die Art ihrer Erzählung. Während formulierte Erinnerungen nach über sechzig Jahren im Einzelfall historische Ungenauigkeiten aufweisen können, schmälert dies in keiner Weise die Aussagekraft über das Aufwachsen in der Zeit des Zweiten Weltkriegs.

Bildnachweis

picture-alliance / akg-images:
S. 11, 24, 32, 60, 66, 87, 108, 153, 179, 222, 239

Alle übrigen Abbildungen stammen aus dem Privatbesitz der Zeitzeugen. Der Abdruck erfolgt mit freundlicher Genehmigung, wofür auch an dieser Stelle zu danken ist.